圖解 世界宗教

黃國煜 編著

好讀出版

前言

入　門

　　當一個人對一件事物產生興趣時，即稱為「入門」。

　　我對宗教的入門，源於《西遊記》裡孫悟空逃不出如來佛的佛掌心之中的「如來佛」。翻閱眾多書籍後，才豁然澈悟，一切佛皆稱如來（如實之道，來成正覺）。所以如來佛也可以說是「一切佛」，而佛家的不二法門，也可說為「專一法門」。在不同的時代背景、不同的人物解讀，就產生不同的文字記述，也因此讓我開啓對所有宗教的探索之路。西漢有位窮當益堅、老當益壯的將軍，叫馬援，他的一生驍勇善戰、所向披靡，自認全仰賴於佩掛在身上的那塊護身符（玉珮）。有一天，他在脫換鎧甲時，一不小心，差點失手將玉珮給摔碎。他頓時癱坐在地，並嚇出一身冷汗來，等回神過來後，如夢初醒地感慨說道：「我縱橫沙場多年，敵人千軍萬馬當前，未曾驚惶失措過。如今只為了這區區玉珮，卻怔忡到魂飛魄散。」說畢，便將玉珮給砸毀了！

宗　　教

　　宗教就如同上述的護身符（玉珮）一樣，它只能「教化人心」，卻無法保佑人命，其最大的功能在使人淨心向善、博施濟眾，遠離瞞心昧己、欺世盜名之薰欲惡念。

　　大多數人對宗教內涵的理解，可說是瞎子摸象、坐井觀天，因為很多宗教的書籍在陳述方面刻板繁雜、繞圈兜彎，且眾說紛紜，於是激起我提筆將宗教最基本的教理和最基礎的要義加以分門別類，搭配圖文，以最簡潔易懂的方式帶您進入宗教的大門。

　　但本書內容因為集精納要，無法以偏概全，如您對宗教產生興趣，欲更進一步融會貫通，請另行參考其他專業書籍，實事求是。

　　世界上所有的宗教，沒有好與壞之分，也沒有真與假之別，更沒有對與錯之辯──只有您信與不信而已。

　　一般人對宗教的信仰均會以「信而不迷」的態度為原則，而我始終以「迷而不信」的思想為方針。

黃國煜　謹識

Contents 目錄 >>

前言……2

第一章　世界宗教簡介　……8

第二章　何謂宗教　……10

第三章　世界三大宗教的比較　……11

第四章　古埃及宗教與神話　……12
　第一節　上下埃及王朝的統一　……12　　第二節　著名的歷史人物　……14
　第三節　古埃及神明大觀　……15

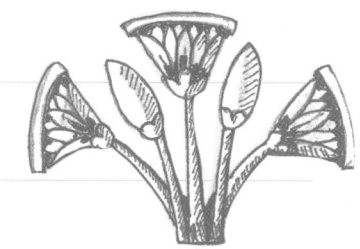

第五章　巴比倫神話　……24

第六章　北歐神話主要神祇　……26

第七章　希臘羅馬神話故事　……27
　第一節　奧林帕斯十二天神　……27　　第二節　天神、女仙　……32
　第三節　希臘羅馬神話傳奇　……35　　第四節　英雄鬥士　……38
　第五節　妖魔怪物　……39　　第六節　特洛伊大戰的始末　……41
　第七節　黃道十二宮　……42　　第八節　著名星座的明星　……46

第八章　祆教（拜火教）……51

第九章　景教（聶斯托里教）……52

第十章　馬雅宗教……53

第十一章　美洲原住民部落神祇（印第安、印加、旁帕斯等）……54

第十二章　伊斯蘭教（回教）……55

第十三章　猶太教……61

第十四章　基督教綜述……70

第十五章　東正教（正教）……80

第十六章　天主教（公教）……82

第一節　天主教的首席聖者……86　　第二節　天主教各大修會團體……87
第三節　天主教修會會祖及神學聖者……90　　第四節　聖師、聖徒與聖女……93

Contents 目錄 >>

第十七章　基督教（新教）……98
第一節　基督教與天主教差異比較……99　　第二節　基督教主要派別……100
第三節　台灣基督教派系會名……104

第十八章　印度教……109
第一節　印度教的哲學思想……112　　第二節　印度教三大階段的主流信仰……113
第三節　印度教的聖母……117　　第四節　印度教的動物神祇……118
第五節　印度教與伊斯蘭教的差異……119

第十九章　耆那教……120

第二十章　錫克教（古魯教）……122

第二十一章　佛教………124
第一節　釋迦牟尼佛……126　　第二節　佛陀十大弟子……130
第三節　十六羅漢群……134　　第四節　神僧……137
第五節　佛教的流傳……138　　第六節　大小乘佛教的區隔……140
第七節　佛教的宇宙觀……145　　第八節　中國佛教佛學的基本教理……147
第九節　中國佛教十大宗派……152　　第十節　中國佛教簡史……163
第十一節　中國佛教重要人物……167　　第十二節　佛像的形成……179
第十三節　佛部……190　　第十四節　菩薩……201
第十五節　天龍八部眾護法神……218

第二十二章　日本佛教宗派的形成 ……228

第二十三章　藏傳佛教（喇嘛教）……231

第一節　前弘期 ……231　　　　第二節　後弘期 ……232
第三節　西藏五大王朝 ……248　　第四節　藏傳佛教重要人物 ……249
第五節　藏密萬花筒解析 ……253　第六節　藏密諸神 ……256

第二十四章　道教 ……295

第一節　道教的宗派 ……296　　　第二節　道教學術兩大派士 ……298
第三節　道教諸神眾仙 ……299

第二十五章　中國民間宗教 ……329

第一節　中國民間三大宗教 ……330　第二節　九大民間宗教支派 ……331
第三節　台灣新興宗教 ……335　　　第四節　民間幫會 ……339

第二十六章　日本神道教 ……342

第一章
世界宗教簡介

宗教	圖徽	教主 ★創始者、源頭	教義 •經典
埃及神話		奧塞里斯 ★法老王	超越死亡 •埃及神話
希臘神話		宙斯（朱彼得） ★希臘羅馬神話	諸神的系譜 •荷馬的詩歌
巴比倫神話		馬爾杜克 ★美索不達米亞文化	天與地的君主 •江神論
祆教 （拜火教）		阿胡拉・馬茲達 ★瑣羅亞斯德	邁向光明 •阿維斯陀經
景教 （大秦景教）		景尊（天尊） ★聶斯托里	二性真質 •聖景典
伊斯蘭教 （回教）		真主阿拉 ★穆罕默德	順從真主 •古蘭經
巴哈伊教 （大同教）		獨一上帝 ★巴哈歐拉	上帝的光輝 •巴哈伊經
猶太教		天帝耶和華 ★摩西	遵行聖約 •舊約聖經
印度教		三相神 ★婆羅門祭司	永恆的真理 •吠陀經
薩滿教		卡莉 ★苦行修士	通靈眠冥 •祭儀典
耆那教		聖者大雄（摩訶毗盧） ★筏馱摩那	安詳解脫 •儀軋經
錫克教 （古魯教）		元真祖師 ★那納克	敬仰祖師 •本初經

宗教	符號	主神／創始人	教義／經典
佛教		釋迦牟尼佛（沙門教理佛） 大日如來（宇宙理智佛） 藥師佛（現世利益佛） 阿彌陀佛（往生接引佛） 彌勒佛（未來教化佛）	諸惡莫作　眾善奉行 自淨其身　是諸佛教 • 大藏經
道教		玉皇大帝（道統） 太上老君（全真道） 元始天尊（正一道） 玄天上帝（武當道）	清淨為法 自然為宗 無為為教
		★張道陵	• 道德經
基督教 （新教）		三位一體	博愛救恩
		★耶穌基督	• 新約聖經（福音書）
天主教 （公教）		恭敬聖母馬利亞	啟示真理
		★耶穌基督	• 信德寶庫
東正教 （正教）		上帝、聖靈	禮儀誡命
		★耶穌基督	• 聖經
神道教		天照大神	尊皇安居
		★卑彌呼	• 古事記
一貫道 （天道）		明明上帝	理氣象三天論
		★劉清虛	• 無字真理、有字真經
白蓮教		無生老母	悟自性彌陀達唯心淨土
		★茅子元	• 四大信念
摩尼教 （明教）		摩尼光尊（大明尊）	明暗二元論
		★摩尼	• 摩尼經
羅教		彌勒佛	真空家鄉無生老母
		★羅清	• 無為經
理教		聖宗古佛（觀世音）	五倫八德三教合一
		★楊來如	• 理藏經

9

第二章
何謂宗教

宗教的內涵

宗教即為「神聖事物的信奉」，以神道教化人民。

人是宗教信仰的主體，神是宗教崇拜的對象。

宗教的起源

原始人類對宗教的信仰，源於自然的崇拜如日、月、山、河、樹等，然後轉變為對靈魂永生的觀念信仰，最後才成為對神明的敬崇與信奉。宗教充滿著旺盛的穿透力，它能跨越不同的國家疆界，地理環境，種族膚色及語言文化。

宗教組成的基本三大要素，包括：教主、教義、教典。

宗教的演化

古代宗教傳媒最常運用的伎倆是：①假託天命；②裝神弄鬼；③故弄玄虛；④怪力亂神。他們認為神權凌駕於王道，故祭司、巫士的地位超越王公貴族，然而當宗教逐漸進入教義化、理論化、組織化後深植於廣大社會及一般家庭裡，演變成全民宗教（理念宗教），不再是神權宗教（祭儀宗教）。

宗教的魅力

古代人因無明而信仰宗教，現代人因文明而仰賴宗教，宗教能讓一代霸君俯伏於地，一世梟雄跪拜於前，兇悍暴徒彎腰曲膝，冷血殺手俯首叩頭。它具有權威上的絕對服從，和發自內心的無償奉獻。總之宗教是生活作息的指引、社會道德的指標、精神寄託的指南。

第三章
世界三大宗教的比較

教名	佛教	基督教	伊斯蘭教（回教）
源由	由婆羅門教演變而成	由猶太教演變而成	由大天使加百列的啟示
教主	如來（佛祖）	上帝（天父／天主）	真主（阿拉）
創教	釋迦牟尼（覺者）	耶穌基督（聖者）	穆罕默德（使者）
代表者	佛陀（覺悟成佛）	救世主（傳承為主）	先知（天啟當聖）
去世	涅槃	升天	歸真
天堂	極樂世界	天國樂園	登霄天庭
繼承者	十大弟子	十二大門徒	四大哈里發
大弟子	大迦葉（摩訶迦葉）	聖彼得（聖伯多祿）	阿布巴克
派別	小乘佛教、大乘佛教	東正教、天主教、基督教	遜尼派、什葉派
教義	四聖諦	十誡	六信五功
經典	大藏經（三藏）	聖經（福音）	古蘭經（聖訓）
聖地	鹿野苑	耶路撒冷	麥加
聖山	須彌山	西奈山	希拉山
聖殿	寺院（寺廟）	教堂（禮拜堂）	摩斯庫（清真寺）
教首	法師（住持）	教宗（天主教）	哈里發
教士	和尚（僧侶）	神父（天主教）牧師（基督教）	依瑪目
傳教	弘法（修行）	傳道（證道）	宣教（念功）
信眾	信徒（皈依）	會友（洗禮）	教徒（入教）
教友	善男信女（弟子）	兄弟姐妹（會友）	穆斯林（追隨者）
禮敬	膜拜（誦經）	禱告（讚美）	朝拜（證言）
敬語	南無阿彌陀佛（善哉）	哈利路亞（阿門）	阿拉是唯一真神
理念	普渡眾生（慈悲）	救恩世人（博愛）	順從真主（歸順）
流傳地	東南亞、東亞	美洲、歐洲	西亞、非洲

第四章
古埃及宗教與神話
教義：超越死亡

起源 西元前3100年，由美尼斯統一上下埃及建立第一個王朝起，到西元前332年被馬其頓的亞歷山大大帝征服為止，埃及共經歷三十一個王朝，產生約三百七十位法老王。

第一節　上下埃及王朝的統一

埃及為世界四大文明古國之一，以奴隸制及宗教化立國，集王權、宗教權、軍事權於一身的法老王，自認是太陽神荷魯斯神的化身，並相信人死後可以復活，將屍體用防腐處理製作成木乃伊，以待來世生活。

上埃及王朝 尼羅河上游山谷區

以南部的底比斯為中心，法老戴著白色王冠。用百合花為旗幟，以睡蓮為圖徽，奉鷹（妮克貝特）為保護神。

下埃及王朝 尼羅河下游三角洲區

以北部的孟斐斯為中心，法老戴著紅色王冠。用蜜蜂圖為旗幟，以莎草為圖徽，奉蛇（華雅特）為保護神。

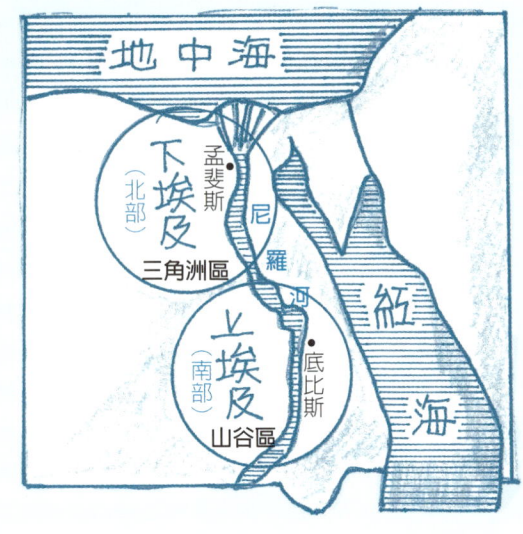

埃及金字塔

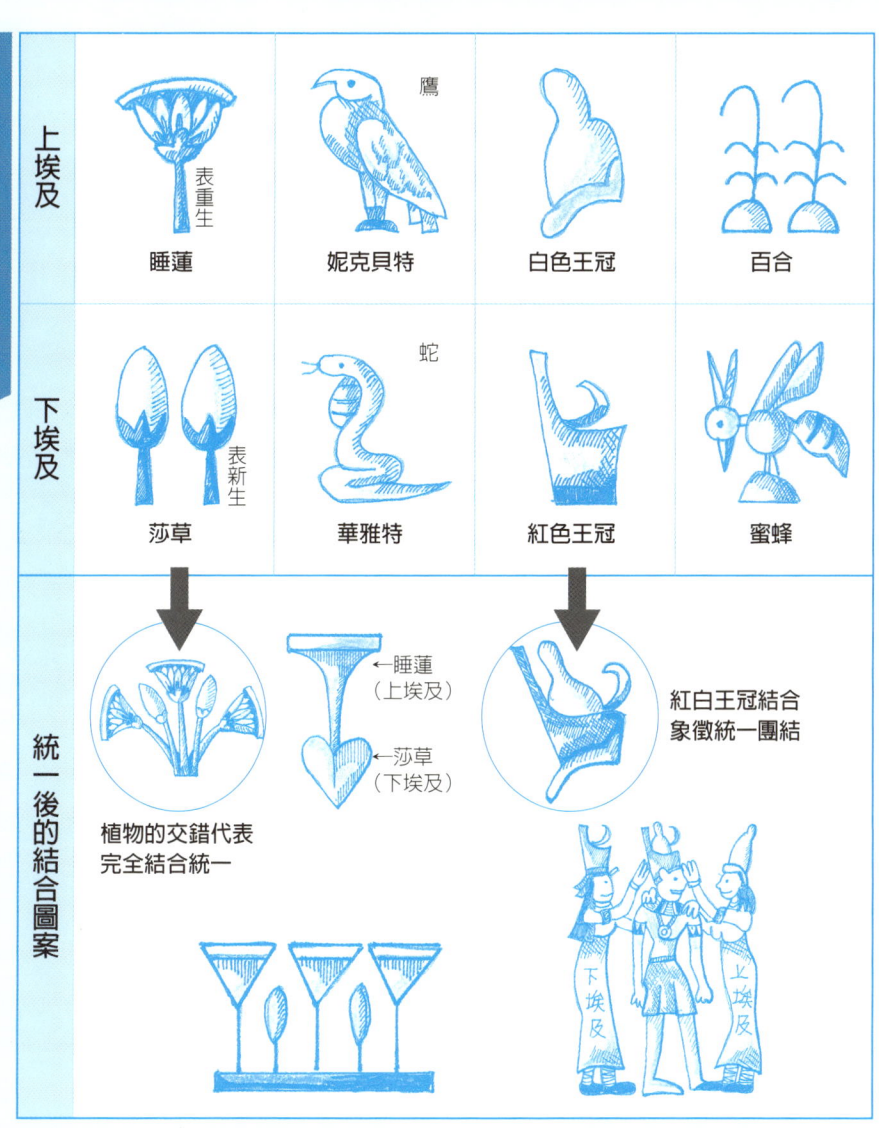

第二節　著名的歷史人物

① 阿肯那頓法老
　　他打破埃及宗教多神化的教理，獨尊太陽神阿頓，否定其他所有神祇而招異論。

② 納孚蒂蒂王后
　　因與夫（阿肯那頓）同信奉唯一真神阿頓，死後屍體曾招埃及舊教徒破壞。

③ 圖唐卡門
　　他是全世界最具知名度的法老王之一，十八歲時即死亡。直至1922年他的陵寢被英國考古學家發現，因藏有大量精緻的陪葬物而聲名大噪。

④ 拉美西斯二世
　　埃及最英勇的法老王，武功輝煌，活到一百多歲。

⑤ 納孚坦莉王后
　　拉美西斯二世之后，亦是埃及人最敬愛的王后，常把她與伊希斯女神畫在一起，可見她在人民心目中地位非凡。

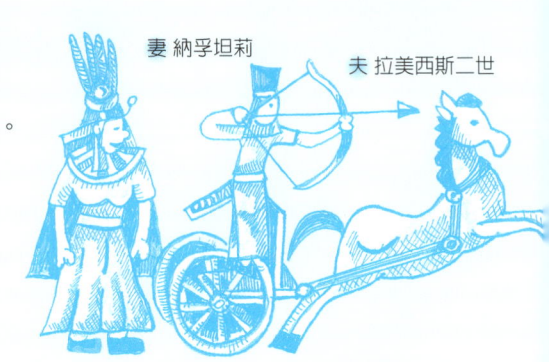

⑥ 伊姆賀提普
　　建造出第一座金字塔，著名的建築家。

⑦ 埃及豔后
　　本名「克麗奧佩脫拉」，因得到凱撒大帝之助而成為埃及女王，最終在羅馬軍進逼下以毒蛇自殺而亡。

【古埃及王朝期別表】	早王朝	前3100－前2700	1－2 王朝	美尼斯統一上下埃及	信奉奧塞里斯
	古王國時期	前2700－前2200	3－6 王朝	金字塔的黃金時期	信奉荷魯斯
	第一中間期	前2200－前2033	7－10 王朝	戰亂分裂的時期	信奉布塔神
	中王國時期	前2033－前1710	11－13 王朝	廢除省長制度	信奉阿蒙神
	第二中間期	前1710－前1550	14－17 王朝	移權至尼羅河三角洲	信奉塞特神
	新王國時期	前1550－前1069	18－20 王朝	皇家陵寢移至帝王谷	尊奉阿頓神
	第三中間期	前1069－前664	21－25 王朝	新意與傳統共存	奉阿蒙拉神
	後王朝時期	前664－前332	26－31 王朝	被亞歷山大大帝所滅	埃及神話

★古埃及經歷三十一個王朝，產生三百七十位法老王。

第三節 古埃及神明大觀

一 太陽神

法老王被視為太陽神的化身，宇宙秩序的中心。

1. **創世太陽神──荷魯斯**
   是法老王的祖先。

2. **中古太陽神──拉**
   法老王的守護神。

3. **曙光太陽神──阿頓**
   在第十八王朝中，被奉為埃及唯一獨尊的神明，其形象為日輪千手光環。

4. **落日太陽神──阿圖姆**
   眾神與人類自存自主的創造者。

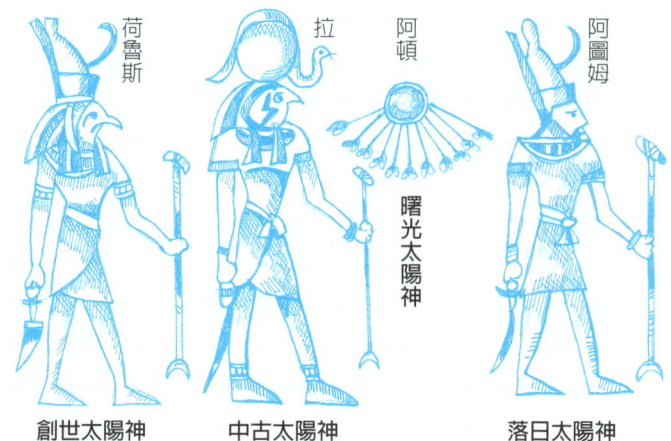

創世太陽神　　中古太陽神　　　　　　落日太陽神

二 遠古三聯神

遠古埃及的宗教信仰，以奧塞里斯為最神聖的保護神，其妻伊希斯及其子荷魯斯，被奉為埃及「三聯神」。

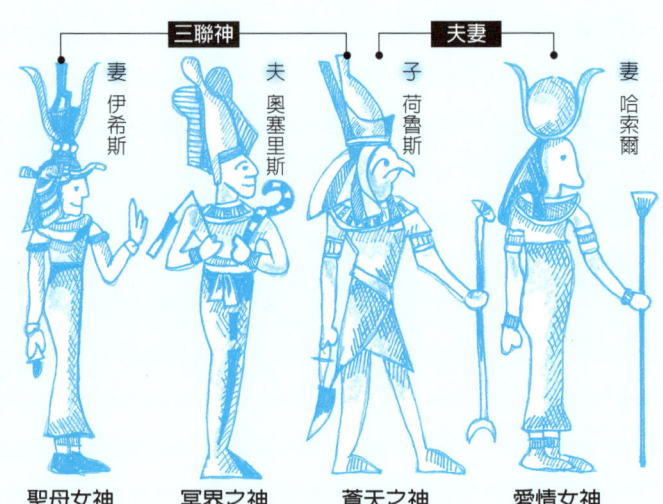

1 冥界之神──奧塞里斯

他是古埃及時代最尊貴的神明，是古文明賜予者，也是農業穀物的保護神。代表死而復活，是冥界之神。

2 聖母女神──伊希斯

諸神之后，曾幫其夫奧塞里斯復活，是萬神殿中最受歡迎的女神（石棺守護神）。

3 蒼天之神──荷魯斯

他是創世太陽神，日、月是其雙眼，法老王被視為其化身。在埃及可說是最受敬崇的神祇，他的形象為鷹首人身，其眼（烏賈特之眼）可賜予全人類幸福。

4 愛情女神──哈索爾

為荷魯斯之妻，又稱「牛神」。她是埃及的愛情女神，也是丹德拉神殿的第一主神。

三 底比斯三柱神

中王國時期全埃及最無上的神明。

1 初始之神──阿蒙

古埃及至高無上的主神，是宇宙萬物的初始神。

② **富饒女神──慕特**
　阿蒙之妻。她被視為萬物之母、諸神之后，備受敬崇。

③ **月神──康斯**
　他是阿蒙及慕特之子，頭戴滿月及新月之冠。亦是埃及醫療之神。

四 孟斐斯創造之神

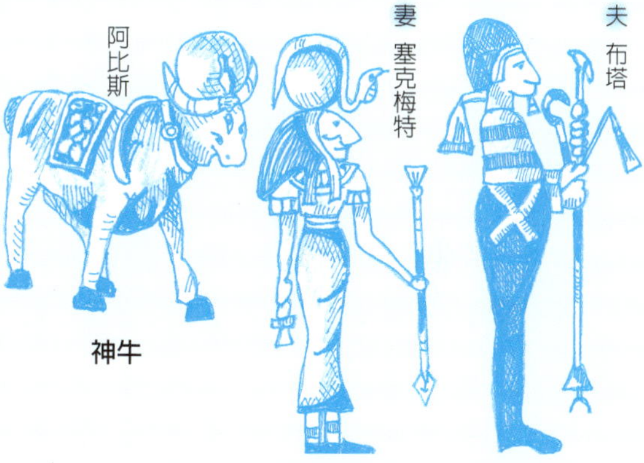

① **創造之神──布塔**
　他是孟斐斯城三大主神之首（另有奧塞里斯及塞特），是塞德慶典時的主神，亦是工藝之神。

② **戰爭女神──塞克梅特**
　她是布塔之妻，獅頭人身能夠引發疾病及乾旱，是十分駭人恐怖的神。

③ **神牛──阿比斯**
　布塔的使者，象徵豐饒生產。

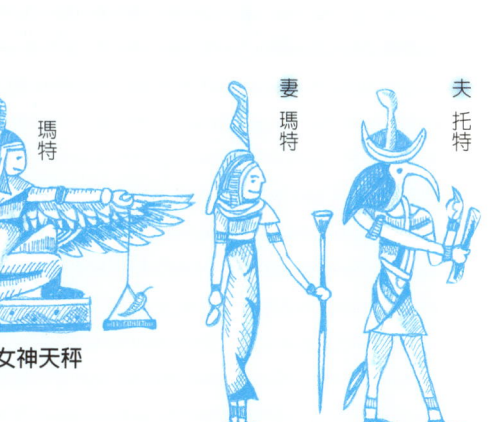

神牛　　　戰爭女神　　創造之神

五 調和之神

① **文學之神──托特**
　文字的發明者，他手執筆、拿著捲軸，是埃及的智慧之神，同時也是諸神的信使。

② **正義女神──瑪特**
　托特之妻，太陽神拉的女兒，體現真理的羽毛是其象徵物。她代表正義及審判公平，將善惡的羽毛頂在額頭上。

正義女神天秤　　正義女神　　文學之神

★ **正義天秤** 正義女神瑪特的天秤，象徵埃及的倫理。佩帶羽毛是將死者的心臟和她的羽毛稱重，使冥府的審判庭中更顯正義公平。

六 宇宙之神

1 天空女神──努特

為大地之神蓋布之妻。她用四肢壓制大地，身體佈滿星斗，代表地球的弧度。她吞食太陽，是亡靈的守護神，其形象通常出現於墓室主棺的屋頂上。

妻 努特　夫 蓋布

天空女神

大地之神

2 大地之神──蓋布

與其妻努特上下一體，共同屏障天地。是埃及冥界之書中的主角。其單獨形象，以額頭頂鵝為特徵。

七 冥界之神

1 混亂之神──塞特

他是埃及的惡神，加害親兄弟奧塞里斯的人、荷魯斯的敵人。是邪惡勢力的代表，但近代卻成為重要神祇。因為他能壓抑風暴及阻止異族入侵，於是成為埃及的風暴之神及戰爭之神。

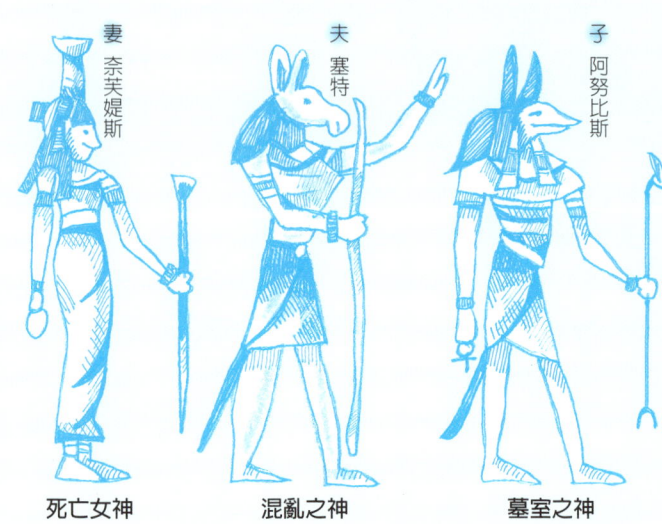

妻 奈芙媞斯　夫 塞特　子 阿努比斯

死亡女神　混亂之神　墓室之神

2 死亡女神──奈芙媞斯

她是伊希斯之妹，曾背棄丈夫塞特偷偷照顧荷魯斯的四個兒子。頭戴聖書，是死

者的保護神。

❸ 墓室之神——阿努比斯
他是木乃伊的創造者，監督亡靈接受審判，並引導重生。

阿努比斯引渡亡靈

稱量善惡

❹ 巴——專門對抗邪惡的精靈
來自墳墓與冥界的死者靈魂，人頭鳥身的形象。為守護亡魂的象徵圖騰。

★佧：生命的原初形式，在未通過審判前一直依附主人而存在。

巴

墓室精靈

【埃及木乃伊】

八 生活之神

1 尼羅河神——克努

他有顆公羊頭，在埃及被視爲提供水源的尼羅河神，亦被奉爲陶工之神。

★克努的神船象徵宇宙永恆的運行。

克努的神船

狩獵女神

尼羅河神

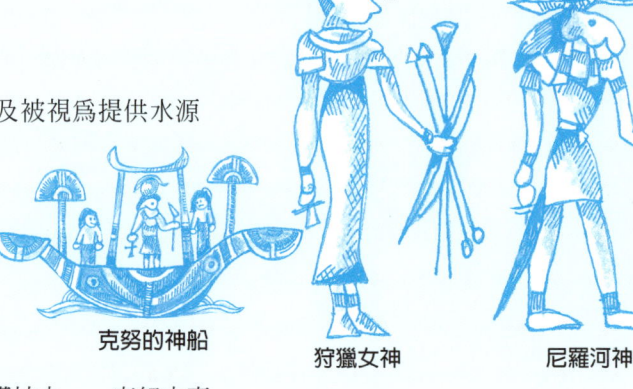

2 狩獵女神——奈特

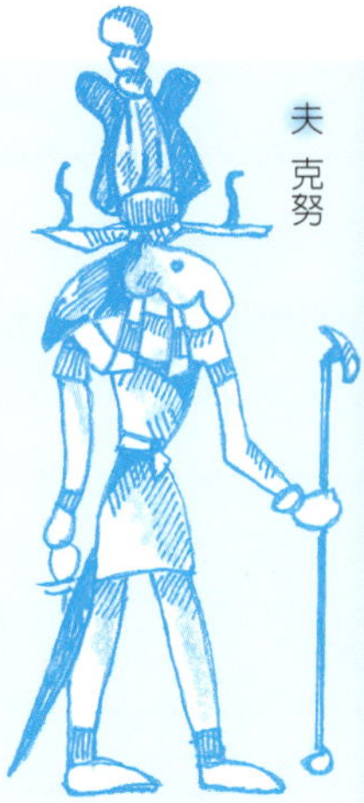

是木乃伊內臟四大守護神之一，克努之妻。

3 繁殖之神——明

他是東部沙漠可布特斯的主神，其最大的特徵是勃起的性器（表繁殖後代）。

4 生育女神——妲威蕾

埃及懷孕婦女及分娩的守護神，其特徵爲河馬臉人身。兩對豐滿的乳房，象徵生育、哺養後代。

5 法老王守護神——索貝克

爲鱷魚臉，他具有火、風、地、水四大元素。在死亡之書中，他曾保護荷魯斯的出生，並幫助伊希斯消滅惡神塞特。是埃及信仰中的水神，同時也是法老王的守護神。

繁殖之神

生育女神

法老王守護神

九 太陽神荷魯斯的四個兒子

負責保護奧塞里斯的內臟，通常其形象以聖罐作爲代表。

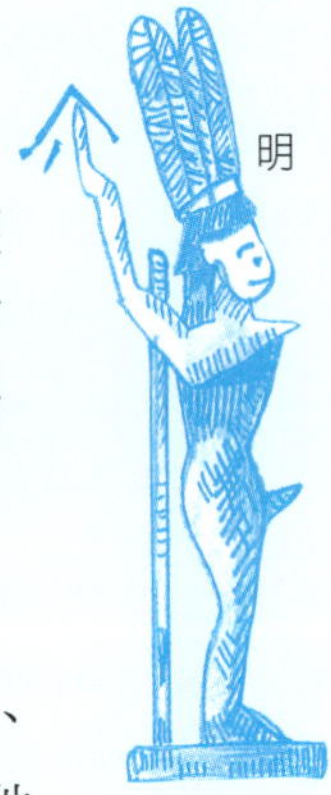

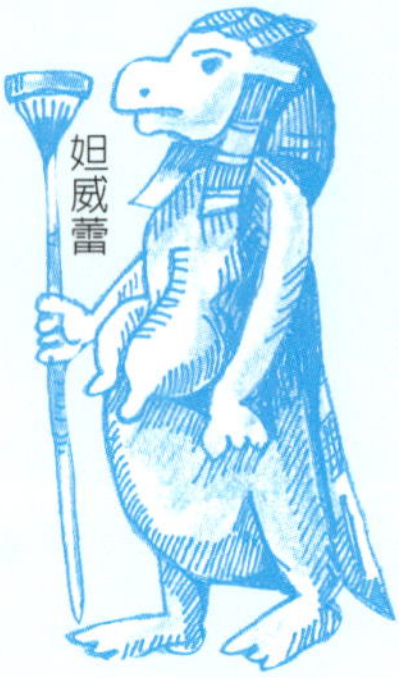

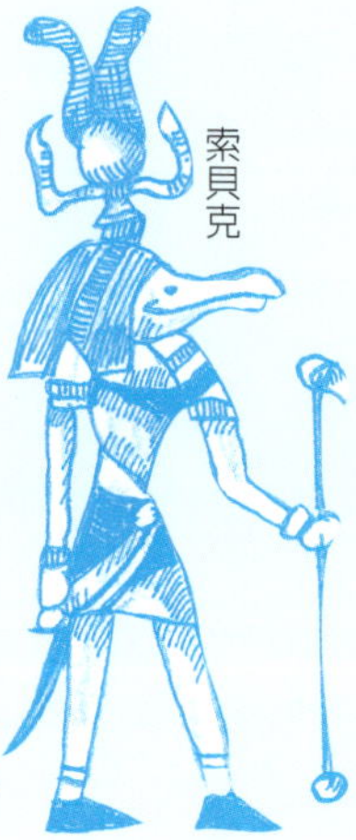

① **伊梅塞提——木乃伊形象罐**
保護死者的肝臟，曾被女神伊希斯領養。

② **克貝先努夫——鷹頭形象罐**
保護死者的腸，曾被塞勒領養。

③ **德姆特——狼頭形象罐**
保護死者的胃，曾被奈特女神領養。

④ **哈比——猴頭形象罐**
保護死者的肺，曾被奈芙媞斯領養。

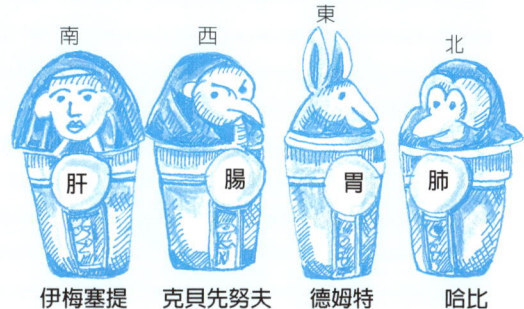

✚ 其他守護神

① **醫術、建築之神——伊姆賀提普**
因建立第一座金字塔，而被尊奉為神，亦是天文學的專家。

② **金字塔守護神——司芬克斯**
他就是著名的人面獸身，專門保護金字塔及神殿。

③ **貓女神——貝斯特**
是布巴斯提斯地區的守護神，曾協助阿努比斯對抗邪靈。因個性溫和，成為音樂及喜悅的女神。

【小常識】　擁有隼臉的埃及重要神祇

象徵朝日　隼
上埃及守護神

表上下埃及的統一
創世太陽神　荷魯斯

表宇宙由太陽運行
中古太陽神　拉（雷）

日月兩極的變幻
月神　康斯

阿蒙與拉的結合
戰神　孟圖

王者的信物

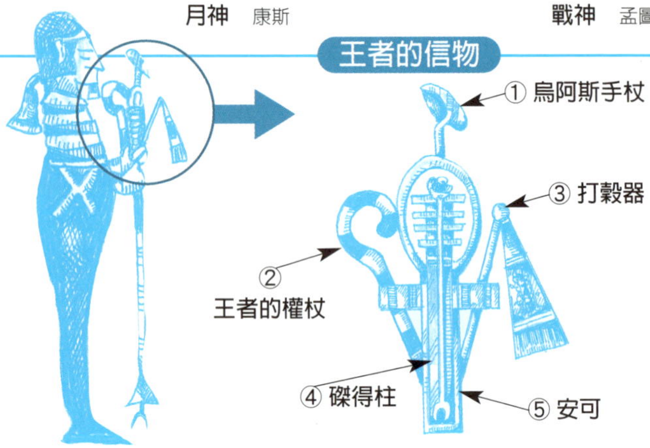

① 烏阿斯手杖
② 王者的權杖
③ 打穀器
④ 碟得柱
⑤ 安可

代表【幸福】，是諸神手拿的聖杖
① 烏阿斯手杖

代表【權力】，內涵收割之意
② 王者的權杖

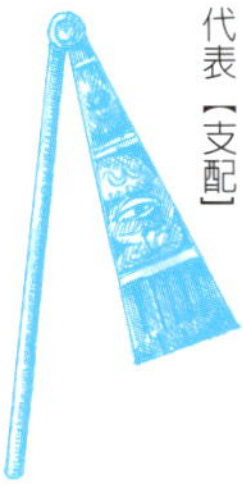

代表【支配】
③ 打穀器

代表【安定】，象徵奧塞里斯的脊椎，表恆久穩定，常被放置於木乃伊的胸部作為護身符
④ 碟得柱

代表【永生】，是埃及的十字架，諸神手中所拿的吉祥物
⑤ 安可

22

埃及重要圖騰

日、月完全之眼，代表賜福	太陽運行的推動器，心臟護身符	表農作物豐收	女性保護神

烏賈特之眼	聖甲蟲　卡普利	提埃特	侏儒　貝斯

永遠的象徵	表發揚光大	阿蒙神聖的象徵動物	

西延	佧	鵝	公羊

十八王朝最高神	表下埃及王朝	表上埃及王朝	布塔神的使者

阿頓	華雅特	妮克貝特	阿比斯

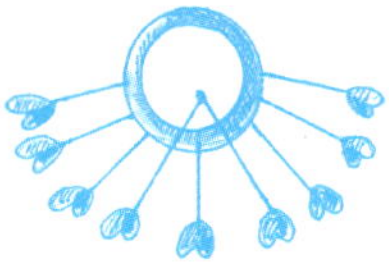

墓室精靈	表道德與神力	表重生	表天地一體
	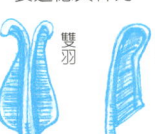 雙羽　單羽	  枕頭　階梯	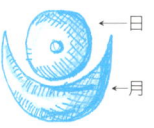 ←日 ←月
靈魂鳥——巴	羽毛	陵寢聖物	日月

象徵初古期上下埃及王朝合併統一的結合圖案

莎草與睡蓮的結合　　王冠的結合　　百合與蜜蜂 　　鷹與蛇

第五章
巴比倫神話

教義：天與地的君主

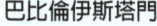
巴比倫伊斯塔門

起源 西元前1792年，世界四大文明古國之一的美索不達米亞（今伊拉克地區）由漢摩拉比國王完成統一大業，建都於巴比倫（意為神的大門），史稱「古巴比倫帝國」。其死後被北方的亞述人所佔領，建立了亞述帝國。西元前625年再由那伯波拉奪回巴比倫，史稱「新巴比倫王國」；其子尼布甲尼撒建立了通天塔及空中花園，並征服了猶太王國的希伯來人，史稱「巴比倫之囚」。直至西元前538年，終被強大的波斯帝國所滅亡，只留下讓世人流傳的巴比倫神話，並蘊育了往後世界重要的宗教——猶太教、基督教、伊斯蘭教均承襲它所煥發出來的基礎元素，並把它更發揚光大。

★美索不達米亞——意為兩河之間（即幼發拉底河及底格里斯河）。

美索不達米亞 ➡ 古巴比倫帝國 ➡ 亞述帝國 ➡ 新巴比倫王國 ➡ 波斯帝國

① 神曲

古巴比倫的神靈。最先是對動物的崇拜敬仰，然後逐漸擬人化，於是產生許多半人半獸的神祇。

② 原古神

美索不達米亞人認為遠古是：① 混沌與海洋的結合 ② 產生淤泥 ③ 形成大地 ④ 天地分離。於是出現了遠古三位大神：蒼天之神——安努、愛情女神——伊什塔爾和淡水神——伊亞。

③ 巴比倫的眾神之王——馬爾杜克

他是古巴比倫時代的主神。手持象徵王者的權杖，腳邊蹲伏著羯魔姆修芬修。

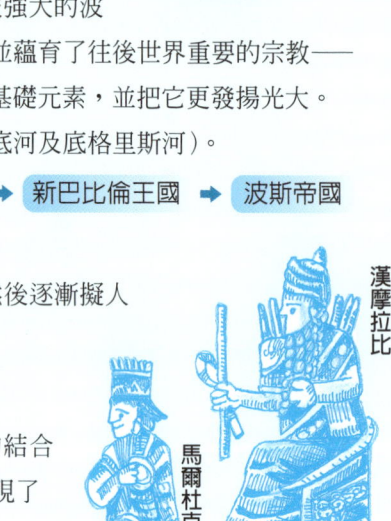
漢摩拉比
馬爾杜克
姆修芬修

④ 尼努爾塔神與怪鳥安祖

尼努爾塔神擊敗了獅頭的風暴之鳥安祖，取回神

安祖　　尼努爾塔神

寶「天命書板」。據說只要人們將此神寶掛於胸前,便可成為世界上地位崇高的統治者。

5 巴比倫生命之樹
象徵宇宙再生迴轉的中心軸。兩旁為採集豐饒花粉的守護精靈(有翼鷹頭人身),保護這棵由青金石所構成、上面綴滿珍貴果實的宇宙生命之樹。

6 亞述的大戰神——阿蘇爾
亞述人的守護神,也是亞述帝國的主神。亞述人好戰尚武,故亦被視為戰神。其形象為手持弓箭,身後並具有雙翼的太陽,這個圖騰之後被祆教(拜火教)所採用。

鷹頭精靈護樹

7 太陽神——馬爾修
世界上最古老的文學作品〈基爾迦美什史詩〉的主角,三分之二是神,三分之一是人。抱著幼獅,旁有獅頭人身精靈守護的太陽神。

阿蘇爾

獅頭人身精靈　太陽神　　水神／農耕之神　　亞述精靈,神殿及人類守護神

巴比倫神話中最常見到的守護神
(類似吉祥物)

第六章
北歐神話主要神祇

1 宇宙之神——奧丁

北歐神話中地位最高的主神。身旁伴有兩隻烏鴉及兩匹兇猛的野狼。

奧丁的三角標

宇宙之神

2 雷神——索爾

奧丁的兒子。乘坐兩匹公羊拉曳的戰車，手持熾熱的紅色雷電鎚子。

雷神

3 愛情女神——芙蕾雅

她是北歐神話中最美麗的女神，乘坐著由貓拉曳的戰車（象徵豐饒）。

愛情女神

4 太陽神——弗雷

芙蕾雅的雙胞胎哥哥，主宰陽光、雨水等自然之神。騎坐著飛在天空中的黃金山豬。

太陽神

5 天后——弗麗嘉

奧丁的妻子，她是生產時的守護神。

天后

6 正義之神——泰爾

象徵自我犧牲（只有一隻手）。

正義之神

7 惡作劇之神——洛基

個性狡猾，詭計多端。

惡作劇之神

第七章
希臘羅馬神話故事

巴特農神殿

希臘羅馬神話，是由諸神間的殺戮、爭鬥、通姦、亂倫所編織出來的傳奇故事。

1 泰坦神——克羅諾斯

位於希臘雅典市中心「衛城之丘」上的巴特農神殿，奉祀著該城的守護神雅典娜，羅馬人稱之為美娜瓦。

遠古的泰坦神。因有預言說他的兒子將來會篡奪其王位，故吃掉自己的全部骨肉，後來果真如預言所述，遭兒子們（宙斯兄弟）推翻，被放逐到無底深淵的冥暗洞，成為司時神。手中拿著一支代表「死亡」的鐮刀。

克羅諾斯

2 奧林帕斯十二神

希臘奧林帕斯山是眾神居住的地方，共分九重天，山頂是天帝宙斯的神殿。十二主神以宙斯為中心，兩位是其弟，兩位是其妹兼妻子，其他均為他的子女，雖為一家人，但卻是天下最不融洽的家族。

第一節　奧林帕斯十二天神　括號內為羅馬名

一　天帝宙斯（朱彼得）

羅馬神話稱朱彼得。其母瑞亞懷他的時候，為了躲避其夫克羅諾斯的生吞，而逃到克里特島，交由山林女神寧芙寄養。宙斯長大後與兄弟黑地斯及波塞頓一起推翻其父而稱帝。娶妹妹希拉為妻。他生性風流，與多位仙女發生關係且產下眾多子女，以下是他的風流史：

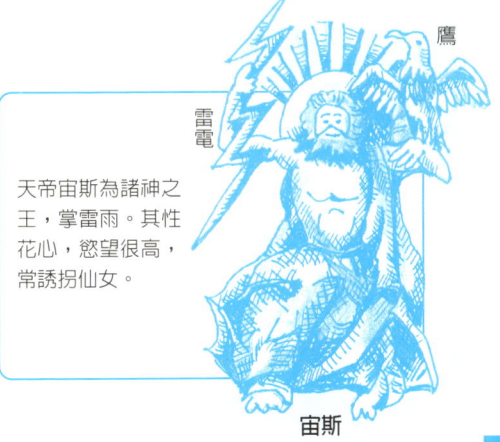

鷹
雷電
天帝宙斯為諸神之王，掌雷雨。其性花心，慾望很高，常誘拐仙女。
宙斯

27

宙斯風流史　■代表奧林帕斯十二神之一

情人 1　希拉　■（天后）宙斯的親妹妹
- 生下
  - ■阿利斯（戰神）
    希比（青春女神）
  - ■黑法斯托斯（火神）：火神極醜，始終不得天后喜愛。

情人 2　迪密特　■（農產女神）宙斯之妹
- 生下
  - 波瑟楓妮（被冥王強佔為妻）

情人 3　泰坦莉朵（黑暗女神）
- 生下
  - ■阿波羅（太陽神）
  - ■阿緹密斯（月神）

情人 4　戴奧妮
- 生下
  - ■阿芙蘿黛緹（美神）

情人 5　蜜蒂絲（思慮女神）
- 生下
  - ■雅典娜（智慧女神）

情人 6　美雅（亞特拉斯公主）
- 生下
  - ■漢密斯（商業之神）

情人 7　愛克曼妮
- 生下
  - 海克力斯（希臘大英雄）

情人 8　施美樂（底比斯公主）
- 生下
  - 戴奧尼索斯（酒神）

情人 9　穆妮摩西（記憶女神）
- 生下
  - 繆思九女神

情人 10　麗達（斯巴達公主）
- 生下
  - 海倫（特洛伊戰爭的女主角）
  - 克麗泰梅絲特（希臘遠征軍總指揮元帥阿伽門農之妻）

＊宙斯化身一隻天鵝去親近斯巴達公主麗達，天鵝後來成為「天鵝星座」。

天鵝星座

麗達

情人 11　歐蘿芭（腓尼基公主）

＊宙斯見到腓尼基最美豔的公主歐蘿芭（歐洲一詞源自此人）正在摘花，就化身為一頭牡牛，誘拐她到克里特島去，使其成為該島的女王。金牛後來被天神封為天上的金牛星座。

歐蘿芭

金牛星座

情人 12　達妮（阿高斯公主）

＊宙斯化為一陣黃金雨，進入銅塔內與達妮交歡。

黃金雨

- 生下
  - 帕修斯（希臘第一勇士）斬殺蛇髮女妖美杜莎，即天上的英仙星座

達妮

情人 13 伊娥

*宙斯化成一團彩雲，與伊娥交歡。

七彩雲團

伊娥

生下
- 迪奧斯克利（艾帕弗斯）

情人 14 安媞奧彼（河神之女）

*宙斯化成森林之神潘恩，與安媞奧彼交合於古塔內。

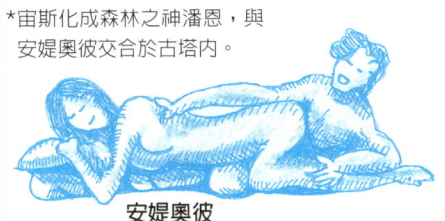

安媞奧彼

生下
- 一對攣生兄弟（即雙子座），兄為波呂德凱斯，弟為卡斯托爾

情人 15 凱莉絲杜

凱莉絲杜

*宙斯化身為月神阿緹密斯去引誘凱莉絲杜，被天后希拉得知，把她變成一隻大母熊（即大熊星座）。

大熊星座

生下
- 阿卡斯——是個神射手，有一天他看到一隻母熊（他的母親），正要射殺她時被宙斯即時阻止，後來成為小熊星座

情人 16 尤莉洛美

生下
- 美惠三女神

二、海神——波塞頓（納普欣）

波塞頓，是海洋的統治者，妻子安菲特麗媞。其象徵物是海豚與三叉戟，在卡通影片《美人魚》裡，他的名字叫海天王。兒子屈頓手持海螺，吹響了海神所傳達的號角。

三、冥王——黑地斯（普魯托）

冥王是海神和天帝宙斯的親兄弟，他是死亡世界的統治者。妻子波瑟楓妮被他在人間誘拐，且強迫留在冥界共同管理地府。其象徵物是戴著一頂隱形頭盔，及一隻三頭看門犬（負責防止亡靈脫逃），手握牛角戟。

三叉戟

海神 波塞頓

冥王 黑地斯

四 農產女神──迪密特（席莉絲）

宙斯之妹。女兒波瑟楓妮被冥王誘拐強佔為妻，她向宙斯求援，冥王答應一年內固定四次讓她們團聚，於是世間有了春、夏、秋、冬四季。其象徵物是穀物。她是農產女神，同時也是大地之母。

農產女神 迪密特

五 天后──希拉（朱諾）

她是宙斯的妹妹兼妻子，掌管婚姻及生育。其象徵物是頭戴王冠，手持權杖，旁邊有一隻孔雀伴隨。她是一位醋勁很強的女性，常常無法忍受其夫宙斯到處拈花惹草，而懲罰她的情敵及子女。

天后 希拉

六 智慧女神──雅典娜（美娜瓦）

曾於海神角逐希臘衛城的守護神中獲勝，她賜予該城橄欖樹，而海神贈予一口無法飲用的鹹井。該城後來改名為「雅典」城以示感恩及紀念她。其象徵物是代表智慧的貓頭鷹、神盾、橄欖樹與布穀鳥。她不但擁有智慧並象徵文明，更是英雄戰將的守護神。

智慧女神 雅典娜

七 太陽神──阿波羅（阿里歐斯）

詩歌與愛好音樂的靈感之神，對於各種美好的事物均擁有獨特的鑑賞力。他是青年人心中理想的美男子，並在特爾斐創立了非常知名的神諭，隨時引發瘟疫或治癒疾病。

太陽神 阿波羅

八 月神──阿緹密斯（黛安娜）

她與太陽神阿波羅是同胞兄妹，經常帶著花鹿、身揹弓箭漫遊在森林中，被稱為狩獵女神。她喜歡孤獨淡泊沉靜，不想受任何人的束縛，並且永保童貞。是兒童的守護神，也是分娩婦女的保護神。

月神 阿緹密斯

九　火神——黑法斯托斯（伏爾岡）

火神面貌極為醜陋，心地卻十分善良。他的鑄鍛技術非常高明，如宙斯的雷電、雅典娜的神盾、丘比特的金箭及阿波羅的戰車，均出自於他那雙精巧細膩的手。宙斯為了酬謝他對工作的認真，將美神阿芙蘿黛緹許配給他，於是種下了沒完沒了的偷情事件的開端。

火神 黑法斯托斯

十　美神——阿芙蘿黛緹（維納斯）

阿芙蘿黛緹在羅馬神話中被稱為維納斯，她的名字意為「海上的泡沫」。在天界金蘋果的選美會中，她獲選為最佳女主角，也因此引發了十年的特洛伊大戰。她的美豔無人能比，卻嫁給了醜男火神，於是常常紅杏出牆，越軌偷情。除了與戰神阿利斯生下小愛神丘比特外，最著名的是與獵人亞當尼斯的戀曲。

美神 阿芙蘿黛緹

十一　戰神——阿利斯（馬爾斯）

戰神阿利斯，自視甚高又殘酷，喜歡挑起戰亂，沉溺血腥。在羅馬神話中，馬爾斯被稱做大英雄，但在希臘神話中的阿利斯卻是不折不扣的大狗熊。尤其是與美麗女神阿芙蘿黛緹偷情幽會時，被其夫火神用金圈天網捕獲，押到眾神面前接受公審，丟盡顏面。

戰神 阿利斯

十二　商業之神——漢密斯（梅丘利）

漢密斯是眾神的信差，頭上的帽子跟腳上均有一對翅膀，能靈巧敏捷地穿梭在陰陽界中。他常發揮機智才能，拯救了許多英雄，他的名字Hermes（皮革名品：譯名愛馬仕）常被放在家門外，具有避邪作用。其特徵是手中持有「使者之杖」，為商業學校的標記。

漢密斯之杖

商業之神 漢密斯

★【漢密斯之杖】使者之杖：
頂端有雙翼，杖由兩條蛇纏繞其上，代表著商業、交通及和平。亦是醫學標誌。

奥林帕斯諸神象徵圖騰

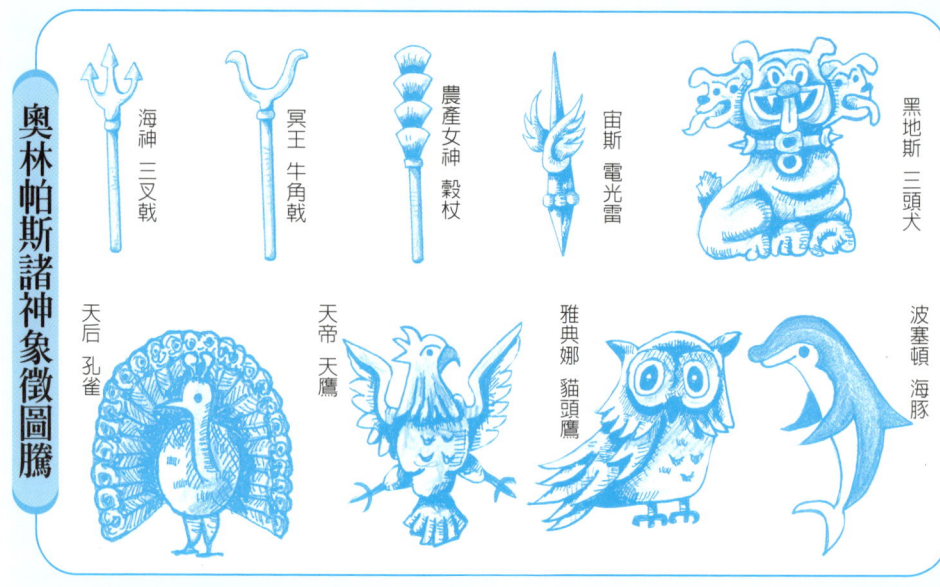

海神 三叉戟　冥王 牛角戟　農產女神 穀杖　宙斯 電光雷　黑地斯 三頭犬
天后 孔雀　天帝 天鷹　雅典娜 貓頭鷹　波塞頓 海豚

第二節　天神、女仙

酒神 戴奧尼索斯（巴克斯）

　　因發明了葡萄的栽培方法及酒釀技術，被奉為酒神。其妻亞麗亞德妮所戴的冠冕，被賜封為天上的北冕星座。

醫藥之神 阿斯克勒庇奧斯

　　他是太陽神阿波羅的兒子，拜人頭馬凱龍為師，學會了高超的醫術。因能讓死人治癒、復活，觸犯天條被擊斃。死後天帝很誇讚他的醫術，於是封他為醫神。

風神 艾奧魯斯

　　他住在艾奧魯斯島上，是各種風神的總管。

　　北風——柏瑞斯　西風——齊菲爾
　　南風——諾特斯　東風——尤魯斯

酒神 戴奧尼索斯

醫藥之神 阿斯克勒庇奧斯

風神 艾奧魯斯

爐灶女神 哈斯媞亞（維斯塔）

爐灶是用餐時重要的器具，象徵家庭團聚。她手持火種，代表生生不息。她與智慧女神雅典娜及月神阿緹密斯並列為希臘神話中的三大處女神，永保童貞。是兒童的守護神。

爐灶女神 哈斯媞亞

黎明女神 伊歐斯（奧羅拉）

兒子戰死於沙場後，她一直流淚。清晨來臨時，人們可在草葉上看到那些以露珠形式存在的淚水。

黎明女神 伊歐斯

山林女神 寧芙

宙斯小時候，躲避其父追殺時，由她們扶養長大。漫遊在山林之間。

山林女神 寧芙

田野女神 波瑟楓妮

她是農產女神迪密特的女兒，被冥王黑地斯擄走，成為冥后。其母非常傷心，求助於天帝。答應她三分之二時間在人間，三分之一時間陪冥王共管地獄。

田野女神 波瑟楓妮

豐饒女神、春天女神 克羅里斯（芙蘿拉）

是大地之母，同時也是花神。

豐饒女神 克羅里斯

水果女神 波蒙娜　　季節女神 奧雅絲
慾望女神 美洛斯　　生產女神 艾力莉亞

青春女神 希比

她是宙斯與王后希拉的女兒，後來嫁給希臘第一英雄海克力斯。

水果女神 波蒙娜

健康女神 海吉亞

手握長蛇，代表長生健康。

健康女神 海吉亞

青春女神 希比

- 彩虹女神 伊麗絲
  神界的使者仙女。

- 幸運女神 泰基（芙兒娜）
  象徵人類變化無常的機運命理。

幸運女神 泰基

- 正義女神 艾斯特里亞
  手持天秤衡量人類之善惡，蒙著眼睛代表不會被實物外觀所欺瞞。以公正公平對待一切，被封為天上的「處女星座」。她所持的天秤，即為天上的「天秤星座」。

正義女神 艾斯特里亞

- 復仇女神 艾尼耶斯（斐莉）
  報復慾望極強，專懲惡人。

- 小愛神 伊羅斯（丘比特）
  美神維納斯與戰神阿利斯的私生子，頑皮淘氣。手持金箭，被他射中的男女都會情不自禁的墜入情網中。

小愛神 丘比特

復仇女神 艾尼耶斯

- 繆思九女神
  繆思代表知識與學問。九女神通常是以團體一起出現。

（抒情詩）歐特碧　（史學）克麗歐　（喜劇）塔莉兒　（情詩）艾拉朵　（聖歌）波莉海妮雅　（史詩）卡莉歐碧　（舞蹈）泰普希可　（天文）烏拉妮雅　（悲劇）梅爾波曼

勝利女神 奈基（維多利亞）

勝利的見證者。其名Nike今已成為運動品牌的領導者。

命運三女神 莫以利絲

專司協助監督人類遵紀守法。

克羅蘇──紡線（生命）

拉凱席斯──配線（命運）

艾特洛普斯──剪線（死亡）

優雅美惠三女神

諸神宴會中負責跳舞歡唱的娛樂之神。

艾葛萊雅──代表光耀（使花朵綻放）

尤芙柔欣──代表喜悅（使心情愉悅）

泰麗雅──代表興奮（帶來好運）

勝利女神 奈基

命運三女神　　美惠三女神

第三節　希臘羅馬神話傳奇

羅馬國創造者

羅馬國的開創者，為羅慕拉斯及雷姆斯兩兄弟。相傳他們是由一隻母狼養大成人的。

羅馬城的祖先

不二神 巨諾斯

是羅馬神話裡的門神，掌事物的開端與結束。

擎天神 亞特拉斯

因違背諸神的旨意，而被懲罰頂著天球。

海洋之子 屈頓

海神波塞頓之子，上半身是人，下半身是海豚。手中持有海螺號角，當他吹響號角時，即代表在傳達海神的旨意。

不二神 巨諾斯

擎天神 亞特拉斯

海洋之子 屈頓

搬石奴　西西弗斯
原為柯林特國的暴君，殘忍無道。因得罪宙斯被懲罰永無止盡的搬運石頭到山上。

飛馬星座　佩加索斯
希臘勇士帕修斯斬殺蛇髮女妖美杜莎時，噴出來的血化成的一匹飛馬。諸神領養後成了天上的飛馬座。

森林之神　潘恩（牧羊人的守護神）
半人半羊身，能用蘆笛吹奏出優美的旋律，令人陶醉。常出沒在森林中。

人頭馬　凱龍（人馬星座及射手座）
半人半馬的怪物，其實是人類的好朋友。他的智慧學問超群，對音樂、醫學、狩獵各項技能樣樣精通。但後來被他的摯友海克力斯誤殺；被封為天上的射手星座。他的哥哥山陀爾，個性剛好與他相反，性情暴躁、殘酷、貪婪，最後被智慧女神雅典娜降服。

歐夫斯的七弦琴
歐夫斯是太陽神阿波羅的兒子，一位傑出的七弦琴家。其妻尤莉蒂凱被毒蛇咬死，他去冥府請求冥王讓其妻復活，由於冥王非常欣賞他的琴藝，所以答應他的請求，讓其妻重返人間。但他卻太過心急，忘了冥王給他們「只能前進，絕不能回頭」誓言；他偷偷的望了尤莉蒂凱一眼，使她重墮地獄。傷心欲絕的歐夫斯，將他那心愛的七弦琴丟到湖裡，從此不再彈琴言笑。諸神們看了非常不忍，於是將那七弦琴高掛天空，成了「天琴星座」。

丘比特與賽姬
賽姬非常美豔，令美神維納斯嫉妒，於是差遣兒子丘比特去懲罰賽姬。當小愛

神丘比特見到賽姬時，被她那花容月色給震懾住，不禁傾倒在她的石榴裙下。專門使人墜入愛情迷惘的神箭反射自己，於是兩人產生浪漫纏綿感人的愛情故事。在希臘神話中，他們是唯一以喜劇收場的一對完美組合。

丘比特與賽姬

向日葵花神 柯萊蒂

仙女柯萊蒂深愛著太陽神阿波羅，可是他卻對她不理不睬，甚至連正眼都懶得瞧她一下。群神憫惜她的癡情，便將她變成一大朵金黃色的向日葵，讓她永遠朝著太陽，以解心中之戀。

向日葵花神 柯萊蒂

月桂樹女神 丹芙妮

太陽神阿波羅從未正眼看過柯萊蒂，使她化為向日葵，以解心中之戀。但是他卻瘋狂的愛上河神之女丹芙妮。丹芙妮為了逃避阿波羅的騷擾，將自己變成一棵月桂樹，阿波羅非常婉惜，便將桂枝編成一頂冠帽戴在頭上。後來優秀傑出的文人，頭上都會戴著月桂冠，代表完美無瑕，統稱「桂冠詩人」。

水仙花神 納西瑟斯

他是山林女神寧芙與河神之子，長得十分俊美，是神話中有名的美男子。但他的眼光很高，不管多麼美麗的仙女都打動不了他的心，他只迷戀倒映在水中的自己，每日看著水中影子而嘆息，終至憔悴而死。他死後，水邊長出了一株水仙花。

水仙花神 納西瑟斯

月桂樹女神 丹芙妮

秋牡丹花神 亞當尼斯

他是個愛打獵的美少年，美神維納斯深愛著他，並常與他偷情幽會。戰神阿利斯得知後即派一隻野豬到森林刺殺他，而他也不聽維納

秋牡丹花神 亞當尼斯

斯的警告，跑到森林裡去，結果被野豬的利牙刺死。維納斯得悉後，抱著他痛哭，淚水長成為一朵朵的玫瑰花，而亞當尼斯的血化成秋牡丹花。

風信子神 希亞奇特斯

他是太陽神阿波羅所欣賞的美少年，兩人在一起玩丟圓盤遊戲時，被阿波羅的圓盤擊中頭部而死亡（其實是西風因嫉妒他倆的親密，而故意送一陣強風，讓圓盤飛向希亞奇特斯的頭部）。他的血化成風信子花。

風信子神 希亞奇特斯

第四節　英雄鬥士

人類的創造者 普羅米修斯（先知先慮）

他因用泥土創造男人並從天庭盜取火種，賜予人類，受到宙斯嚴厲的懲罰。被用鐵鍊鎖在山岩上，讓巨鷹啄食其肝臟，受盡折磨。後來被海克力斯所救出。

人類始祖 普羅米修斯

禽獸的創造者 伊比米修斯（後知後明）

他是鳥、蟲、魚、獸的創造者，他不顧哥哥普羅米修斯的警告與反對，娶了潘朵拉，給人類帶來空前未有的浩劫。

災難女神 潘朵拉

災難女神 潘朵拉

宙斯為了懲罰人類使用火種而使智慧猛進，就塑造了一位美女潘朵拉去引誘伊比米修斯。當他們結婚當天，好奇的潘朵拉，忍不住打開宙斯送給他們的黃金匣。霎時間，所有的惡源飛奔而出，散播到整個世界，因此人間從此有了瘟疫、貪婪、仇恨、悲傷等災難。大地再也不得安寧，唯一留在匣內的只有「希望」，潘朵拉於是成了災難女神。

傑遜取金羊毛

取金羊毛的傑遜

傑遜為了復國，決定乘阿爾戈號戰艦，到科奇斯取回金羊毛，

他獲得魔女梅蒂亞暗中幫助，順利打倒妖龍及噴火怪牛，回到祖國後便娶她為妻。後來因為他又另結新歡，結果引來了梅蒂亞殺子斬新妻的強烈報復。

希臘第一英雄 海克力斯

他是宙斯與愛克曼妮的私生子，善妒的天后希拉派兩條蛇去毒殺他，未料嬰兒時期的海克力斯就具有天生神力，輕易的將兩條蛇給掐死。由於受到希拉的詛咒，所以他必須承受十二項搏命的任務，而他也以勇猛無畏的精神完成了這些考驗，而成為希臘第一大英雄，並被敕封為天上的「武仙星座」。

希臘第一英雄 海克力斯

希臘第一勇士 帕修斯

他是宙斯化身為黃金雨與達妮結歡後，在銅塔裡所生的兒子。英勇無比的他，為了使希臘人民生活更安逸，便去斬殺讓百姓聞之喪膽的蛇髮女妖美杜莎（據說被她看到的人均會變成石頭）。當他提著妖女的首級凱旋歸國途中，又搭救了一位準備獻給海獸當祭品的美女（安德諾美達公主），並娶她為妻。後來這對夫妻均被天神封為天上的星座，分別為英仙星座及仙女星座。

希臘第一勇士 帕修斯

雅典第一大救星 鐵修斯

他為了解救雅典的厄運（每年均要獻供年輕人給牛頭人魔當祭物），自願到克里特島的奪命迷宮內當牛頭人魔的獻祭品。他得到該島公主亞麗亞德妮的暗中協助，順利將米諾陶給擊斃，並成功的從曲折複雜的迷宮中脫身而返，因此成為全雅典城的民族救星。

第五節　妖魔怪物

雅典第一大救星 鐵修斯

蛇髮三女妖

看到她們的人都會變成石頭。老么美杜莎被帕修斯斬殺掉，其餘都是不死之

39

身。據說她們有避凶化險的能力，所以常被人們當成武力的圖徽或避邪的標誌。（服裝設計師凡賽斯即用此女妖頭像作為商標，但凡賽斯卻不幸於1997年被謀殺身亡。）

蛇髮三女妖 美杜莎

混沌火獸 喀米拉

擁有獅子的頭，身背上有母山羊的頭，尾巴則是一條蛇的吐火獸。代表混沌時代的天空、大海及陸地的妄想怪物。

混沌火獸 喀米拉

海洋魔女 希勒

住在海邊洞穴中，上半身是美女，下半身是六隻狗和十二隻腳的怪物，常襲擊靠近海邊的船隻。是航海人最懼怕的怪物。

鷲獅怪獸 格瑞芬

上半身是鷲、下半身是獅子。常出現在大戰結束後的現場專吃傷兵或死屍。

海洋魔女 希勒

牛頭人魔 米諾陶

公牛和克里特王妃所生下的怪物。因會吃人，被禁閉在迷宮內，以作為祭品的少年少女為食物，最後被雅典的民族英雄鐵修斯所殺。

鷲獅怪獸 格瑞芬

人面獸身 司芬克斯

底比斯城的怪物。牠有獅子的身體、女人的面孔及雙翼，捉住人時會問謎語，回答不出的人會被她吃掉。唯一能答出來的，只有科林斯的王子伊底帕斯，因此被他馴服。

牛頭人魔 米諾陶

人面獸身 司芬克斯

食嬰獸 哈比

美人頭鳥身，是個殘酷且貪婪的怪物，最喜歡啃食嬰兒肉骨。

食嬰獸 哈比

第六節　特洛伊大戰的始末

金蘋果的禍因

在一場天庭的盛宴中，沒有邀請到紛亂女神厄莉絲，於是引起她的不滿與憤怒。她留下一顆金蘋果，上面寫著：獻給最美麗的女人。結果招來了天后希拉、維納斯和雅典娜三位女神的爭奪戰。

帕里斯的裁判

天帝宙斯不想得罪任何一方，於是派一位最具審美觀的特洛伊王子帕里斯做出決斷。結果他暗自接受了維納斯以世間最美麗的女人海倫作為回饋，將金蘋果獻給了美神維納斯。

海倫的遇劫

維納斯為了實踐諾言，不顧海倫已是斯巴達王后，硬是幫帕里斯把海倫擄至特洛伊城。於是引發希臘諸國聯合討伐，激起了十年的特洛伊大戰。

天神的分裂

這場大戰不但是人與人的戰爭，也是諸神間的大對抗。
支持特洛伊的天神──美神維納斯、戰神阿利斯、太陽神阿波羅、月神阿緹密斯
支持希臘聯軍的天神──智慧女神雅典娜、天后希拉、海神波塞頓
中立天神──天王宙斯、商業之神漢密斯

希臘聯軍的征討

希臘千艘戰艦及十萬大軍將特洛伊城團團圍住，歷經十年。希臘聯軍最勇猛的主將阿基里斯，雖然將對方主將赫克托殺死，但還是無法攻下該城。阿基里斯雖有刀槍不入之身，但唯一致命傷就是他母親抱他浸泡陰陽水時忘了浸沾到水的腳跟。帕里斯受到阿波羅的指點以弓箭射中阿基里斯的弱點處，一代英雄因此長眠。

木馬屠城記

阿基里斯陣亡後，聯軍將領奧德修斯，摒棄了武鬥，決定來個智攻。他詐敗假裝棄械逃離，留下一隻內藏精兵的巨大木馬在海邊。特洛伊人把它當成戰利品，拖進城內狂歡慶祝；等一覺清醒之後，特洛伊城已成一片焦墟。歷經十年的無情烽火，由希臘聯軍獲得了最後的勝利。

奧德修斯的迷航

結束十年的大戰，打算凱旋榮歸的奧德修斯又經歷了十年的漂泊風險才回到希臘。在迷航中較著名的歷險有：打瞎巨人波利菲馬斯、用仙草破解妖女雪絲的毒咒、用蠟封住耳朵躲過塞壬女妖的奪命勾魂曲。

第七節　黃道十二宮

古時候巴比倫人利用天象觀測，研究創造出星座命盤的占星術。占卜家以黃道十二宮奠定太陽行經地球上空時所定的該月生日星座。

星座	通過日期	符號	特性	元素	極	部位	顏色	主星	個性
白羊座	3/21～4/20	♈	基本	火	陽	頭部	紅色	火星	進取
金牛座	4/21～5/21	♉	固定	土	陰	脖子	粉紅色	金星	踏實
雙子座	5/22～6/21	♊	變動	風	陽	手臂	黃色	水星	敏捷
巨蟹座	6/22～7/22	♋	基本	水	陰	胸部	灰色	月亮	包容
獅子座	7/23～8/23	♌	固定	火	陽	心臟	金黃色	太陽	領導
處女座	8/24～9/22	♍	變動	土	陰	腸	綠色	水星	勤勉
天秤座	9/23～10/23	♎	基本	風	陽	腎臟	藍色	金星	知性
天蠍座	10/24～11/22	♏	固定	水	陰	生殖器	暗紅色	冥王星	改革
射手座	11/23～12/21	♐	變動	火	陽	大腿	紫色	木星	自由
摩羯座	12/22～1/20	♑	基本	土	陰	膝蓋	黑色	土星	徹底
水瓶座	1/21～2/18	♒	固定	風	陽	腳踝	海藍色	天王星	獨創
雙魚座	2/19～3/20	♓	變動	水	陰	腳部	清綠色	海王星	理想

黃道十二宮人體部位圖

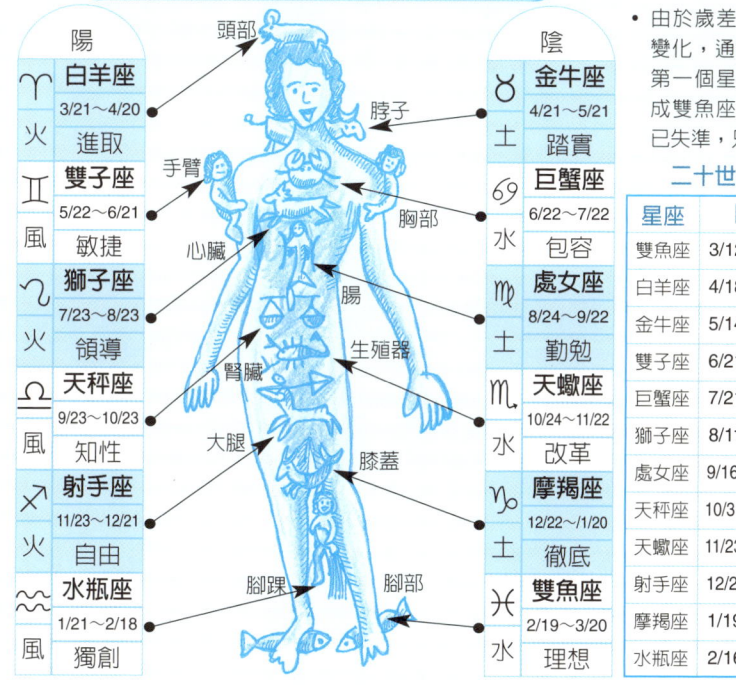

陽		
♈	白羊座	3/21～4/20
火	進取	
♊	雙子座	5/22～6/21
風	敏捷	
♌	獅子座	7/23～8/23
火	領導	
♎	天秤座	9/23～10/23
風	知性	
♐	射手座	11/23～12/21
火	自由	
♒	水瓶座	1/21～2/18
風	獨創	

人體部位標示：頭部、脖子、手臂、胸部、心臟、腸、腎臟、生殖器、大腿、膝蓋、腳踝、腳部

陰		
♉	金牛座	4/21～5/21
土	踏實	
♋	巨蟹座	6/22～7/22
水	包容	
♍	處女座	8/24～9/22
土	勤勉	
♏	天蠍座	10/24～11/22
水	改革	
♑	摩羯座	12/22～1/20
土	徹底	
♓	雙魚座	2/19～3/20
水	理想	

- 由於歲差的影響及地軸移動的變化，通過春分點（3月21日）第一個星座已從白羊座軸轉換成雙魚座。所以要推算命理早已失準，只能當成娛樂用。

二十世紀的星座位置表

星座	日期	節令	天數
雙魚座	3/12～4/17	春分	37天
白羊座	4/18～5/13	立夏	26天
金牛座	5/14～6/20		38天
雙子座	6/21～7/20	夏至	30天
巨蟹座	7/21～8/10	立秋	21天
獅子座	8/11～9/15		36天
處女座	9/16～10/30	秋分	45天
天秤座	10/31～11/22	立冬	23天
天蠍座	11/23～12/19		27天
射手座	12/20～1/18	冬至	30天
摩羯座	1/19～2/15	立春	28天
水瓶座	2/16～3/11		24天

黃道十二星座的故事

♈ 白羊座（3／21～4／20）

傑遜取金羊毛故事裡的那一隻白羊。

♉ 金牛座（4／21～5／21）

宙斯化為金牛去接近腓尼基公主歐羅芭，並把她誘拐到克里特島去。此金牛後來成為天上的金牛星座，永掛在夜空中。

♊ 雙子座（5／22～6／21）

宙斯與安媞奧彼所生的一對孿生兄弟。哥哥波呂德凱斯精通劍術，弟弟卡斯托爾善長馬術。他們在參與傑遜取金羊毛的戰役中，兄長不幸戰死；由於兄弟感情甚篤、形影不離，其弟悲傷得以自殺來追隨兄長。兄弟情深感動上蒼，於是將他倆帶到天空永遠在一起。

♋ 巨蟹座（6／22～7／22）

海克力斯在執行十二項任務之一的斬殺九頭蛇妖時（長蛇星座），這隻魔蟹奉天后希拉之命，暗地裡幫蛇妖助陣，結果反被海克力斯一腳給踩死。天王宙斯為感念牠的忠誠，於是將牠移往天上化為星座。

♌ 獅子座（7／23～8／23）

尼梅亞森林有一隻刀槍不入的食人獅，後來被海克力斯徒手給打死，並把牠的皮作為戰袍。

♍ 處女座（8／24～9／22）

艾斯特里亞是室女的代表，象徵聖潔童貞，專門審判是非善惡公正無私的正義女神，手持豐收稻穗。

♎ 天秤座（9／23～10／23）

正義女神用來評量世人善惡的天秤。

♏ 天蠍座（10／24～11／22）

自傲的獵人俄里翁（獵戶星座），常吹噓自己是世界上最偉大的獵人。天后得悉後相當震怒，即派此隻蠍子將他螫斃，故此兩星座永遠不會同時出現在夜空中。

♐ 射手座（11／23～12／21）

馬人凱龍智慧超群、醫術高明，是人類的好朋友。但是後來被他最親密的摯友大力士海克力斯所誤殺，受天王宙斯封為天上的射手星座。

♑ 摩羯座（12／22～1／20）

潘恩（森林之神）吹奏蘆笛技冠天界，出神入化，被眾神所喜愛。在一次的河畔歡宴中突然出現一隻怪獸鳥搗亂會場，他迅速化成山羊跳入河裡遁逃。由於太過慌張，竟變成半羊半魚的形狀，模樣逗趣。宙斯越看越好笑，於是把他封為天上的摩羯星座。

♒ 水瓶座（1／21～2／18）

美少年加尼密地被宙斯化身的鷹鷲叼走，成為他的酌酒僕役。由於工作勤奮，深得眾神喜愛，為了獎勵他的精神可嘉，就讓他那手持水瓶倒智慧之水的身影永遠高掛在星空中。

水瓶座

♓ 雙魚座（2／19～3／20）

美神維納斯與其子丘比特在尼羅河畔遊玩時遇到百頭巨怪提波，她們母子迅速化為兩條魚，捆在一起，跳入河裡脫險，成為天上星座。

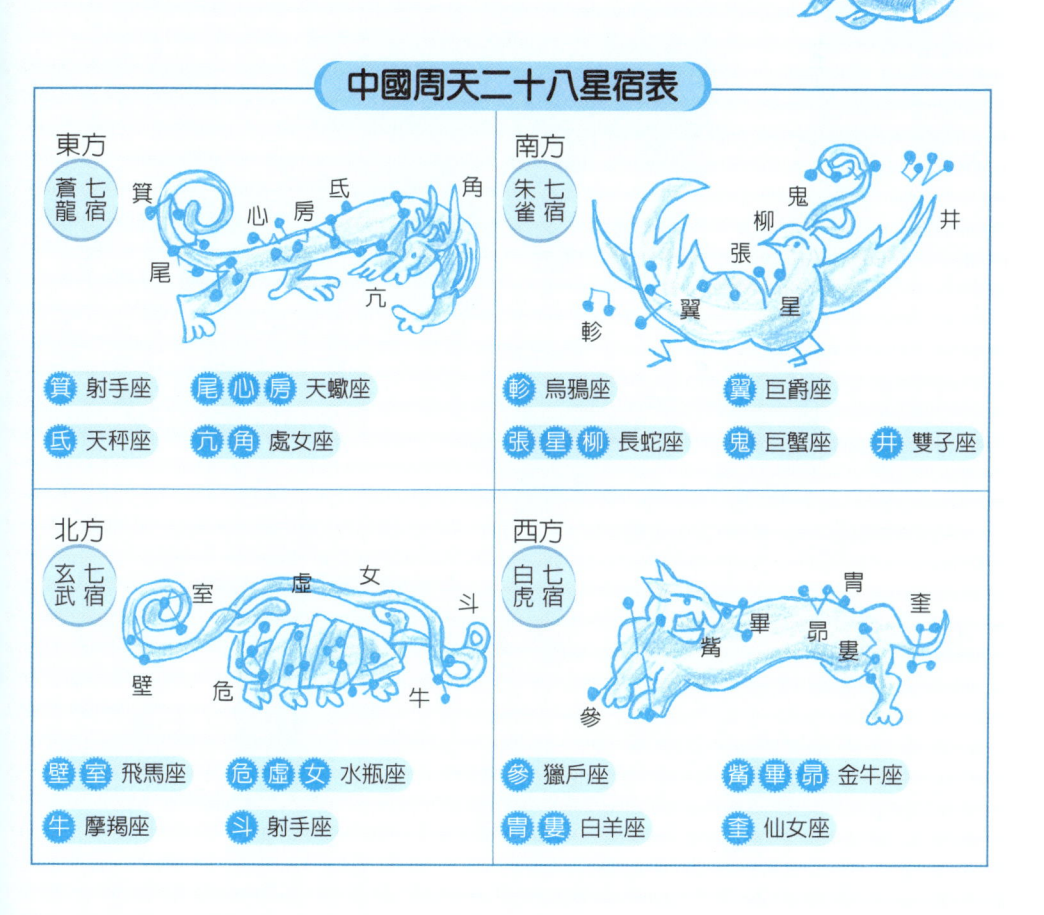

雙魚座

中國周天二十八星宿表

東方 蒼龍七宿
箕 尾 心 房 氐 角 亢

- 箕 射手座
- 尾心房 天蠍座
- 氐 天秤座
- 亢角 處女座

南方 朱雀七宿
鬼 柳 星 張 翼 軫 井

- 軫 烏鴉座
- 翼 巨爵座
- 張星柳 長蛇座
- 鬼 巨蟹座
- 井 雙子座

北方 玄武七宿
室 虛 女 斗 壁 危 牛

- 壁室 飛馬座
- 危虛女 水瓶座
- 牛 摩羯座
- 斗 射手座

西方 白虎七宿
胃 奎 婁 昴 畢 觜 參

- 參 獵戶座
- 觜畢昴 金牛座
- 胃婁 白羊座
- 奎 仙女座

附錄　西洋星座與中國星宿的溯源

星座（中國稱星宿）的名稱源自於古希臘神話故事。星座的劃定源自於西元137年希臘天文學家特勒米所製定的48個星座，爾後再由南半球天文學家陸續制定40個星座（比較沒有美麗的神話故事襯托），共計88個星座；並於1930年將其全面改為赤緯平行線，統一世界標準的星座共通版本。「中國周天二十八星宿」，因排列有多處誤差，故未被國際所共同採用。

特勒米

第八節　著名星座的明星

大熊星座　88個星座中最有名氣的星座

　　此星座膾炙人口最主要歸功於熊尾巴的那七顆星，合稱「北斗七星」。它是著名的北天指標星，尤其是第六顆的開陽星，是顆雙星，古代役男檢驗視力的標定星，西方人稱「貓眼」。熊胸口的那幾顆星，是中國學子或文人禮敬膜拜的宿星，稱為「文曲星」。

北斗七星
開陽
文曲星
大熊星座

小熊星座　小熊尾巴的那顆星，在中國稱為「勾陳一星」，是鼎鼎大名的北極星。

北極星
小熊星座

獵戶星座　是88個星座中最燦爛亮麗的首席星座，有「星座王者」之美譽。

四大王者之星 古代的霸主或猛將，通常會被認為是這些星宿的降世者。

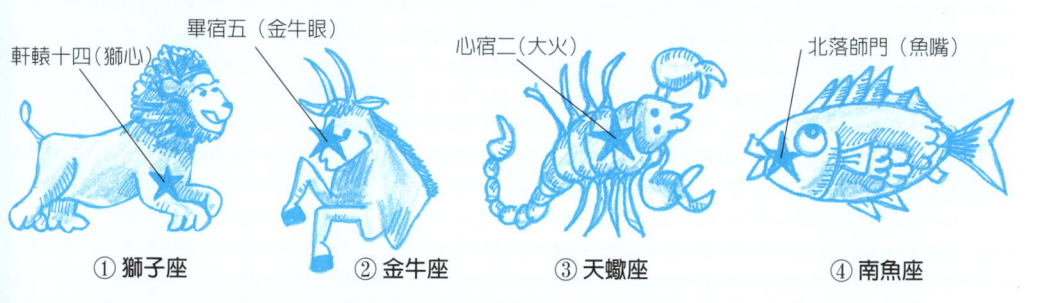

① 獅子座　　② 金牛座　　③ 天蠍座　　④ 南魚座

① 獅子座——軒轅十四（獅心）
② 金牛座——畢宿五（金牛眼）
③ 天蠍座——心宿二（大火），古中國天之正位。
④ 南魚座——北落師門（魚嘴），古代長安城北門的名稱。

巨蟹座 鬼宿星團

古代中國人認為此處是死屍聚氣結合的場所，西洋稱為「蜂巢星團」。

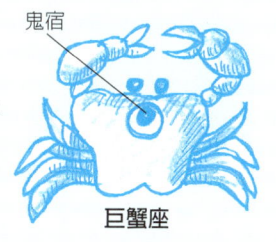

御夫星座 五車二星（母山羊）

天帝的御夫，因跛腳不方便行走而發明了二輪車，被封為五金神。五車二星是古巴比倫的守護星，也是新年之星（1月1日通過地球）。

雙子星座 北河二、三星

兩兄弟額頭分別是北河二星及北河三星，是古希臘航海時作辨認方位的指引星。

47

希臘羅馬神話故事

半人馬座 南門二星

南門二星是距離地球最近的恆星（約4.3光年），也是全天第三亮星。它的體積、顏色、質量幾乎與太陽完全相同，在天文界中很不可思議。它們倆可說是對雙胞胎。

南門二星

半人馬座

武仙星座 帝座星

武仙座是希臘第一大英雄海克力斯的化身。額頭前的那顆星稱為帝座星，是古代推斷王朝興衰、皇室強弱的指標星。

帝座星

武仙星座

鯨魚星座 米拉星

鯨魚座在希臘神話裡，就是想吃掉安德諾美達公主的那隻大海怪，後來被勇士帕修斯所殺死。它胸前的米拉星是顆像謎一般的變形怪星，忽暗忽亮，忽然消失、忽然出現，是1596年被德國牧師發現。

米拉星

鯨魚星座

南十字星座 煤袋星團

它是南半球的指引星，被稱做「夜空的時鐘」。在它的東南方，有個著名的暗黑星雲稱為「煤袋」。

煤袋

南十字星座

春季少女的大鑽石 在春季星空中，有四顆閃亮的星星構成一個巨大菱形，稱為「春季少女的大鑽石」。它是由牧夫座的大角星和處女座的角宿一星合稱春季的夫妻星，加上獅子座的五帝座一星，形成春季正三角星，再加上獵犬座的常陳一星變成壯觀的大鑽石。

48

春季少女的大鑽石

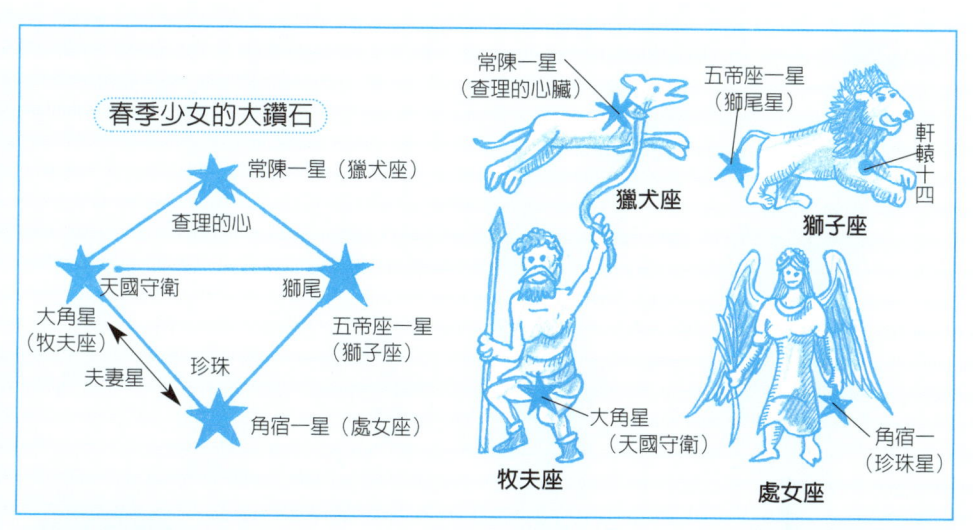

秋季的曲線 秋季飛馬座的四邊型及仙后座的W型
王良（伯樂）——策（馬策）——閣道（宮中的人行道）

夏季大三角 夏季星空中三顆晶亮的星，成正三角形，是由天琴座的織女星、天鷹座的牛郎星，加上天鵝座的天津四星，形成了大三角，讓夏夜顯得更加亮麗。牛郎織女這對有名的夫妻星每年農曆七月七日相會於銀河鵲橋上，中國人將此日定為情人節。

天津四星是距離地球最遠的一等星，天鵝座脖子處有一著名的星團，稱為「黑洞」。

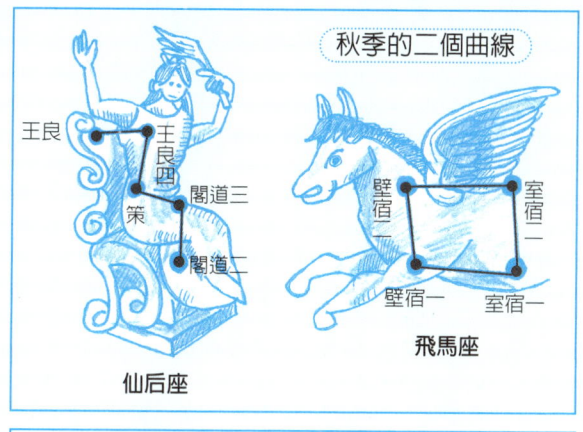

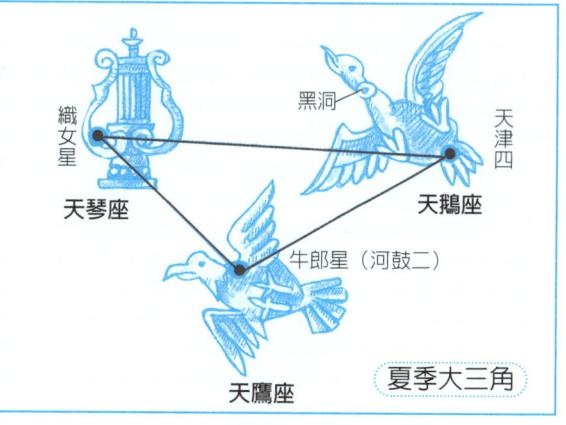

冬季大三角 獵戶座的參宿四、小犬座的南河三、大犬座的天狼星，共同組成冬季大三角。

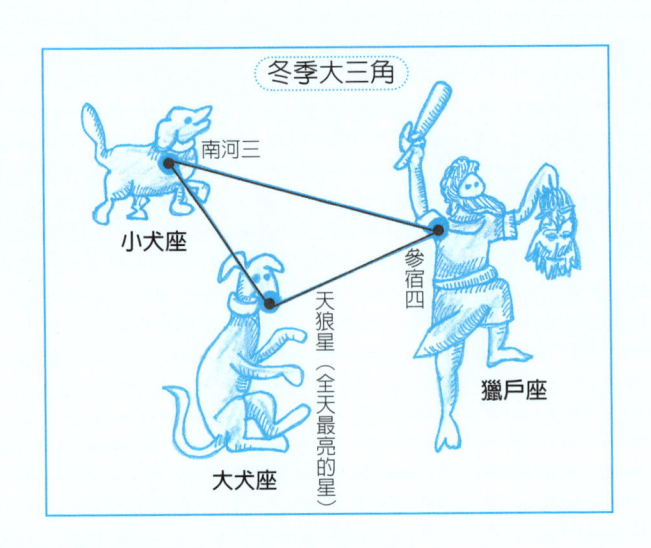

冬季大三角

南河三
小犬座
參宿四
天狼星（全天最亮的星）
大犬座
獵戶座

各星符號

☉	☽	☿	♀	♂	♃
太陽	月亮	水星	金星	火星	木星
♄	♅	♆	♇	☄	⚴
土星	天王星	海王星	冥王星	彗星	小行星

第八章

祆教（拜火教）

教義：邁向光明

祆教（拜火教）曾被古薩珊王朝奉為國教而盛行一時，教規非常重視及強調倫理道德，是個啟發人們向善的宗教。該教並不主張齋戒和禁慾，但必須保持純潔和善良的心並時時提防邪惡力量的汙染。

教徒因戴白帽被稱為「白頭教」

起源 祆教屬於古老宗教之一，起源於西元前七世紀，發源於波斯（伊朗），今流行於印度（因十世紀時受回教徒的迫害遷徙至印度）。

創始人 「先知」瑣羅亞斯德，西元前七世紀波斯預言家。他出生時是世上唯一大笑者（其餘皆為大哭），日後得到神的啟發而創設邁向光明的祆教。

阿胡拉·馬茲達

教主 善神

信念 善、惡二元論

善、惡兩股相互衡量的勢力影響生靈萬物，因審判是基於平日的修行而非基於信仰。與道教的陰陽論同。

善神：生命的「善神」，他長期與惡神阿利曼爭鬥，最後獲得勝利。人們於是接受光明之神的保護，而火是真理的象徵，所以信徒對火特別崇敬，故稱「拜火教」。

惡神：阿利曼（安格拉·曼紐）代表黑暗、汙濁、虛偽、罪惡的惡源。

阿利曼

惡神

教主 阿胡拉·馬茲達（宇宙唯一主宰）

意為智慧王，代表光明、火、潔淨。

聖典《阿維斯陀》

又稱《波斯古經》，其中最著名的是十七首〈迦泰讚歌〉。

葬禮 祆教不容許火葬，怕玷汙了火的聖潔。通常採鳥葬（表將靈魂升天）。

【小常識】 古代最神聖的聖物——「太陽」（火）

古代人對太陽的敬崇大過於神明，因它能使大地光亮、萬物滋長，而火則是取之不易，夜晚來臨時的依靠及食物煮熟的原動力。

第九章

景教（聶斯托里教）

教義：二性真質

起源 源為基督教的一支派（但被視為異端），唐朝貞觀時期傳入中國，建有大秦院，被稱「大秦景教」。

創始人 聶斯托里

原為君士坦丁堡的主教，因提出一些基督新論點而被視為異端（叛徒），並遭放逐流亡至波斯的薩珊王國。在那裡他的論點受到肯定而開始廣泛受到信仰，經由絲路的通貿很快的傳入中國，被稱為「景教」，並於長安建有大秦院，故稱「大秦景教」。

教主 景尊（亦稱天尊）

信念 否定基督教的三位一體說，認為耶穌同時擁有神與人的本質。反對敬奉聖母馬利亞，認為她只是普通平凡的女子。其他教義與基督教相同。

【小常識】 東西方對「龍」的見解歧異

區域	龍名	屬性	代表	象徵	主掌
東方	聖龍	水	皇權	正義	興雲佈雨
西洋	惡龍	火	霸道	邪惡	地獄使者

東方　　　　　　　西方

聖龍（水）　　　　惡龍（火）

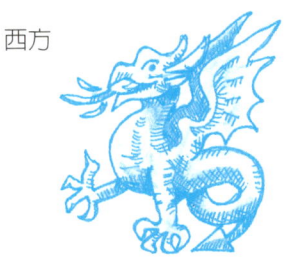

第十章
馬雅宗教

馬雅文明 西元前1200年奧爾梅加文明始於北美洲，後來產生以巨大金字塔祭台而聞名的馬雅文明。

馬雅金字塔祭台

大地之神 科亞特庫莉埃

在墨西哥城所發現的馬雅文明的守護神。由人類的雙手及各動物的掌爪及蛇交織的複雜圖像。她象徵大地之神，代表死亡及復活。

科亞特庫莉埃

女王 　　　祭司 　　　農神　　　大地之神

創造之神 　　死亡之神 　　繁衍之神 　　火神

第十一章
美洲原住民部落神祇（印第安、印加、旁帕斯等）

戰神

惡神

月神

蟲神

農神

海神

火神

蛇腹神

醫神

神柱

晴神

鳥神

天使

大地神

陰使

天空神

雷使

熊神

54

第十二章
伊斯蘭教（回教）

教義：順從真主

伊斯蘭 意為「順從」，即對真主無條件的歸順與服從。

起源 西元七世紀初期，發源於中東的沙烏地阿拉伯境內，在中國盛行的地方為新疆、回紇一帶的回民，故稱為「回教」或「清真教」。為世界三大宗教之一。

清真寺

教主 真主阿拉

是天地萬物的創造者，也是至尊至大、永生不滅的唯一真神（上帝）。

創始人 穆罕默德

西元570年生於沙烏地阿拉伯麥加的望族之家，六歲時成為孤兒，由祖父與叔父撫育長大。日後成為旅行商人，二十五歲時與大他十五歲的富孀哈蒂嘉結婚。他常定期到麥加城外希拉山遁坐進行靜思冥想，在他四十歲那年突然受到大天使加百列神奇的啟示（稱為「天啟」或「授權與卓越之夜」），開始宣揚真主阿拉的信念，因而創立了伊斯蘭教。

天啟

聖忌 回教禁止描繪先知穆罕默德的尊容，常以面紗矇臉以示尊敬。

天馬 卜拉革

女人頭、馬身，是先知穆罕默德進入天堂時的坐騎。

教徽 弦月與星星

代表對滿月充滿希望，成為回教的願望，此徽原為鄂圖曼土耳其帝國中樞城——君士坦丁堡的象徵，隨著回教版圖的擴大而成為教徽。

天馬

聖典《古蘭經》（眾書之母）

共分114章，古蘭亦稱「可蘭」，意為朗誦或宣讀。

《古蘭經》

據認為是銘刻在天上神的直接語言，啓示給最後一位也是最偉大的先知穆罕默德，作為對人類的教諭（回教徒非常尊崇此聖典，翻讀前必先洗手）。

聖訓 哈地斯

原意為「聲明」，亦稱「神語」。是先知穆罕默德的遺訓，也是《古蘭經》的遺補。

聖色 綠色

源於先知穆罕默德的頭巾顏色，紅、白、黑是回教最常用的莊嚴顏色。

清真寺 回教徒（穆斯林）社群的中心，意為「伏拜的地方」。

回教徒的禮拜儀式 回教徒（穆斯林）每日必須在五次的固定時間面向麥加禮拜，分別為：1.黎明（晨禮） 2.正午（晌禮） 3.下午（晡禮） 4.黃昏（昏禮） 5.晚間（宵禮）

朝禮的過程

祈禱毯 專供祈禱時用的毯子。使用時必先安放於潔淨之地，毯中有指南針，指引著麥加正確的方位。祈禱前必先洗淨全身。

祈禱的真諦

真主阿拉並不需要人類向祂禮拜，因為祂是無欲無求的。禮拜是為了心靈的修持及緊記真主的榮耀之光。

聖城 麥加

回教創始人穆罕默德的出生地，也是回教徒每日五次朝拜時的指標聖城。能夠親自到聖城麥加朝觀的人，是極受回教徒尊敬的。

先知之城 雅斯利布（麥地那）

回教第二大聖城（僅次於麥加）。穆罕默德為了逃避異教的迫害而聖遷此地，並

把到達該城的那年定為回曆元年（即西元622年），以此城作為據點開始傳揚回教。

聖殿 卡巴

又稱「天房」，據說是亞當建造的，後來再由亞伯拉罕重建。原本此天房是萬神之殿（供奉360多尊偶像），被穆罕默德將其全部搗毀，現僅存一塊黑金石（據說來自天堂）供人敬仰。天房卡巴已成為麥加朝觀時的中心聖殿。

哈里發 意為繼承人。穆罕默德去世後，因為沒有明確地指示誰是接班人，故常引起爭端及分裂成兩派。

哈里發

四大哈里發 穆罕默德的繼承人

阿布巴克	（就任二年就去世）	烏瑪爾	（征服了整個中東及北非）
烏斯曼	（完成正版《古蘭經》）	阿里	（最後一位哈里發）

蘇丹 回教世界的政治精神領袖（支配者），宗教精神領袖稱「哈里發」。

伊瑪目 意為教長或模範，在回教裡「伊瑪目」是一種榮譽頭銜，代表宗教教長。

哈費茲 能夠背誦《古蘭經》的穆斯林，所得的尊稱。

穆斯林 即回教徒，是真主阿拉的順從者。

毛拉 意為「主人」回教對學者、教師或精通教義的教法職責之人士的尊稱。

回教的兩大教派與支派

回教兩大教派
- **遜尼派** 亦稱「正統派」，遵守先知穆罕默德一切言行的教派。以《古蘭經》及聖訓為遜尼（聖行）的依據，認為四大哈里發均為回教正統繼承人，是回教世界最大的教派。
- **什葉派** 又稱「阿里派」。只承認阿里（穆罕默德的女婿）是唯一真正的哈里發，其他三位均不合法；並認為伊瑪目（教長）是主要宗教權威，對神職人員稱為「阿亞圖拉」，意為神的標誌。什葉派是個激進的政治教派，最主要流傳國家是伊朗。

伊斯蘭教（回教）

支派

蘇菲派教團 一群尋求與真主緊密結合的個人體驗回教團體，靈修與舞律是最大特色，而「希穆哥」是教徒追求的最高目標。教團的領導大師稱「舍赫或皮爾」，專門幫助教友體驗神靈合一高深的精神境界。其特色：包頭巾時於前額打十二個摺（代表紀念十二位伊瑪目）。

十二摺頭巾

希穆哥 象徵神靈合一，意為「30隻倖存鳥」。百鳥聽說希穆哥是一隻璀璨的不死鳥，於是去追求牠，最後只有30隻如願。

瓦哈比教派 又稱唯一神教派，十八世紀出現的一個改革教派。

伊斯瑪儀教派 什葉派主要支派之一，亦稱「七伊瑪目」教派，屬一種神祕教派。而尼札里小派認為阿迦汗是他們的伊瑪目（教長）。

馬赫迪教派

馬赫迪教派 認為十二位伊瑪目的最後一位於九世紀遁世，將在世界末日來臨時再出現，成為救世主「馬赫迪」。

阿赫默德教派

阿赫默德教派 阿赫默德創於印度，他自命為救世主「馬赫迪」，但正統伊斯蘭教不承認此教派。

四大法學教派 回教四種主要儀軌，是依四位卓越的早期法律學者來命名，並以他們的解經為依循基礎。

馬力克	盛行於北非
哈乃斐	盛行於土耳其及中國
夏菲易	盛行於東南亞、南非
罕百利	盛行於中東阿拉伯

★ 什葉派則遵照該派特有的五項儀軌為準則，稱「扎法爾學派」。

巴哈伊教（大同教）

1860年由伊斯蘭教（回教）分化出來的一個新的宗教，強調上帝的光輝。創始人為米爾札‧阿里‧穆罕默德，自稱是許諾的人物，開創自己信仰之門，追隨者稱為門徒，總部設在以色列的海法。「巴哈伊教」是目前全世界成長最快速的新興宗教。

回教的節日

回曆（陰曆）一年354天，其中齋戒月、開齋日和宰牲節為回教三大節日。

- 黑蚩拉節（即新年）
- 先知聖誕（3月12日）
- 齋戒月（9月拉買丹月）
- 聖夜（9月27日），紀念先知受頒天啟
- 開齋日（10月初）
- 朝覲月（12月7日起十天）
- 宰牲節（12月10日），紀念亞伯拉罕以羔羊代子獻祭

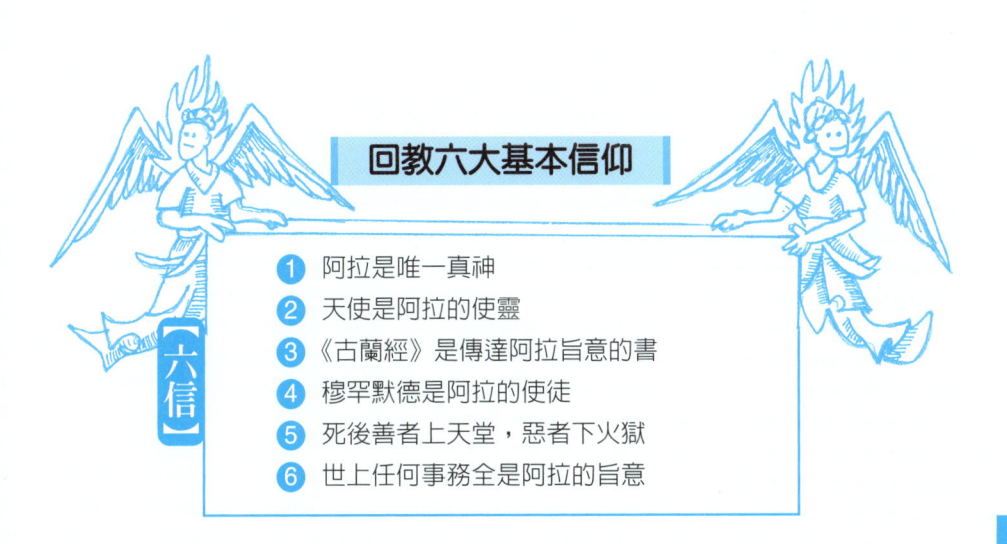

回教六大基本信仰

【六信】

1. 阿拉是唯一真神
2. 天使是阿拉的使靈
3. 《古蘭經》是傳達阿拉旨意的書
4. 穆罕默德是阿拉的使徒
5. 死後善者上天堂，惡者下火獄
6. 世上任何事務全是阿拉的旨意

伊斯蘭教（回教）

回教五功　伊斯蘭教五大基柱：五項必遵守的事情

【五功】

唸功：證言　又稱「夏哈達」，意為信仰表白。即經常口誦：「阿拉是唯一真主，穆罕默德是阿拉的使徒。」

禮功：禮拜　又稱「撒拉」，意為儀式性禱告。即教徒每日五次在固定時間向麥加朝拜。（詳見第56頁）

齋功：齋戒　在回曆九月（齋戒月）每天日出後到日落前必須禁食，紀念在巴德爾聖戰天使助陣的回報。

課功：天課　又稱「賑濟」，把財產一部分分贈給窮人或教團。這是一種義務，稱為交納（札卡特），意為洗罪。

朝功：朝覲　穆斯林一生至少要到麥加朝聖一次（回曆12月7日算起十天為朝覲節）。

【回教生活六大戒律】

| 不能吃豬肉（因為豬是汙穢的動物） |
| 不能喝酒（因為酒精會麻醉智能） |
| 可娶四妻，但必須平等對待（夫死不必守寡） |
| 女性外出必須著長袍，把臉腳遮蓋住（女性除手之外全是羞體） |
| 人死一定要土葬，不能火葬（因為上帝以土創造人類，並將其返回泥土） |
| 左手是骯髒不潔之部位，不能接觸聖物（右手吃東西，左手擦屁股） |

法蒂瑪之手

法蒂瑪是回教什葉派所崇敬的聖女（穆罕默德女兒）。
五根手指代表伊斯蘭教義的五功（唸功、禮功、齋功、課功、朝功），常被當作防禦惡魔的護身符（手中之眼常有不同的裝飾及變化）。

第十三章
猶太教

教義：敬奉上帝遵行聖約

教徽 聖殿燭台

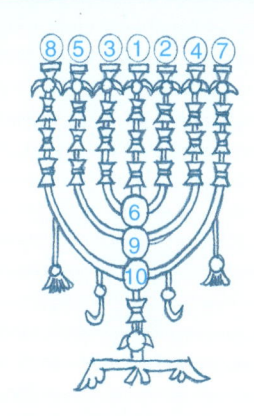

十數「數」為上帝得屬性，透過數來解釋人與神的關係。

① 王冠（平衡）　⑥ 知識（自我）
② 智慧（天分）　⑦ 永恆（勝利）
③ 理解（知性）　⑧ 反響（認知）
④ 慈悲（容忍）　⑨ 基礎（意識）
⑤ 審判（公正）　⑩ 王國（存在）

原為曠野聖所的陳列物，後來成了古猶太教的圖徽。七支燭架及三個接點，代表一致且永恆不變的十數，構成一個神學系統，強調虔誠的心靈與神合而為一。

創始人 摩西

《舊約聖經》所記載的先知。他帶領以色列十二支派族人齊渡紅海逃出埃及，脫離奴役生活（逾越節由來）。在巴蘭曠野流浪寄居四十年（住棚節由來），於西奈山山頂聽到上帝的旨意獲頒十誡石版（七七節由來），因而創立了猶太教。

摩西

十誡 十種誡命條律，是猶太教，同時也是基督教的基本核心教條。

1. 信奉上帝
2. 禁止崇拜偶像
3. 不可妄稱「主」名
4. 遵守安息日
5. 孝敬父母
6. 不可殺人
7. 不可奸淫
8. 不偷盜
9. 不說謊
10. 不貪妄

約櫃 係一裝飾精美的皂莢木方櫃，內外包有金箔，四周鑲有金花邊紋。內放置著「十誡法版」，是猶太教的至聖之寶，但現已失蹤不知去向。

約櫃（法櫃）

猶太教

יהוה

教主 上帝耶和華

耶和華上帝，以色列人稱為「雅赫維」；猶太人認為祂太過神聖，不得大聲讀出此音，一般都用「阿多奈」（我主）代替，唯有基督教教徒仍沿用耶和華的直稱。Y. H. W. H 四個字母代表上帝。

耶和華

彌賽亞 意為「受膏者」，是上帝挑選的王，亦是大衛所出的後裔。基督教認為耶穌就是聖書所指的彌賽亞，但此事猶太教並不承認，他們認為救世主是「以利亞」。

拉比 受認可的猶太教長及精神領袖。　**塞瑪** 猶太教信仰的主要宣告。

會堂 猶太教做禮拜時的房舍。

猶太民族 猶太人以前稱為「希伯來人」（意為來自大海那邊的人），當第三祖雅各角力比武勝了天使之後，將其改名為「以色列人」。

大衛之星 大衛王的盾牌徽章，代表以色列復國運動的精神圖案，現已成為以色列的國旗及國徽。

經卷　瓜皮帽　祈禱巾

猶太教派
- 傳統教派
  - **法利賽派** 忠實的律法主義派
  - **撒督該派（貴族派）** 開朗的理性主義派
  - **文士派** 保守的傳統派
  - **希律派** 保持現況主義派
  - **奮銳黨派** 政治狂熱主義派
  - **愛色尼派（僧侶紀律派）** 強調儀式修行的孤立主義派
- 現代教派
  - **正統派** 堅持傳統，拒絕變革。
  - **改革派** 因應時勢，求新求變。會堂男女可混坐，不用希伯來語佈道。
  - **保守派** 介於以上兩派中間的溫和派
  - **哈西德教派（敬虔派）** 極端正統派，嚴守清規，禁慾苦行，強烈的奉獻，祈禱時採狂熱呼叫，是十八世紀東歐神祕主義的信徒者，其特徵很容易辨認，戴黑色沿禮帽著黑外套，留絡腮鬍。

哈西德教派

喀巴拉主義 猶太教《塔募德》法典裡所暗示的神祕知識理論，教義密而不宣，全以口述方式傳遞。

錫安主義 「錫安」是耶路撒冷的古名稱，是猶太民族復國運動的主張。

猶太教的節日

三大朝聖節
- **逾越節** 紀念逃離埃及重獲自由
- **住棚節** 紀念留居曠野的苦日子
- **七七節** 紀念摩西獲頒十誡

贖罪日 猶太教最神聖的一日，整天要禁食，向上帝告解懺悔，並祈禱能夠獲得上帝的赦罪。

安息日 上帝造人六天，故週六為安息日。

普珥節 紀念以斯帖擊敗哈曼

修殿日 （燈節）紀念馬加比戰勝希臘

逾越節符號

猶太教的聖典——《舊約聖經》

約 就是神與人所訂的契約或是協約，並得始終秉守神聖諾言。

《舊約》共三十九卷，分成三階段：建國時期、王國時期、淪亡以後。聖書記載著猶太人歷史及律法，分四大類：律法書、歷史書、先知書、聖文集。

第一類 律法書（摩西五經）

猶太人認為這是他們與上帝之約的法條是教徒學習的焦點，統稱「托拉」。

① **創世紀**：一切起源的由來。
② **出埃及記**：肉體及精神的救贖。
③ **利末記**：律法條約的講解。
④ **民數記**：兩個試煉與訓練。
⑤ **申命記**：為將來而作準備。

第二類 歷史書

共十卷，主要描述以色列王國的建立、興盛、分裂、

皇冠象徵律法書
獅子代表猶太人

經卷

唸讀此卷
是至高的榮譽

衰亡、重建等概況。

① **約書亞記**（征服之書）
② **士師記**：「士師」意為各派別的英雄人物，共有十二位士師。
③ ④ **撒母耳記**（上、下）　⑤ ⑥ **列王記**（上、下）：從繁榮到被擄
⑦ ⑧ **歷代志**（上、下）：君王統治下的猶大王國
⑨ **以斯拉記**　　　　　　⑩ **尼西米記**

第三類 先知書

共分三大先知書及十二小先知書，共十五卷。「先知」即上帝的代言人。此卷書主要針對大小先知們的神學議論及預言。

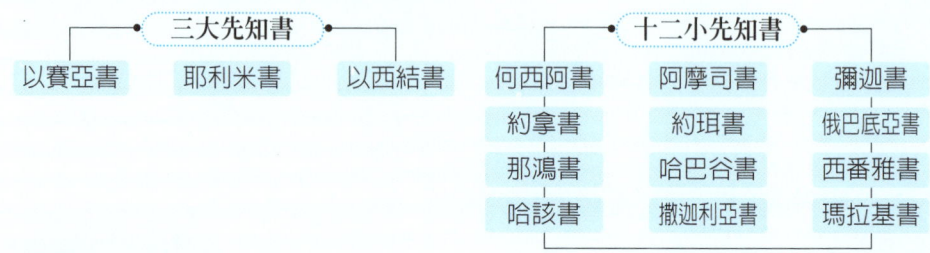

三大先知書
以賽亞書　耶利米書　以西結書

十二小先知書
何西阿書　阿摩司書　彌迦書
約拿書　約珥書　俄巴底亞書
那鴻書　哈巴谷書　西番雅書
哈該書　撒迦利亞書　瑪拉基書

第四類 聖文集

共九卷，是歷代文學作品的彙集。

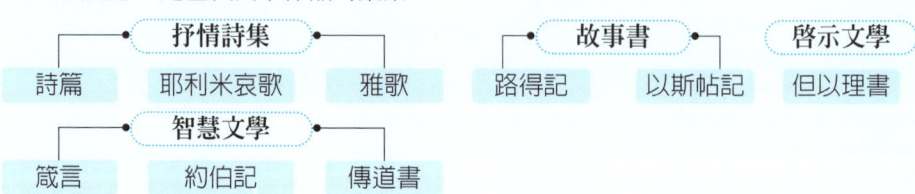

抒情詩集
詩篇　耶利米哀歌　雅歌

故事書
路得記　以斯帖記

啟示文學
但以理書

智慧文學
箴言　約伯記　傳道書

舊約聖經

共有三十九卷，第一章就是創世紀，而第一節就是膾炙人口的「亞當與夏娃」。所以想要了解《舊約聖經》的精髓，就先從創世紀這篇導入談起。內容包括人類的起源和由來，以及希伯來人的起源和由來。

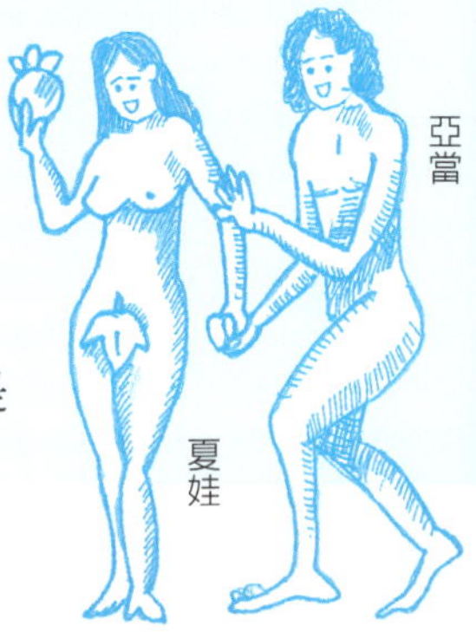

人類的起源和由來

① 亞當與夏娃

亞當與夏娃原為神界的天使，因被蛇誘導而偷吃禁果，於是

創造了人類。最後被天神逐出伊甸園，而來到世間生活。

② **亞伯與該隱**

該隱為了神祇的供品而殺了其弟亞伯（人類第一個獻祭者），也因此人類開始有邪惡思想。

③ **諾亞方舟**

由於人類思想貪婪手段殘暴常自相殘殺，因此得罪了天帝。唯有諾亞受神的啓示造了方舟，載走了所有生物逃避洪水毀滅之災。

諾亞方舟

④ **巴別塔**

人類因漸漸文明而自恃聰明的驕傲起來，開始建造通天塔，狂妄得竟敢與上帝試比高。因此上帝變亂了人類的語言，使其彼此無法溝通（各地方言的由來）。

巴別通天塔

希伯來人（猶太人）的起源和由來

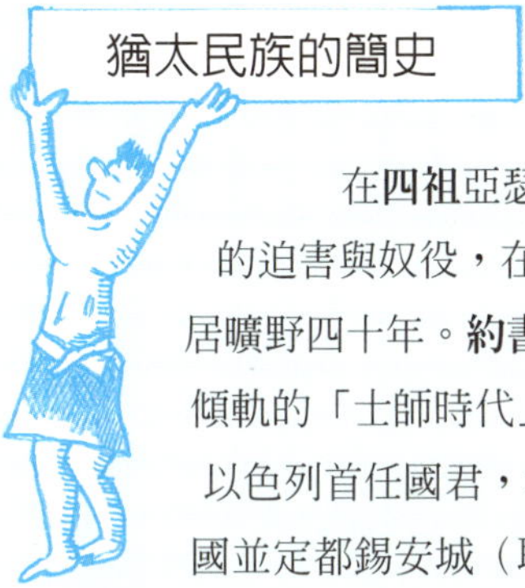

猶太民族的簡史

始祖 亞伯拉罕 遵從上帝的召喚遷徙至應許地迦南（巴勒斯坦）。**三祖 雅各** 家族（以色列十二支派）在**四祖**亞瑟的號召下遷移到埃及定居，但是其子孫後來受到埃及人的迫害與奴役，在**摩西**（猶太教創始人）的帶領下渡過紅海逃離埃及，留居曠野四十年。**約書亞**繼承摩西遺願帶領以色列人征服迦南，然後進入紛爭傾軋的「士師時代」，直到**撒母耳**（最後一位士師）奉上帝指引膏立**掃羅**為以色列首任國君，才進入「王國時代」。掃羅殉國後由**大衛**帶領國人降伏鄰國並定都錫安城（耶路撒冷），更在其子**所羅門**的精心經營下，將國家推向鼎盛繁榮的境地；但他死後國家分裂成二，北地：以色列國，南地：猶大王國，繼續行神眼中的惡事，於是先後亡於亞述帝國及巴比倫王國，大批的猶太人被擄走遠離家鄉，史稱「巴比倫之囚」。雖然後來陸續有人重回以色列，但它已是一個殘破不堪的國家，最大一次流放是被希臘征服，耶路撒冷徹底被毀滅成為廢墟（現僅存哭牆），猶太人被迫流亡逃散到全世界各地，直到1948年5月14日以色列國獨立復國為止。

猶太人史上重要的角色

始祖 亞伯拉罕

他是猶太人的先祖，最早遵從上帝耶和華的召喚，遷徙至應許地「迦南」（巴勒斯坦），其妻為撒拉，生下了獨子名叫以撒。

亞伯拉罕

亞伯拉罕徽

二祖 以撒

上帝為了考驗亞伯拉罕的忠誠度，使他險些將其子以撒當成祭神的燔獻者，在緊要關頭被天使阻止，並以旁邊的羔羊代替（代罪羔羊）。其妻利百加生了一對雙胞胎：老大以掃、老二雅各。

雅各

三祖 雅各與以掃

以撒深愛其長子以掃，雅各非常嫉妒，於是欺騙其父奪取其兄以掃長子的權力及福分。夢到天梯而逃離迦南（巴城），後來在異地先後娶了四個妻子，並生了十二個兒子（成為以色列十二支派起源）。在一次角力比武時勝了天使，而將希伯來人改成以色列人（成為以色列人的始祖）。

雅各的妻子與兒子群

利亞（正妻）		拉結	悉帕（侍女）	辟拉（侍女）
• 流便	• 以薩迦	• 約瑟	• 迦得	• 但
• 西緬	• 西布倫	（以法蓮）	• 亞設	• 拿弗他利
• 利末	• 猶大	（瑪拿西）		
		• 便雅憫		

【小常識】 猶太教的祝禱詞

和散那 HOSANNA 意為「懇求現在的拯救」，是讚美神的語助。

以馬內利 IMMANUEL 意為「神與我們同在」，基督教認為在指耶穌。

示瑪 SHEMA 意為「以色列啊，你要聽」。示瑪代表要求以色列人「盡心、盡性、盡力愛主你的神」。

四祖 約瑟

　　他在雅各十二個兒子中排名第十一。年幼時深受雅各的鍾愛，於是引起其他兄長們的不滿，將其賣到埃及為奴。年長後由於他的智慧超群，解夢相當靈驗，於是從當奴隸的賤民直升上為埃及法老王宮廷的宰相。而他也盡釋前嫌的與兄長和解相認，並把家父及家族成員一併遷徙至埃及定居。後來生下兩個兒子，名為以法蓮及瑪拿西，由於得到雅各的祝福，使他們兩位家族非常壯大，稱為「約瑟的二支派」。

摩西

出埃及記 摩西

　　猶太教的創始人，也是以色列的奠基者。嬰兒時倖免於難，被收養在埃及王宮中。成年後看到以色列人被奴役，於是他結合了十二支派族人齊渡紅海，逃離埃及。在巴蘭曠野留居四十年，他於西奈山山頂得到上帝賜予的十誡石版，成為猶太第一聖人。

約書亞 約書亞繼承摩西遺願，終於征服了迦南並分地給各支派共同管理國事。

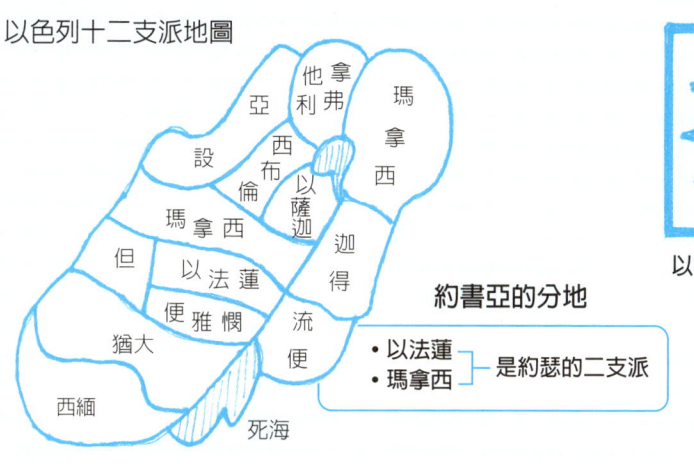

以色列十二支派地圖

約書亞的分地

- 以法蓮
- 瑪拿西 是約瑟的二支派

以色列十二支派徽章

撒母耳 掃羅

撒母耳 猶太人視撒母耳為僅次於摩西的領袖人物，他是最後一位士師，同時也是首要先知，地位非凡。他受到上帝的指引，膏立年輕有為的掃羅成為以色列國君。

掃羅 以色列王國的首要君主，展現軍事才華，驅逐入侵敵人。後來因

漸漸背離上帝的旨意，而在一次與非利士人交戰中被擊敗，以自殺伏命。

大衛 他原為掃羅的戰士，因屢建功勳，深受軍民的愛戴；因此引起掃羅王的戒心與嫉妒，而被驅逐。掃羅王自殺殉國後，他被推選為以色列國君，將鄰國各個降伏，拓展疆域，定都耶路撒冷（錫安城），亦稱大衛之都。並把約櫃奪回該城安奉，使其成為政治與宗教的中心，是猶太民族的風雲人物，也是最具盛名的國君，史稱英明的大衛王。

大衛

所羅門 大衛之子

他的智慧超群、聰明能幹，史稱「明智的所羅門王」。他發展經貿、建設國家、興建神殿（所羅門神殿），使以色列更加安定繁榮（以色列最強盛期）。

所羅門

先知 上帝的代言人

意為蒙神召喚啟示的傳達者。

四大先知

- **以賽亞** 被喻為「先知中的王子」

  被公認為最偉大的先知，他的預言深植人心，也間接影響促成基督教。其重要預言：① 猶太人將會被擄走為奴 ② 救世主（耶穌）不久將會降臨。

- **耶利米** 被喻為「哭泣的先知」

  預言猶大國將遭災禍，警告不久耶路撒冷即淪陷。因親眼目睹國人被擄走而悲哀，著有〈耶利米哀歌〉。

- **以西結** 被喻為「異象先知」

  堅定的宗教信念，對抗悖逆而行的以色列叛教教徒，讓猶太教正法延續下去。

- **但以理** 被喻為「理智先知」

  受天使的「大蒙眷愛」而幫其解夢救助族人，著有啟示文學〈但以理書〉。

但以理

以利亞 被喻為「烈火先知」

他是彌賽亞的先鋒。猶太教正統派認為以利亞根本沒死，是被一隻火馬帶往天

庭，正等待時機重返人間救贖世人。猶太教不承認耶穌就是聖書所提的彌賽亞，他們認爲救世主就是以利亞。

以斯拉 以斯拉是猶太史中的重要人物。他帶領流亡在巴比倫的猶太人重返以色列，猶如當年摩西帶領族人離開埃及的翻版，深受人民敬戴。他也是最後一位先知。

尼希米 尼希米是最忠實的神僕，率領一批猶太人重建耶路撒冷倒塌的城牆。

以斯帖和路得

- 以斯帖及路得兩人皆爲猶太人的聖女，以斯帖是嫁給外邦人的猶太女子，而路得是嫁給猶太人的外邦女子。
- 以斯帖嫁給波斯王爲后，使境內猶太人免受欺壓生活安逸。
- 路得同情猶太人發揚復國理念。

赫茨爾 以色列建國之父

現代錫安主義的創始人，於1897年舉行聯合會議，致力於爭取國際奧援。他的錫安主義（復國運動）引起全世界各地猶太人的共鳴，終於在1948年5月14日美夢成眞（以色列獨立）。

第十四章
基督教綜述

基督教是今日全世界信徒最多、傳播最廣的宗教。它是於西元135年，從猶太教中分裂出來的獨立宗教，西元392年羅馬帝國皇帝君士坦丁一世改信基督教並將其定為國教，因此基督教開始茁壯發展。然而西元1054年因對教義的爭議分裂成羅馬公教（天主教）和希臘正教（東正教），到了十六世紀中葉，羅馬公教（天主教）內部又發生宗教改革運動，陸續出現一些新教派，統稱「新教」。所以基督教其實是公教、正教、新教的總稱，但是國人習慣將公教稱為「天主教」，正教稱為「東正教」，而新教就直稱「基督教」，清朝時期稱其為「耶穌教」。

基督教三大教別

◀ 1054年分裂成東、西兩大教會

十六世紀再從西方教會分裂出「更正教會」

東方教會
以君士坦丁堡為中心
東正教（正教）
又名：希臘正教
盛行：東歐及俄羅斯
教義：禮儀、誡命
強調：禮儀、苦修

西方教會
以羅馬為中心
天主教（公教）
又名：羅馬公教
盛行：南歐及拉丁美洲
教義：啟示真理
強調：誡命教規

更正教會
基督教（新教）
又名：誓反教或耶穌教
盛行：西北歐及北美洲
教義：博愛、救恩
強調：研讀《聖經》

教會的組織系統

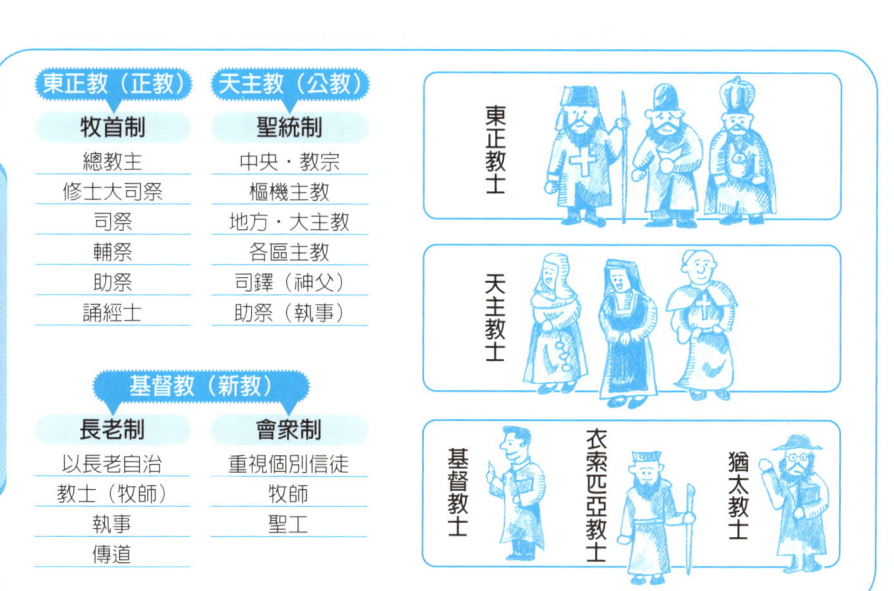

東正教（正教）
牧首制
- 總教主
- 修士大司祭
- 司祭
- 輔祭
- 助祭
- 誦經士

天主教（公教）
聖統制
- 中央・教宗
- 樞機主教
- 地方・大主教
- 各區主教
- 司鐸（神父）
- 助祭（執事）

基督教（新教）
長老制
- 以長老自治
- 教士（牧師）
- 執事
- 傳道

會眾制
- 重視個別信徒
- 牧師
- 聖工

東正教士

天主教士

基督教士　衣索匹亞教士　猶太教士

和子句之裂　西元1054年東、西教會分裂，其實說來好笑，只為了一句「和子」。東方教會在三位一體論中認為聖神來自聖父，而西方教會堅持聖神來自聖父「和子」，即聖子。由於雙方爭論不休，最後導致決裂。

教主　耶穌基督

意為救世主。父親（養父）約瑟夫是一名木匠，其母馬利亞被奉為聖母。誕生於以色列伯利恆的馬槽裡，成長於拿撒勒，傳道於加利拉亞，死於耶路撒冷（錫安城）。三十歲時接受施洗者聖約翰的洗禮，在曠野中安度惡魔撒旦的誘惑而成為聖人，收了十二個門徒（象徵以色列十二支派），開始傳教，於是引來猶太祭司的追捕。門徒之一的猶大為了三十塊銀幣而出賣耶穌，他在橄欖山上遭到羅馬士兵逮捕，隨後被判「妖言惑眾的罪名」，將他釘在髑髏岡的十字架上處死。

耶穌基督

聖三位一體　世人所知獨一的真理神格是由「聖父」、「聖子」、「聖靈」三種權能合為一體。

基督教綜述

| 聖三位一體環 | 聖三位一體三角標 | 聖三位一體三條魚連尾標 | 聖三位一體圖 |

聖父 即上帝耶和華（天主教稱天主，基督教稱天父）。

聖子 即耶穌基督，意為救世主。

聖靈 天主教稱為「聖神」，即神的權能是無所不知、無所不在、無所不能的聖潔永恆真理的本質體。白鴿是聖靈的象徵。

耶穌基督的象徵物徽

- 基督復活旗（代表戰勝死亡）
- 十字架 代表救贖 
- IHCOYC 即耶穌基督 
- 十字架上掛著侮辱句：猶太人的主、拿撒勒人耶穌 
- XPICTOC 即基督 
- 天主是宇宙的根源歸宿 
- 神的子羊 
- 救世主 
- 好牧人 
- 十字錨 代表拯救 
- 基督魚「耶穌基督乃我救主」 
- 風舟 代表前進

十字架 耶穌受難時的象徵，代表為人們贖罪（在古代為刑具）。西方教會注重耶穌的受難救贖，東方教會注重耶穌的復活救世。

拉丁十字架	天主教十字架	東正教十字架	教會十字架	俄羅斯正教
殉道十字架	聖地十字架	十字軍徽	瑪耳他十字架	帕斯頓十字架
切里爾十字架	波梅爾十字架	帕提十字架	波滕特十字架	騎士團十字徽
受難十字架	紅十字會	王權球十字架	希臘十字架	久留子十字徽
教皇十字架	教父十字架	聖彼得十字架	聖安德烈十字架	聖安東尼十字架

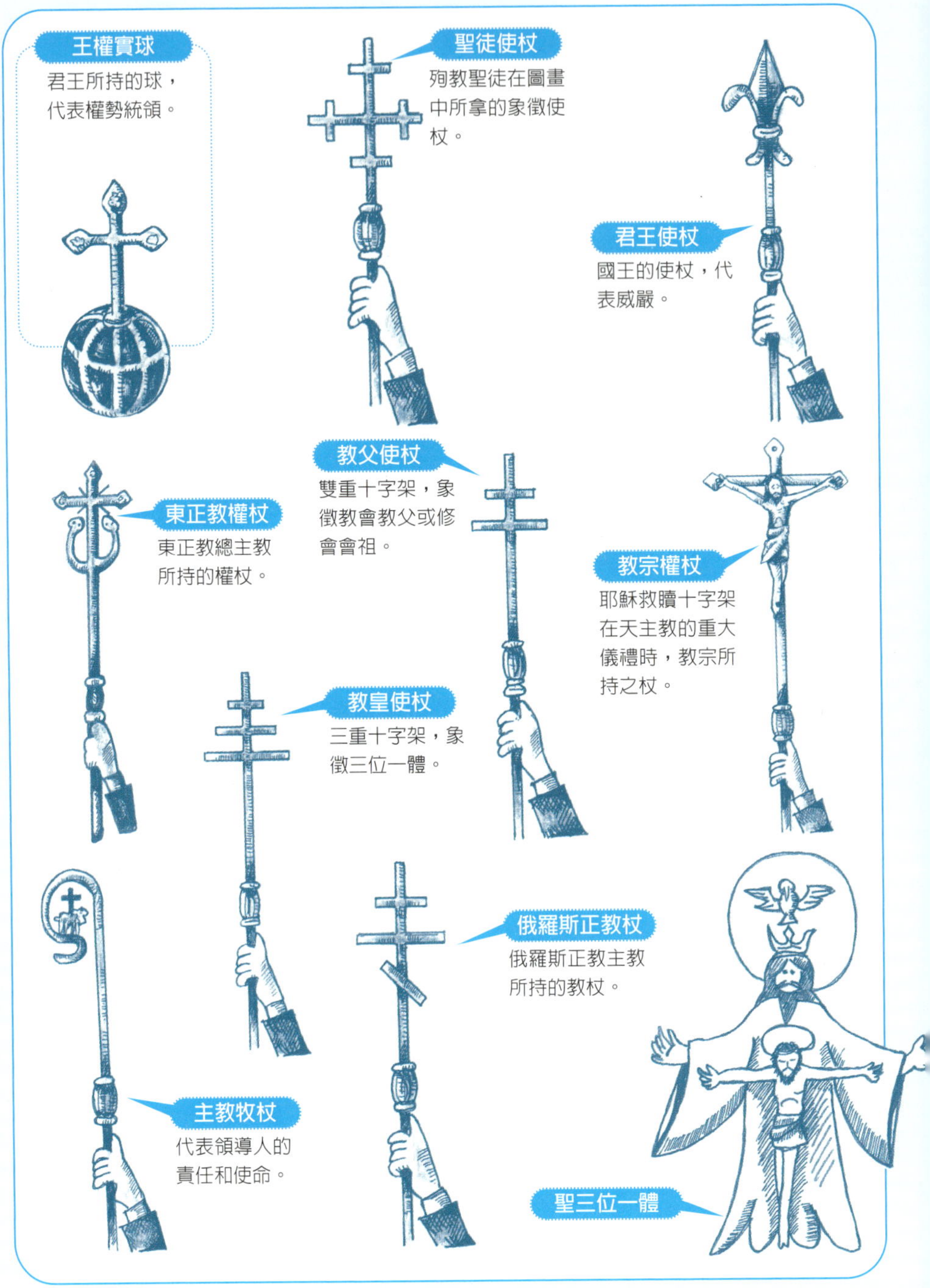

基督教綜述

王權寶球
君王所持的球，代表權勢統領。

聖徒使杖
殉教聖徒在圖畫中所拿的象徵使杖。

君王使杖
國王的使杖，代表威嚴。

東正教權杖
東正教總主教所持的權杖。

教父使杖
雙重十字架，象徵教會教父或修會會祖。

教宗權杖
耶穌救贖十字架在天主教的重大儀禮時，教宗所持之杖。

教皇使杖
三重十字架，象徵三位一體。

俄羅斯正教杖
俄羅斯正教主教所持的教杖。

主教牧杖
代表領導人的責任和使命。

聖三位一體

74

七聖禮 神賜恩典的七項儀式（基督教只承認其中兩項）。天主教及東正教信徒對七項聖禮非常重視，而基督教（新教）只承認「洗禮」及「聖餐」兩項禮儀而已，其他均不認同；基督教的教友派及救世軍甚至連這兩項儀式都不重視。

七聖禮

1. **洗禮（浸信禮）** 成為基督徒最重要的儀式，象徵洗滌罪愆（基督教浸信會強調全身浸洗及反對嬰兒受洗，應該等成年後再受洗，東正教強調洗腳禮）。

2. **堅振（堅信禮）** 幼兒受洗禮，成年後要經過教義問答加強入教信念。

3. **彌撒（聖餐禮）** 又稱感恩禮，沿襲耶穌最後晚餐（又稱逾越節之宴），麵包與葡萄酒代表肉與血，為世人流出使罪得赦各教派以聖體聖事作為紀念。天主教（公教）稱為「彌撒」，基督教（新教）稱為「聖餐」，東正教（正教）稱為「聖體血」。

4. **告解（懺悔禮）** 教士藉由上帝的權威赦免罪愆。

5. **終油（喪禮）** 臨終之際藉塗油與祈禱使靈魂得救。

6. **聖秩（任命禮）** 受聖職階位儀式。

7. **婚配（結婚禮）** 男女結婚締結儀式。天主教徒結婚必須向教會申請，結婚後禁止離婚及墮胎，更不能有婚前性行為。

聖經

聖經 新約聖經（基督教寶典、希臘文）

聖經是基督教永恆的真理、信仰的總綱，主要記述耶穌的聖行、教誨及門徒的言傳，分為四大類：① 福音書四本 ② 歷史書一本 ③ 通函書信二十一本 ④ 預言書一本。共計二十七卷。

1. **福音書**

四大福音書：馬太福音、馬可福音、路加福音、約翰福音。

馬太福音（王）
馬太（象徵物：天人）十二門徒之一。此書強調耶穌應驗了舊約全書所表達的期望實現。

約翰福音（神）
約翰（象徵物：鷹）是耶穌最寵愛的門徒。此書強調耶穌的神學思想，即所謂信仰的耶穌。

馬可福音（僕）
馬可（象徵物：雄獅）是聖彼得的同伴。此書強調耶穌聖行與教誨，是最早也是最短的福音書。

路加福音（人）
路加（象徵物：牛犢）是聖保羅的同伴，原為醫生（畫家之祖）。此書強調耶穌的生平、受難及復活。

❷ 歷史書

使徒行傳：路加著作。講述耶穌復活升天的經過，及聖地耶路撒冷（錫安城）教會的發展。

舊約聖經與新約聖經的比較

舊約聖經	新約聖經
猶太教寶典 上集‧應許盼望 希伯來文，共39卷	基督教寶典 下集‧應驗成全 希臘文，共27卷
舊約預備新約 象徵黎明曙光 舊約以律法為本 重視上帝的公義	新約解釋舊約 象徵高昇旭日 新約以恩典為本 重視上帝的慈愛
暗示得救之法 預告救世主將出現 神的話在石版上	明解得救之道 耶穌的聖行教誨 神的話在心坎裡
講述以色列的歷史 信徒是神的僕人 以父開始，以詛咒結束	講述全世界的未來 信徒是神的子民 以子開始，以祝福結束

❸ 通函書信 聖保羅書寫的十三封信、希伯來書及七封通函書信，共二十一本。

(保羅的十三封信)
　　　　1.羅馬人書　2～3.哥林多（前書、後書）　4.加拉太書　　5.以弗所書
　　　　6.腓立比書　7.歌羅西書　　　　　　　　8～9.帖撒羅尼迦（前書、後書）
　　　　10.腓利門書 11～12.提摩太（前書、後書）　13.提多書

(希伯來書) 作者不詳，內容強調基督教徒不要重返猶太教的束縛。

(七封通函書信) 1.雅各書　2.～3.彼得（前書、後書）　4.～6.約翰（一、二、三書）
　　　　　　　7.猶大書

❹ 預言書──啟示錄
約翰著作，是一本相當受爭議的異象書。此書預示未來的報應、審判，及世界末日即將來臨、基督將再復臨等徵兆預言。

(十二門徒)

耶穌召選的十二個使徒（代表以色列十二支派）。十二門徒中有三對同名，分別為西門二位、雅各二位、猶大二位；二對親兄弟（彼得和安德烈，大雅各與約翰）。其中以彼得、約翰、大雅各最獲耶穌信任。

耶穌最後的晚餐

西門　小雅各　安德烈　　　　　　　　　　　　　　馬太　多馬
　　　大雅各　　彼得　　　　　約翰　　腓力　巴多羅買

只為了30個銀幣出賣耶穌的猶大　　　　　銀幣

基督教綜述

1 聖彼得／聖伯多祿　教會始祖

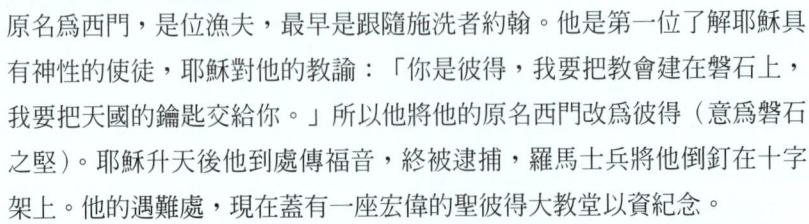

原名為西門，是位漁夫，最早是跟隨施洗者約翰。他是第一位了解耶穌具有神性的使徒，耶穌對他的教諭：「你是彼得，我要把教會建在磐石上，我要把天國的鑰匙交給你。」所以他將他的原名西門改為彼得（意為磐石之堅）。耶穌升天後他到處傳福音，終被逮捕，羅馬士兵將他倒釘在十字架上。他的遇難處，現在蓋有一座宏偉的聖彼得大教堂以資紀念。

聖彼得

象徵物

倒十字架　　天國鑰匙　　公雞

2 聖安德烈／聖安德肋　漁夫的守護聖人與朝聖者的主保

他是聖彼得的親弟弟，在中世紀時期聖安德烈教派在北歐及東歐盛行一時。他被綁在X字架上殉教。

象徵物　X字架

X型十字架

聖安德烈

3 聖腓力／聖斐理伯

又稱菲力普。他在中亞地區傳教，因得罪異教徒，也被用倒十字架之酷刑活活整死而殉教。

聖腓力

4 聖大雅各／聖大雅各伯　西班牙的守護聖者

他是西庇太的兒子，聖約翰之兄。曾帶領西班牙人對抗摩爾人，後來被希律王處死。

象徵物　手杖

聖大雅各

5 聖約翰／聖若望　約翰福音及啟示錄作者

聖大雅各之弟，是耶穌最疼愛的門徒，耶穌臨終前將聖母馬利亞託給他照顧，而馬利亞也把約翰視為親兒子。

聖約翰

象徵物

聖杯　　老鷹

聖巴多羅買

6 聖巴多羅買／聖巴爾多祿茂　屠夫、皮革業的守護者

又稱為拿但業。他被活生生剝皮而殉道，中世紀教會壁畫常以他為取材，手中持剝皮刀及一張人皮是他的特徵。

象徵物 剝皮刀、人皮

7 聖馬太／聖瑪竇　銀行員的守護聖者

原名稱為利末，是一位稅吏。被耶穌蒙召後成為門徒，著有〈馬太福音〉、〈登山寶訓〉，包括主禱文（天主經）。

天使

象徵物 鵝毛筆、經卷、天使

聖馬太

8 聖小雅各／聖小雅各伯　耶路撒冷教會的柱石

亞勒腓的兒子，長相極像耶穌。在城牆外被異教徒用亂石及木棍砸死而殉教。　象徵物 漂布用的木棍

聖小雅各

9 聖多馬／聖多默　葡萄牙的守護聖者

又稱湯瑪斯。耶穌死後又復活的神蹟，他很懷疑，最後親手摸過耶穌他才相信（稱為多馬的懷疑）。他曾得到「聖母的衣帶」之天大榮寵。

象徵物 長矛、曲尺

聖多馬

10 聖西門／聖西滿

原為猶太教奮銳黨的激進分子，受到耶穌的感召而成為門徒。因推倒異教徒的神壇及神祇，被鋸成兩半，死狀極慘。　象徵物 鋸子

聖達太

聖西門

11 聖達太／聖達陡

原名亦叫猶大。只知他是門徒，較少有關他的事蹟。

12 猶大／猶達依斯加略

加略人。負責保管門徒的錢財，後來因為財迷心竅為了30個銀幣而出賣耶穌，由於後來內心愧疚而上吊自殺（有些教派把他視為叛徒，另以聖馬提亞代替之）。西方人視13為不吉利的由來。

象徵物 背叛耶穌的毒吻

猶大的毒吻

79

第十五章
東正教（正教）

教義：禮儀誡命

教徽

東正教 又稱希臘正教，簡稱「正教」，以君士坦丁堡為中心。盛行於東歐及俄羅斯，強調拜占庭式的禮拜儀式及強烈的苦修傾向。特色是教士必須蓄留鬍鬚。除不承認羅馬教皇外，其餘禮儀信條與天主教相同；「洗禮」及「堅振禮」是正教最重視的禮儀，通常一起舉行。

東正教牧首主教

聖瓦西里大教堂

支派 東正教於1589年被俄羅斯教會取得自主權，並建立牧首區，通稱「俄羅斯正教」。且在莫斯科建造一座舉世聞名的聖瓦西里大教堂。

俄羅斯正教徽

管理機構
- **主教會議** 由67名都主教組成，以雅典總主區的全希臘大主教任主席，最高權威為「普世會議」。
- **牧首區（大主教區）** 管轄數個首府教會，首腦為主教，次為修士大司祭（司祭階以下均可結婚生子）、修士司祭、修士輔祭助祭、誦經士。

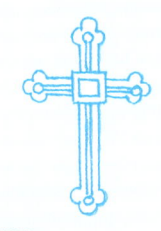

牧首教會 早期基督教五大教區：亞歷山卓城、安提阿市、君士坦丁堡、耶路撒冷（錫安城）及羅馬城。

聖山 位於希臘東北的亞陀斯山，是東正教的修行聖山，女人及雌性動物嚴禁進入。

東正教極受尊崇的三聖徒

聖·墨丘里歐斯（土耳其殉教聖者）

聖·凱薩琳（聖加大利納）

聖·特利洪（城邦大主教）

	指引聖手
	伯利恆之星
	上帝的恩典

【小常識】基督教節日符號

基督降臨節	聖誕節	顯現節	大齋節	濯足節
耶穌受難日	復活節	耶穌升天節	五旬節	萬聖節
無所不見的眼睛	上帝之手	耶穌是我救主	聖靈降臨	上帝的羔羊

81

第十六章
天主教（公教）

教義：啓示眞理

教徽

羅馬——聖彼得大教堂

天主教教宗

天主教 又稱「羅馬公教」，簡稱「公教」，亦稱「舊教」，以羅馬爲中心。盛行於南歐及南美洲，強調誡命、教義與見證

源由 羅馬公教因信徒稱上帝爲「天主」，因而被稱爲「天主教」；又特別尊崇聖母馬利亞，所以清朝時期又名「馬利亞教」。他們自稱是「天主的子民」。

聖典 除《新約聖經》外，另重視聖徒著作，其中以《天主經》、《聖母經》、《聖三頌》、《使徒信經》、《玫瑰經》等最著名。

天主教三大信經
天主教基本信念及信仰的主要眞理：使徒信經、尼西亞信經、亞大納削信經。

AVE MAIRE
萬福馬利亞

玫瑰經念珠 據說是聖道明發明的，通稱「蒙福聖母玫瑰經念珠」。五十顆珠子組成一串，每十顆爲一區段，是祈禱時用來助禱的器物，又稱「信仰之鍊」。

★還未受過洗禮的教徒稱爲「慕道友」。

聖殤

十字聖號

聖號經：天主，我們的主！請以十字聖號從仇敵中拯救我們，因父及子及聖神之名。阿門！

1. 額頭（因父）　2. 胸（及子）　3. 左肩（及聖神）　4. 右肩

教廷梵蒂岡

1929年獨立，正式名稱為「梵蒂岡城國」，是以教宗為君主的國家。雖然是世界最小的國家，但對天主教信徒而言，它是舉足輕重的大國。

神職制度 採聖統制，分為四聖階：

主教 樞機主教定員七十名（因穿紅衣又稱「紅衣大主教」）、牧首主教、省區主教、郡主教、大主教、各區主教。

司鐸（神父）

助祭（執事）

教宗（教皇）
教會始祖聖彼得的繼承人。由樞機團（紅衣主教）選出，雖管轄地區僅限梵蒂岡，但享有獨立自主及司法權、外交權，其影響力遍及全球信奉天主教國家。

SPQR

代表羅馬元老院

天主教莊嚴神聖的教宗就職彌撒

歷代教宗蒙主寵召（去世）後，羅馬天主教教廷必須依法典，在15至20天內選出新的教宗，由117位樞機主教遴選。

選舉結果 西斯汀大教堂的煙囪是選舉結果的看板，如果冒出來的是「黑煙」，代表選票未超過三分之二（得再選）；如果煙囪呈現的是「白煙」，就表示新的教宗誕生了，並開始鳴放禮砲通告世人。

新教宗就職彌撒的程序

① 穿金色祭衣，手持牧杖，步行至聖伯多祿廣場。
② 領受羊毛製伯多祿肩帶（肩帶上有五顆紅色十字架）。
③ 接受漁夫戒指，戴在右手無名指上。
④ 舉起《聖經》，代表肩負傳揚福音的使命，典禮結束後接受人民的歡呼。

★就職彌撒的三件信物：伯多祿肩帶、漁夫戒指、《聖經》。

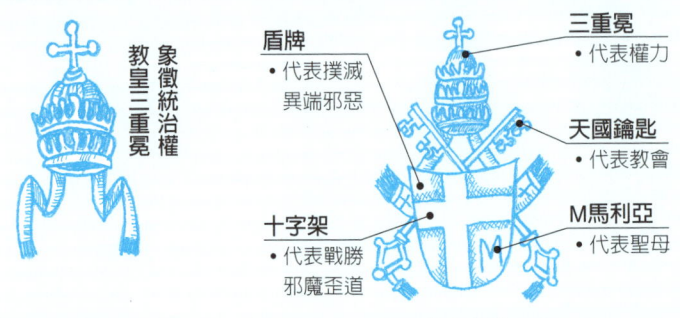

象徵統治權 教皇三重冕

盾牌・代表撲滅異端邪惡
三重冕・代表權力
天國鑰匙・代表教會
十字架・代表戰勝邪魔歪道
M馬利亞・代表聖母
教宗牧徽

梵蒂岡侍衛

梵蒂岡的瑞士衛隊 教皇赫爾維蒂聖侍衛步兵團，是由二百名瑞士籍傭兵組成的私人衛隊。其制服顏色鮮明、獨具創意，據說是由米開朗基羅所設計。

馬爾他修會 八角十字架，代表八種至福及歐洲八個城邦列強的統轄權。有軍事組織及騎士團，其首領大主教擁有閣下和殿下的頭銜，因此享有國家元首級的禮遇。

馬爾他
八角十字架

鳶尾花符
為法納塞家族
（保羅三世）家徽

百合花符
法國聖女貞德
所用的徽章，
代表「貞潔」

馬爾他騎士團

歷代教皇徽章

克利門特7世 1523-1534	保羅3世 1534-1549	朱爾3世 1550-1555	馬爾切洛2世 1555-1555	庇護4世 1559-1565	庇護5世 1566-1572	格列戈利13世 1572-1585	西克斯特5世 1585-1590
烏爾班7世 1590-1590	格列戈利14世 1590-1591	英諾森9世 1591-1591	克利門特8世 1592-1605	利奧11世 1605-1605	保羅5世 1605-1621	格列戈利15世 1621-1623	烏爾班8世 1623-1644
英諾森10世 1644-1655	亞歷山大7世 1655-1667	克利門特9世 1667-1669	克利門特10世 1670-1676	英諾森11世 1676-1689	亞歷山大8世 1689-1691	英諾森12世 1691-1700	克利門特11世 1700-1721
英諾森13世 1721-1724	貝尼迪克特13世 1724-1730	克利門特12世 1730-1740	貝尼迪克特14世 1740-1758	克利門特13世 1758-1769	克利門特14世 1769-1774	庇護6世 1775-1799	庇護7世 1800-1823
利奧12世 1823-1829	庇護8世 1829-1830	格列戈利16世 1831-1846	庇護9世 1846-1878	利奧13世 1878-1903	庇護10世 1903-1914	貝尼迪克特15世 1914-1922	庇護11世 1922-1939
庇護12世 1939-1958	喬凡尼23世 1958-1963	保羅6世 1963-1978	若望保祿1世 1978-1978	若望保祿2世 1978-2005	本篤16世 2006-2012	方濟各 2013-	

教宗具有維護信仰真理和教義的權威

第一節　天主教的首席聖者

聖母 馬利亞

聖母馬利亞是聖安妮的女兒，她接到大天使加百列的報喜，得知具有「童貞無原罪的懷孕」（又稱「聖嬰懷胎」），生下救世主耶穌基督。她受到天主教極高的敬崇，更有人將天主教稱為「馬利亞教」（天主教教徒不喜歡這個稱呼）。聖母馬利亞經常穿著紅色長袍（代表聖愛），外套著藍色披風（代表貞潔），升天時則全身白色袍（代表光明），手拿一本「聖智源泉」的智慧聖書。

東方三賢士

耶穌誕生時天空出現異象，三賢士依據星星的指引找到聖嬰，並向他朝拜，獻上黃金、乳香、沒藥作為覲見之禮（代表當時所知的世界三大地區，分別為歐洲、亞洲、非洲）。三賢士因怕殘暴的希律王逼問聖嬰所在地，而害聖嬰被擄，故直接返回東方引退，因此引發聖城耶路撒冷的屠嬰暴行。

施洗者 約翰／若翰

《新約聖經》中第一位聖徒，也是最後一位先知。他預言耶穌就是救世主「彌賽亞」，並在約旦河為耶穌洗禮，施洗時天空出現一隻代表聖靈的聖鴿。

基督教第二教主 聖保羅／聖保祿

基督教的奠基人（神學之父）。他原本信奉猶太教，曾虐待過基督徒，在旅行途中受到耶穌的感召而改信基督教，積極地在各地傳教佈道，因此得罪了暴君尼祿，被其所殺。

象徵物 黑髮配劍、白髮配書

基督教第一個殉教者 聖司提反／聖斯德望

曾跟隨聖彼得傳教，造就了許多奇蹟，他是耶路撒冷

七執事之一。因他能言善辯，終遭受猶太教教徒用亂石將他活活給砸死，成為基督教第一個殉教者。

第一位見到耶穌復活的人 抹大拉的馬利亞／聖瑪達肋納

耶穌被釘十字架死後，唯一守在墳前的聖女。她是第一位見到耶穌復活的人。她原本是淪落風塵的妓女，因受到耶穌的感召而從良，她曾用眼淚及長髮幫耶穌洗腳。耶穌對她說：「妳的愛比罪多，妳已得赦。」並幫她驅逐身上七個惡魔，因此成為聖潔女。

象徵物 手持香膏壺

幫耶穌擦汗的女聖徒 聖維隆涅卡

她用手帕幫揹負十字架的耶穌擦汗，結果手巾印現出聖像奇蹟。

第二節 天主教各大修會團體

天主教的修會是由隱修會、托缽修會、使徒修會所組成。修道士亦稱「隱修士」或「修女」，是一生放棄世俗生活而忠實信守神的教誨的人，通常住在修道院度過終生。

修道士必須遵從三項美德：清貧、貞潔、服從。

修道生活的三大重點：慎行、勤勞、沉默。

一 四大隱修會

隱修強調獨居、與世俗隔絕，或透過集體修行生活以求個人完美聖潔。隱修生活，一般認為是由埃及聖安東尼（隱修之父）所創立，再由聖本篤制訂修會規章，成為正式範本。

1 本篤會

會祖聖本篤（貝尼狄克），天主教隱修制度創始者。強調獨居、斷財、簡樸的生活，戒規嚴格。入會者要發三願：絕財、絕色、絕意。是天主教修會制度的範本，視遊手好閒者為罪惡。在羅馬卡西諾山建立第一座修道院。

② 克呂尼會

由聖伯納創立，強調透過莊嚴隆重的禮儀來敬拜上主。主張整頓修道院紀律，嚴守聖本篤所訂的會規，又稱「重修本篤會」；教士均穿白色教服，被稱「白衣修士」。

③ 西妥會

由聖羅貝爾所領導的修會，在中世紀很有影響力，又稱為「席特會」或「熙篤會」。在改革會規運動中出現了更嚴格的西妥會，稱為「特拉普派」，專心致力敬神的事務，經常保持緘默，禁食魚肉及蛋類。

④ 加都西會

由聖布魯諾創立於夏特勒山（出產著名甜露酒），是嚴格自律、與世俗隔絕的團體修會。

二、四大托缽修會

「托缽」意為乞食，佛教稱為化緣。教士走出修道院一面修持，一面傳教，與社會融合為一體。

① 方濟會

會祖方濟（法蘭西斯），又稱「小兄弟會（OFM）」。其會士著灰色會服，被稱為「灰衣修士」。早期以流浪乞食傳教為生活準則，強調社會服務、效忠教皇，反對異端教派，把野獸鳥禽視為兄弟姐妹。特徵是在腰間繫有三個結，代表清貧、貞潔與忠順。

方濟第一修會　又分為利奧會（守規派）、住院會及嘉布遣會（聖巴西略創立），積極向貧窮者佈道及自我苦行。

方濟第二修會　是一個女修會，又稱「克拉蕾苦行會」，倡導隱修。

方濟第三修會　教徒兄弟會（在俗派），入會者不必出家，只需安貧布施。

② 道明會

會祖聖道明（多明尼克）。教士著黑色風帽，被稱為「黑衣修士」。強調學習自律，創設很多教育機構培訓信仰的捍衛者，在台灣創設有輔仁大學、靜宜大學、

文藻外語學院、道明中學等，傳教佈道區域專選城市，以中上階級人士為主。靈修以聖母馬利亞親授的《玫瑰經》（天主教最普遍的傳誦經文）為主。羅馬教廷的信理部及教會最高法庭，均由道明會會士掌握。

③ 奧斯定會
會祖聖奧古斯汀，由隱修教義和會規組成的托缽會。強調拋棄家庭財產及世俗生活追隨基督，主張濟貧傳道，建立了許多修道院並創辦不少著名醫院。

④ 加爾默羅會
起源於以色列的加爾默山，效法先知以利亞的生活方式為宗旨，重視教學及傳道。修士均穿涼鞋或赤足，又稱「赤足修士」，屬神祕主義教派。

克呂尼會（白衣修士）	方濟會（灰衣修士）	道明會（黑衣修士）	加爾默羅會（赤足修士）
特色：腰間繫戒帶，隨時鞭策自己	特色：腰間繫有三個結，表清貧、貞潔、忠順	特色：廣植城市傳教 創設教育機構	特色：穿涼鞋或赤足 屬神祕主義教派

三、使徒修會

① 烏爾蘇拉會
由聖梅里奇創立。是世界最主要且最具歷史的天主教女修會，專門培育修女。以聖烏爾蘇拉為會名。

② 羅德西兄弟會
由八個教士組成的修會，以「OSM」為歐尚米歇爾徽章。

歐尚米歇爾徽章
ORSANMICHELE

③ 遣使會
由聖文生創立於法國巴黎拉札爾修道院，強調到鄉村傳教及重視培訓神職人員。

④ 聖心會
由美國修女卡布里尼於1886年創立，強調社會活動及慈善事業，全名「聖心傳教女修會」。

⑤ 耶穌會

由聖伊納爵、羅耀拉創立，熱心教育事業及社會服務，教會以「I.H.S」為標誌。

耶穌會會徽

⑥ 仁愛孝女會

由近代印度女傳教士德蕾莎（博哈克修）所創立，其一生幫助貧民、救濟窮人，是個以慈善為主的傳教會，並曾照顧痲瘋病者及在災區服務，曾蒙教宗若望保祿二世召見，且於1979年獲得諾貝爾和平獎。

第三節　天主教修會會祖及神學聖者

隱修士與修道院始祖　聖安東尼／聖安當

他隱居在曠野中，過著苦修孤獨和冥思的生活，手持T字手杖及鈴鐺，專門驅逐惡魔邪靈。在十一世紀流傳「丹毒」傳染病時，許多痊癒者皆供奉他的聖像，後來把此病稱為「聖安東尼之火」。

聖安東尼

象徵物　T字手杖、鈴鐺、火苗、豬

本篤會會祖　聖本篤（貝尼狄克）

義大利努西亞的聖者。他是西歐實踐修道制度的建立者，被稱「西方隱修制度之父」，在卡西諾山建立一座修道院。傳說他能與邪靈溝通並驅逐病魔，可讓人將惡源從口中吐出，即著名的「聖本篤治療法」。本篤會的教規非常嚴格。

聖本篤

克呂尼會會祖　聖伯納／聖貝納德

他的雄辯口才一流，被稱為「美言博士」，其銘文為「忍耐、再忍耐」。曾幻想被耶穌擁抱及聖母賜予乳汁等恩寵，在教會的歷史裡，他是最後一位教父。

聖伯納

象徵物　蜂巢、鎖住的龍

加都西會會祖　聖布魯諾

在夏特勒山上建立一個與世隔絕的嚴律修道院，又稱「夏特勒斯會」。

聖布魯諾

方濟會會祖 聖方濟（法蘭西斯）

義大利亞西西的聖者，早年生活十分放縱，終致身無一物才省悟，開始學習基督精神，過著清貧虔誠的生活；其手上腳上出現「聖痕」，為方濟會托缽僧教派始祖。穿灰色教服（灰衣修士），腰際間繫有三個結，代表教規：清貧、貞潔、忠順。

聖方濟

象徵物 十字架、百合花、三個腰結

方濟第一修會嘉布遣會會祖 聖巴西略（東方隱修院之父）

其弟為拉丁四大教父之一的聖格列高利，他一生反對阿里烏主義（異端教派）而奮鬥。

方濟第二修會克拉蕾女修會會祖 聖奇亞拉／聖克拉蕾

她創設聖達米亞諾教的修道院，又創立方濟第二女子修會，全名為「克拉蕾女子修會」。

聖奇亞拉

道明會會祖 聖道明（多明尼克）

聖道明

西班牙的聖者，聖保羅曾送給他一枝聖杖，使他成為宗教法庭的創始人。他在洗禮時，天降星星落在額頭上，身旁出現一隻口啣火炬的狗（上帝的守衛犬）。他身穿白長袍，外披黑色披風（黑衣修士），並發明了玫瑰念珠。他非常注重教育，是偉大的基督哲學家。教堂裡通常設有他的立像。

象徵物 咬著火把的狗、額頭星痕

加默爾赤足女修會會祖 聖特蕾莎

她力圖革新卡爾梅會，創立第一個女修道院。她曾經有過神祕的體驗，堅信自己被天使用火槍貫穿心胸，並創立加默爾赤足女修會。

聖特蕾莎

中世紀最偉大的神學修士 聖托瑪斯・阿奎納

他是公認中世紀最偉大的神學修士，在天主教教堂裡常會見到他的聖像，被諭為「愛品天使博士」；著有《神學總論》，該書是天主教神學院必讀必修的聖書。因沉默寡言，有「笨牛」外號。

聖托瑪斯・阿奎納

91

天主教（公教）

耶穌會會祖 聖伊納爵・羅耀拉

他熱心教育事業，在全世界設立許多學校，教會以「I.H.S」字母爲標誌（耶穌會）。

聖伊納爵・羅耀拉

遣使會會祖（又稱拉札爾會） 聖文生／聖味增爵

他是個慈善家，1625年創立遣使會（拉札爾會），1636年再創立仁愛會。

聖心傳教女修會會祖 美國修女卡布里尼

1886年創立於美國。從事社會活動服務及慈善救濟事業。

德蕾莎

仁愛孝女會會祖 德蕾莎

近代印度傳教女修士，一生救濟貧窮。1979年曾獲諾貝爾和平獎，並受教宗召見數次。

第三本福音書作者 聖路加（畫家的始祖）

他原爲醫生，曾陪伴聖保羅做傳教旅行。著有《路加福音》和《使徒行傳》。

聖路加

象徵物 牛

最早福音書作者 聖馬可／聖馬爾谷

威尼斯守護聖者。曾追隨過聖彼得，著有最早完成的福音書《馬可福音》。

聖馬可

象徵物 獅子

第四節　聖師、聖徒與聖女

四大聖師亦稱拉丁四大教父（教父：早期教會的領袖，教義的老師。）

拉丁四大聖師

- 聖安布勞西／聖盎博羅削　米蘭的守護聖者

  他處事公正，深受民眾愛戴。接受洗禮不久後就被任命為米蘭主教，他的讚美詩及文學著作對教會影響甚大，被稱為「盎博羅削的頌調及儀式」。　象徵物　主教服及聖書

  聖安布勞西

- 聖奧古斯汀／聖奧斯定　奧斯定會會祖

  他年輕時沉耽於玩樂，在米蘭接受盎博羅削的施洗，開始奮發讀書，著有《懺悔錄》、《上帝之城》、《論三位一體》。最主要的思想為「聖徒永蒙天恩」，曾與異教徒展開激辯過。西元1255年，他的隱修教義及會規組成了托缽修會，稱為「奧斯定會」。

  象徵物　一顆有火焰的心

  聖奧古斯汀

- 聖格雷高利／聖大額我略　教會聖詠始祖

  第64任教皇，改革教會制度、修訂禱告文、倡議唱聖歌，史稱「格雷高利聖歌」。他在寫作時化為鴿子的聖靈，則會賜予給他的靈感及啟發。　象徵物　鴿子

  聖格雷高利

- 聖哲羅姆／聖熱羅尼莫　學者的守護聖者

  他是位博愛睿智的聖師。他將聖經翻譯成拉丁文並加註解，曾在荒野中隱修苦行多年，並曾幫一隻獅子拔掉一根長刺，因此與他為伴。

  象徵物　手捧教堂、獅子

  聖哲羅姆

93

天主教（公教）

四大貞潔殉教聖女

聖雅加達 大自然災害的守護聖女

因虔信基督教、拒絕嫁給異教總督，而被割掉雙乳而殉教。 象徵物 裝著雙乳的盤

聖露西亞／聖路濟亞 西西里的守護聖女

她的名字代表「光明」。她因為得罪異教統治者而被挖出眼球殉教。 象徵物 雙眼珠、燭光

聖雪西利亞／聖則濟利亞 音樂家及詩人的守護聖女

因勸異教徒的丈夫加入基督教，而被用蒸籠活活悶死。

象徵物 樂器、棕櫚

聖安格尼斯／聖依搦斯 純潔的守護聖女

她被控為女巫，遭受裸身遊街之辱。她默默禱告的剎那間，頭髮立即變長幫其護身遮體。

象徵物 羔羊、長髮

四大教堂守護聖女

聖烏爾蘇拉 處女及孤兒的守護聖女

她是希臘國王的女兒，曾帶領一萬名處女及一千名侍女前往羅馬接受洗禮。回程途中被匈奴軍隊襲擊，眾宮女為了貞潔，全被亂箭射死而殉道。 象徵物 箭、冠冕、手杖

聖芭芭拉 避難的守護聖女

她的父親為了不讓她加入基督教而將她囚禁在石塔裡。她將囚塔開了三個窗戶，代表聖父、聖子、聖靈（三位一體）照亮自己的靈魂，最後被憤怒的父親斬首而殉道。 象徵物 杯子、刀子

聖瑪格利特 生產分娩的守護聖女

安提阿的牧羊女。由於拒絕獨裁者的求婚而被打入地牢，魔鬼百般誘惑她，但都不為所動。手持十字架，常和加大利納一起出現聖母旁。 象徵物 腳踩懸龍、十字架

聖凱瑟琳／聖加大利納 博學者的守護聖女

亞歷山卓的女聖者，學問淵博，擅長跟異教徒激

辯，常駁倒對方使其改變宗教信仰。自稱與耶穌有「神祕婚約」，而被未婚夫皇帝用釘輪將她輾死。（東正教三聖徒之一）

象徵物　車輪、書本、劍、王冠

聖凱瑟琳

守護聖者（主保）

聖尼古拉斯／聖克勞斯　俄羅斯水手及兒童的主保

在中世紀裡，水手、婦女、小孩甚至強盜都非常崇敬他。傳說每年12月25日他都會送禮物給乖巧的小朋友，成為近代「聖誕老公公」的化身。

聖尼古拉斯

聖喬治　英格蘭主保

打倒惡龍及對抗邪惡是他基本標誌，他是正義的化身。

象徵物　鎧甲、長矛、騎戰馬屠龍

聖喬治

聖丹尼斯　法蘭西的主保

巴黎第一任大主教，著有《天國階級》一書。因到異教區傳教被判斬首，他神奇的帶著自己的首級回到蒙馬特埋葬，後人在該地建有聖丹尼斯大教堂紀念他。　象徵物　帶著首級的無頭人

聖丹尼斯

聖派翠克　蘇格蘭的主保

據說他將蛇從蘇格蘭地區逐出。

聖派翠克

聖馬丁　傳說中的英雄

曾將大衣送給一位赤裸的乞丐，並分贈財物給窮人。他是隱修士及僧侶的支柱。

聖馬丁

聖安多尼　葡萄牙的主保

十三世紀最負盛名的傳道士。他所講解的教義簡單易懂，非常有說服力，有「異教徒鐵鎚」封號。

象徵物　書本上有聖嬰、燃燒之心

聖安多尼

天主教（公教）

聖洛克　瘟疫的守護主保

十四世紀黑死病大流行的時候最受崇拜的聖人，現代歐洲設有聖洛克學校及慈善醫院紀念他。

聖洛克

聖克里斯多夫／聖基霍道　旅行者的守護主保

手握棕櫚棒（雲遊杖）守在渡口處，耶穌曾變成小孩讓其揹負渡河，象徵任重道遠。

聖克里斯多夫

象徵物 大手杖

聖猶斯坦

原為羅馬軍官，有次在狩獵時見到一隻公鹿角上有十字架並發出光芒，使他受感召而成基督徒。

聖猶斯坦

聖施巴士坦

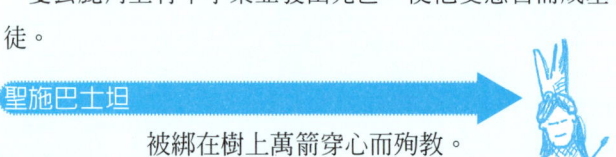

被綁在樹上萬箭穿心而殉教。

聖施巴士坦

聖路易九世

畢生從事振興學問、藝術、慈善等事業，曾參加過六次十字軍東征，最後死於迦太基。因以仁治國，廣受人民愛戴被列入聖者行列。

聖路易九世

聖克里斯比安　皮革業及商人守護主保

羅馬聖者在加利亞傳教時專門做鞋子送給窮人。　**象徵物** 錐子、刀刃

聖克里斯比安

聖文肯提　西班牙使徒

不論異教徒如何酷刑烙問，始終堅定基督教信仰，其心志讓後人崇敬。

聖文肯提

聖埃爾德方索

聖埃爾德方索
曾為聖母「永久童貞」及「無原罪聖胎」作辯證，因而確認聖母馬利亞在天主教的崇高地位，受到聖母現身賜衣的天大榮耀。

聖西門 高柱修士
又稱「高柱聖者」，最早遁世苦行的行者。以嚴格的齋戒及祈禱來服事上帝，住過高達20公尺的柱子實踐其意念。

高柱修士 聖西門

聖傑諾維巴／聖女貞德 法國的民族女英雄
她十七歲時領導法國人與英國作戰，不幸被俘而遭焚刑，因而激起法國人的團結，擊敗英國結束英法百年戰爭。她的燭火是由火星天使點亮。

聖傑諾維巴

聖雅波羅妮亞 牙醫的主保
因拒絕朝拜異教神明並搗毀神像，被拔掉所有牙齒。

聖雅波羅妮亞

天主教十二信條（信德道理）

1. 信全能的天主第一位聖父，創造天地萬物。
2. 信天主第二聖子耶穌基督，是我們的主。
3. 信耶穌為拯救人類，降世為人。
4. 信耶穌受難。
5. 信耶穌復活。
6. 信耶穌升天。
7. 信世界末日、耶穌復臨審判世人。
8. 信天主第三位聖神啟發人、避惡從善。
9. 信聖而公教會和諸聖相通。
10. 信世人的罪惡得到赦免。
11. 信世人死後肉身在世界末日復活。
12. 信善人升天得永生。

第十七章
基督教（新教）

教義：博愛救恩

基督教 又稱「新教」，原隸屬於西方教會（天主教），於十六世紀宗教改革運動中脫離天主教而形成新教派，稱為「基督教」。中國人以前稱之為「誓反教」，因名稱太過煽動才改稱為「耶穌教」，現代幾乎以「基督教」直接稱呼。盛行於西歐、北歐及北美洲。

起源 十六世紀由日耳曼地區的馬丁路德發起，瑞士的茲文里領導，蘇格蘭的喀爾文帶領。他們以《聖經》作為教義權威，以「愛人如己」為基本準則，重點放在「上帝的話」，防止主教團或有心分子濫用教會支配的特權。

撒旦 惡魔（魔鬼）

撒旦意為「仇恨」，後來和魔鬼同義。他是被逐出天堂的惡靈，常與上帝作對，曾三次用誘惑來試煉耶穌失敗。據記載，他是長角猙獰的妖獸，常被畫成蝙蝠或惡龍。

聖經密碼 撒旦手臂上印有666的記號（表暴君尼祿迫害基督徒的希伯來字母的縮寫），有人認為這是隱藏在經文裡的天大祕密，即「聖經密碼」。

祝禱語

哈利路亞 HALLELUJAH 意為「讚美我主」。常用於禮拜儀式中的祝禱語句詞，表示對上帝的讚美和敬愛。

阿門 AMEN 意為「實在」、誠心實意、誠心所願。常用於祈禱或宗教聲明的結語，表達強烈贊同之意及堅定之行。

天使　傳達天神榮光的使者

執行神的言行，傳遞神的旨意

米迦勒	大天使	天使軍團的統帥
加百列	天使長	耶和華上帝的使者
拉菲爾	守護天使	醫療治癒的天使
米凱爾	教堂天使	保護靈魂的天使
加布列爾	告知天使	天國金庫的看守者

大天使 米迦勒

告知天使 加布列爾

第一節　基督教與天主教差異比較

基督教會三則

1. 恩典：因信稱義
2. 信心：教友有傳福音的天職
3. 聖典：《聖經》具有最高權威

天主教教堂四規

1. 要在各個主日及聖誕節參與全彌撒
2. 要遵守聖教會所定的大小齋期
3. 要安當告解並頌聖體，至少每年一次
4. 要盡力幫助聖教會的經費

基督教的十誡

1. 信奉獨一的上帝
2. 禁止崇拜偶像
3. 不可妄稱主名
4. 遵守安息日
5. 孝敬父母
6. 不可殺人
7. 不奸淫
8. 不偷盜
9. 不說謊
10. 不貪心

基督教

＊基督教強調禁止崇拜偶像

天主教的十誡

1. 欽崇一天主在萬有之上
2. 毋呼天主聖名以發虛誓
3. 守瞻禮之日
4. 孝敬父母
5. 毋殺人
6. 毋行邪淫
7. 毋偷盜
8. 毋妄證
9. 毋願他人妻
10. 毋貪他人財

天主教

＊天主教強調禁止通姦

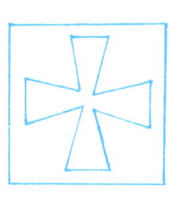

基督教（新教） / 天主教 對照

【基督教】		【天主教】	
教義	博愛救恩	教義	啟示真理
領導	由平民所領導的教會	領導	由教宗所領導的教會
信念	心靈實質的信仰（上帝）	信念	神道儀禮的信仰（天主）
傳道	以《聖經》為基礎	傳道	以倫理為基礎
注重	讀經、講道、詩唱	注重	儀禮、誡命、聖祭
聖事	只承認二聖事（洗禮、聖餐）	聖事	遵行七聖事
經典	只承認新舊約聖經	經典	聖經、聖傳、信經（信德寶庫）
持物	信徒人手一本《聖經》	持物	信徒人手一串念珠
聖母	認為她只是一位普通女子	聖母	非常崇敬聖母馬利亞
聖體	聖靈（禁止崇拜偶像）	聖體	聖神（可供奉聖者、聖像）
禮儀	做禮拜（反對祭祖）	禮儀	望彌撒（可祭祖）
教堂	樸素簡單（排斥其他宗教）	教堂	華麗美觀（接納其他宗教）
神職	牧師可結婚生子	神職	神父必須單身不能結婚
婚姻	信徒自我道德約束	婚姻	嚴禁婚前性行為、墮胎及離婚
別稱	清朝時又被稱為耶穌教	別稱	清朝時又被稱為馬利亞教

第二節　基督教主要派別

三大教派

英國國教派（安利甘宗）
強調：禮儀、誡命及教義

除不承認羅馬教宗（教皇）外，教義近似天主教。十六世紀時出現一批要求改革的教徒（清教徒），由於受到迫害乘「五月花號」至美洲新大陸，成立「美洲聖公會」，所產生的宗別稱「安利甘宗」。

（清教徒）

路德教派（信義宗）
強調：恩典、信心及《聖經》

十六世紀，日耳曼地區的馬丁路德質疑羅馬教會濫賣贖罪卷，大肆斂財已到了腐敗不恥之境，於是提倡宗教改革，獲得人民的熱烈支持，而成立了「信義宗」。它是一個平民所組成的教會團體。

（馬丁路德）

喀爾文教派（歸正宗）
強調：聖經的教誨激發信仰意念

喀爾文深受路德的影響，將教會改革至家庭化、平民化。他認為所有人類的生活均為了奉獻上帝，同時主張「相信神能」拯救人類，辛苦獲得的財富是神所賜。他的教派被稱為「歸正宗」。

（喀爾文）

基督教的宗別與會名

- **安利甘宗**：聖公會 公教會
- **信義宗**：宣道會 宣信會 福音會 佈道會
- **歸正宗**：長老會 公理會
- **浸禮宗**：浸信會 門諾會
- **貴格宗**：教友會 公誼會
- **衛理宗**：衛斯理公會 循道會 美以美會
- **五旬節宗**：神召會 靈恩會
- **團契**：基督教救世軍 青年會YMCA 世界基督協進會
- **千禧宗**：基督復臨安息會 普利茅斯弟兄會 基督弟兄會 耶和華見證會 基督教科學會 基督教拿撒勒人會 唯一神教會 ⎤
- **異宗**：摩門教 統一教 ⎦ 異端教派

基督教的教會團體

安利甘宗 源自於英國國教派，1534年由英王亨利八世創立。因離婚問題未獲羅馬教皇批准，亨利八世因此宣布脫離羅馬公教（天主教）自組教會、自命教皇，除不承認羅馬教皇外，禮儀、誡命同天主教。

- **「聖公會」**：十六世紀英國清教徒乘「五月花號」至美洲新大陸成立「聖公會」，改革教會體制逐漸成為新教，唯獨保留主教制度。
- **「公教會」**：由英國國教會演變而成，強調禮儀及教義。

信義宗 1520年由馬丁路德創立，其教義為「因信稱義」；1947年成立「世界信義會聯合會」，是基督教（新教）信綱派中最大的協進組織。

- **「宣道會」**：1887年由辛普森創立，以「世界差傳事工的先鋒」為理想。
- **「宣信會」**：成立於第二次世界大戰期間，反納粹及法西斯主義。
- **「福音會」**：強調《聖經》的權威。
- **「佈道會」**：強調講道與傳福音。

歸正宗 1536年由喀爾文創立。

- **「長老會」**：1560年諾克斯成立於蘇格蘭，在英語系國家中，長老會的教友最多，其最重視海外傳教事業，並給予資助，採長老治會制度的區域教會。
- **「公理會」**：十六世紀布朗成立於英格蘭，是一個由信徒形成的公約教團，不受外界操控主持，強調遵守上帝的律法，主張寬容及信仰自由，1949年成立「國際

公理會理事會」，1970年與長老教會合併成立「世界長老公理會歸正聯盟」。

衛理宗 1738年由衛斯理創立於英國（原為聖公會福音派教友）。
- 「**衛理公會**」：重視海外傳教及興辦學校，1930年中國軍事強人蔣介石接受該會洗禮而轟動一時。
- 「**循道會**」：是福音派運動主義追隨者所創立的教會，主張慈善救援。
- 「**美以美教會**」：1816年創立於美國南北戰爭期間，強調自由平等、解放黑奴。

浸禮宗 1607年由約翰·史密斯創立於荷蘭，強調讀經，講道宣揚信仰意念，主張成年後應該再受洗禮，才算是真正的基督徒。
- 「**浸信會**」：十七世紀源自英格蘭的威爾斯，1905年成立「浸信會聯盟」強調洗禮時必須全身浸入，反對嬰兒受洗及點水禮。
- 「**門諾會**」：由門諾·西蒙創立於荷蘭，反對暴力及戰爭，是和平主義者。
- 「**主內弟兄會**」：十八世紀創立於北美賓州，起源於門諾會，具虔敬，傳福音到世界各地。

貴格宗 1646年由喬治·福克斯創立於英國，又稱「朋友會」。強調接受與追求存在的個體內心的「內在之光」，主張反戰、反奴隸制。
- 「**教友會**」：強調與聖靈的接觸，聽到上帝的話而顫抖震動。
- 「**公誼會**」：主張感受聖靈、激發潛能、體驗真理，又稱「貴格會」。

五旬節宗 五旬節即耶穌死後復活50天的節日，亦稱「聖靈降臨節」。1905年由查理·巴翰在美國成立，總部設在洛杉磯。強調自發性的感恩讚美歡呼，感受聖靈的恩賜，此運動稱為「五旬節運動」，又稱「靈恩奮興運動」。
- 「**神召會**」：積極向世界各地傳教，並相信聖靈的洗禮，可用方言（咒語）見證。
- 「**靈恩會**」：注重聖靈恩賜過於聖靈本身，常以神醫靈現為證。

千禧宗 以《啟示錄》為依據，謂在基督復臨之前或緊隨其後，將會出現一千年的聖徒統治期間，稱為「千禧運動主義」。
- 「**基督復臨安息日會**」：1830年威廉·米勒創立於美國，自稱破解「聖經密碼」，強調世界末日將近，耶穌將再次復臨，而且要遵守安息日（星期五傍晚至星期六傍晚），沒有守安息日者將背離上帝，淪落異境。
- 「**普利茅斯兄弟會**」：1832年在英國普利茅斯建立。強調完全信仰修持和生活樸

素的千禧主義者，以《新約全書》為基礎，又稱「新約教會」。
- **「基督弟兄會」**：十八世紀由托瑪斯創立於美國。強調基督將再復臨，建立一個神權國治理一千年。採地方自治制度，牧師不授聖職。
- **「耶和華見證會」**：1872年由查理‧羅素創立於美國，又稱「守望台」。曾多次預言世界末日來臨的日期（但無一次應驗），否認三位一體真理論，並敵視正統教會，強調只有耶和華見證人才能活著度過世界末日浩劫。
- **「基督教拿撒勒人會」**：1895年由布勞基創立於美國洛杉磯。強調從聖靈裡釋放聖潔的經歷中來敬奉上帝，135位創始會友本著尊敬主耶穌基督，取名「拿撒勒人會」。總部在密蘇里州的堪薩斯城。
- **「基督教科學會」**：1879年由艾娣創立，總部在美國波士頓。其宗旨認為上帝是聖善的造物主，因此罪惡、疾病，只要符合神聖和諧的修持，均可得癒。該會認為恢復健康不需靠醫療禁忌用藥，只要堅定信仰便可百病不侵。另還自辦報紙《箴言報》。

團契 基督教跨派團體組織。
- **「基督教救世軍」**：1865年由布思創立於倫敦，宗旨為「以愛心代替槍砲」。他們沒有教會組織與儀式（洗禮及聖餐），純以上帝的使命「救世」為宗，是一個不屬於任何教派的團體。男女成員均著特種制服傳福音、講聖道，並常接濟貧窮國家。
- **「基督教青年會」**：1844年創立於倫敦的慈善團體，謀求增進青少年內在精神及福利與教育，是一個迅速擴張的世界性組織，簡稱「YMCA」。1877年再創立基督教女青年會，簡稱「YWCA」。
- **「世界基督協進會」**：1948年於荷蘭阿姆斯特丹成立，其主要任務是謀求基督的大團結，稱為「普世教會運動」。總部設在瑞士日內瓦，每年召開一次大會。

【小常識】 十字架的差異

天主教十字架上通常會有耶穌基督受難像，而基督教則禁止偶像崇拜，故僅以單純的十字架來代表耶穌的贖世精神。

天主教十字架：有聖像

基督教十字架：無聖像

> 【小常識】 洗禮（洗掉原罪）

天主教採「注水禮」，東正教採「浸水禮」，且皆一出生就要受洗；基督教前兩種洗禮通用，但不必一出生受洗，而是成年後才洗禮。

異宗 藉用基督之名，而非真正基督教派。自設經典及教義，和千禧宗被稱「異端教派」（冒牌基督教）。他們被指為思想偏差、論調惑惠、行為怪異的極端教化組織，更有人稱他們為「叛教徒」。正統基督教視異宗為其他宗教。

- 「摩門教——耶穌基督後期聖徒教會」：1830年由約瑟夫‧史密斯創立於美國，總部設在猶他州的鹽湖城。據說史密斯得到「天堂來的人物」送給他一些神聖資料，他編纂成一本經典，稱為「摩門經」；其主要內容講述耶穌在以色列建立最早的教會後，現在要在美洲建立一個更創新的教會，而史密斯正是這項神聖職務的使命者。該教特別強調傳教工作是最神聖的任務，教友要無償為教會服務兩年，並隨能力終生資助教會經濟。
- 「統一教——世界基督教統一神靈協會」：1954年由韓國的文鮮明創立，他自稱耶穌向他顯靈啟示，要他負起宣達一個彌賽亞式（上帝國度）的千禧年宗，並致力於世界神權的統一，故稱「統一教」。

> 【小常識】 基督教與猶太教的歧異點

基督教是猶太教演變而成，教義及信念相當接近。唯有猶太教非常強調嬰兒的割禮（猶太教徒教記），而基督教則非常強調洗禮（基督教教徒教記），因為雙方都非常堅持自己的禮儀，所以基督教沒有淪為猶太教的另一支派，而成為獨立的宗教。

第三節　台灣基督教派系會名

教會是耶穌的家，聖靈的殿，真理的磐石。教會的使命是將福音及耶穌基督的恩典普傳世人，使人更親近上帝。

基督長老會教徽

台灣基督長老教會 1865年英人馬雅各醫生在台南宣道，1872年加拿大馬偕博士在淡水宣教，該會歷經清代、日治時代及國民政府時期，歷史悠久且組織非常龐大，是全台灣第一大教會

團體。在教育方面，台南有長榮中學，淡水有淡江中學，並設有很多神學院。

教徽：以「焚而不毀」的精神，見證耶穌基督的恩典。

真耶穌教會 1917年由張靈生、張巴拿巴、魏保羅三人共同創立於中國山東（真耶穌教會三傑），台灣正式成立於1956年，總部設在台中。採「神政民主制度」，不設牧師。因早期投入山地的傳教工作，所以原住民信徒眾多（與長老教會及天主教號稱原住民三大教派）。特色：行洗腳禮、強調聖靈的充滿、禮拜日為星期六（守安息日）。

教會聚會所 1920年由倪柝聲創立於福州，是被公認「最具活力的本土教派」，也是僅次於長老教會的第二大派，又稱「召會」。

基督徒聚會 是一個獨立的牧會，在各地區佈道、傳福音。

浸信會 1836年由叔末士牧師創立於澳門，台灣最主要的事工組織來自「美南差會」，其特徵是全身浸洗禮。

浸信宣道會 十六世紀約翰‧史密斯創立於荷蘭。1946年郭雅閣牧師在中國西康、蘇玉真在四川宣教，1949年中國赤化後返回美國，1952年兩度來台，於「台灣心臟」之稱的埔里設立據點，並於斗六創設「浸宣神學院」，1960年遷校至雲林西螺。

浸禮聖經會 總部設在美國密蘇里州的春田市。1951年羅惠霖牧師在台創設「會幕堂」，由於該堂出了不少「名牧」而聞名遐邇。

門諾會 十六世紀慈運理創立於瑞士。1948年門諾會互助促進會社來台從事山地原住民醫療救濟工作，1955年海外宣道會宋大衛夫婦到台中成立聯會，在花蓮設有基督門諾醫院。

台灣循理會 1904年「北美差會」派安培生及蘇克福到上海宣教，1952年司崇德宣教士由香港來台宣牧，1954年由戴永冕牧師、石省三兄弟、汪養吾牧師等在高雄成立「基督教中華循理會」，屬貴格宗支派。

台灣貴格會 1646年由喬治‧福克斯創立，又稱「朋友會」。1887年美東貴格會差派宣教士到南京傳福音，1952年在台灣嘉義成立第一間貴格教會（稱為嘉義西門貴格會），1977年成立聯會，周青選擔任首牧。

貴格會會徽

基督教（新教）

國語禮拜堂 1945年范誦堯將軍來台接受日軍投降，眼見大陸來台外省教友日增，就與唐守謙、李鍾賢靜女士發起以國語傳道的教會，稱為「國語禮拜堂」。

靈糧堂 1954年香港牧師趙世光來台佈道後開始傳教，其特色為不屬於任何宗派，但又與任何宗派教會來往密切的教會。該堂教友人數逐年倍增，並深入社區服務。

靈糧堂會徽

崇真堂 1873年即已在台活動，是在客家鄉親地區傳揚福音的第一教會。

錫安堂 十九世紀末在美國芝加哥附近建立一個居民全是基督徒的城市，名為「錫安城」（耶路撒冷的古地名），其建立的教會取名「錫安堂」。1945年榮耀秀教士及林樂道教士到台灣木柵建立第一個會所。

台灣神的教會 1967年由羅傳金長老發起，不重宗派分別，致力研讀《聖經》及傳福音；後來陸續成立幾個組化教會，如「佳美堂」、「明志教會」、「新光教會」及「復興教會」等。

地方教會 1945年台灣光復時由一些大陸來台基督徒組成的，沒有宗派背景、純以聖靈引領及依據《聖經》教誨的教會。

基督之家 1969年由十四位同心弟兄提出「基督之家」的構想，以自傳、自養、自立為目標，並在寇世遠監督帶領下擴展教務。

信義會會徽

台灣信義會 1950年成立，現有六個總會。以馬丁路德的「因信稱義、賴恩得救」為宗旨，又稱「路德會」。

中國佈道會 1947年計志文牧師在上海創立。1948年沈保羅牧師在台中成立「思恩堂」，並設有福幼孤兒院。

中華基督教行道會 1885年一群來自瑞典的信義宗教徒在美國芝加哥創立，強調「行道不要聽道」。1890年馬德盛夫婦到中國湖北設立據點宣教，1952年由聶國華、榮日昇、裴爾森奉派來台佈道，目前全台有三十一個據點。

台灣宣道會 1887年由辛普森創立，以「世界差傳事工的先鋒」當成理想。1953年在台北創設分會，由香港劉福群牧師主持首屆的浸信禮。

新約教會 1963年江端霞創立於香港（又稱靈恩佈道團），台灣則由洪以利亞（洪三期）領導，據說得到上帝的啓示開拓了高雄甲仙錫安聖山，並與當權的蔣氏政府發生嚴重衝突，抗爭一直持續至今。

台灣聖教會 1905年成立遠東宣教會，以日本東京爲據點。1926年在台灣創立「台灣聖潔教會」，1950年由高進元牧師提出「台灣聖教會」之會名並設立台中神學院。

真道教會 1969年陳公展牧師以「神醫佈道會」開始建會，強調靈修。

四方教會 第一波聖靈復興醫治佈道運動下的產物，強調「把福音傳播到四方地極」，故稱「四方教會」。

中華聖潔會 1885年赫丁創立於瑞典，1890年開始在中國宣教。1953年克含芳及愛華珍來台灣新竹建立第一個據點，強調「從禱告中讓聖靈重生」。

中國神召會 1905年五旬節運動中查理‧巴翰發起，於1914年在美國阿肯色州溫泉城創立神召會，1915年在中國設立孤兒院及聖經學院，1948年在湖北武昌召開成立大會，大陸淪陷後遷至台灣設分會。

衛理公會 1738年衛斯理創立於英國。1847年美國美以美會的柯林斯及懷特到中國福州宣道，1930年中國軍事強人蔣介石於上海接受該會洗禮，轟動一時。1952年黃安素會督、聶樹德牧師及陳維屏牧師在台北自由之家成立台灣第一個據點，並先後創辦東海大學、東吳大學、中原大學、衛理女中等。

衛理公會會徽

便以利教會 「便以利」一名即《舊約聖經》中的雅各（以色列始祖）在角力比武中勝了天使的地方，隨後他將希伯來民族改稱爲「以色列人」，並成爲始祖。1913年李順在廣西梧州宣教，並到亞洲各地設立分會。1959年范恩溥牧師在台北木柵成立全台第一所教會，並在北縣萬里建立「榮恩中學」。便以利教會總部設在美國加州，在那裡也設有「華亞之聲社」服務華人。

基督復臨安息日會 1831年威廉‧米勒創立於美國，強調基督將重返世界（復臨）。1948年在台成立分會，設有三育基督神學院及台安醫院。

協同會 1890年戴德生在上海宣教，1951年五位協同會牧師從香港到台東佈道，並更

名為「福音協同會」。

聖公會 十五世紀英國清教徒乘五月花號至美洲新大陸，成立「聖公會」（又名安利甘教會）。1957年建立台灣聖公教堂，是唯一採主教制的基督教會。

聖公會會徽

基督喜信會 1946年黎齊爾牧師創立於加拿大。1953年艾理琛夫婦在台灣埔里設立佈道所拓展教務，稱「台灣喜信會」。其特色是以歌舞歡唱的方式來讚美主。

喜信會會徽

| 救贖 | 恩典 | 醫治 | 復活 |

? 【小常識】 神聖與邪惡的對立　十字架 vs 木樁　卍 vs 卐　五角星 vs 五芒星

- **十字架與木樁**　早在基督教創教之前，十字架（木樁）是代表懲罰犯人的邪惡刑具；然而當救世主耶穌為人類贖罪被釘在十字架後，十字架就成為神聖光輝的聖物。

- **卍與卐**　卍（右旋「萬」字）是佛教一個神聖榮耀的符號，代表吉祥永恆；然而納粹頭子希特勒將它反轉左旋45度，成為「卐」，此符號是第二次世界大戰期間最邪惡血腥的標誌（納粹原意為國家社會黨，在德文中「國家」與「社會」兩字都以S為首，兩個S交疊在一起便成為「卐」）。卍、卐均為佛教聖記。

- **五角星與五芒星**　五角星是象徵女神維納斯的柔愛與美麗，蘊含著「天人合一」之意；然而在黑魔法的符咒裡，卻將它倒轉180度，這尖端向下的五芒星，成為不折不扣的邪惡妖魔的徽章。

神聖　邪惡

第十八章
印度教

教義：永恆的真理

印度教寺廟

教徽

神聖的聲音「唵」，是一切曼荼羅的根源，表宇宙創始持續的能量。「3」代表創造（成）、保持（存）、破壞（滅）三位一體，「0」代表達到梵的境界。

起源 印度教源於古老雅利安民族的婆羅門教，在幾千年歷史交替及社會制度演變下形成了一個新的宗教體制，總稱「印度教」。

教主 印度教沒有教主，也無創始人和真正的起源年代，唯一確認的是它曾見證過古印度文明的興衰。

教義 永恆的真理，相信靈魂轉世及因果輪迴，追求修持及業報，終極目的為「解脫」。

印度教三大階段的主流信仰

梨俱吠陀時期 古印度時期

流行對自然的崇拜，稱為「吠陀教」。主神：因陀羅；三大神（風、太陽、火神）

婆羅門時期 佛教之前時期

行種姓制度，稱為「婆羅門教」。主神：三相神（創造、保持、破壞）

印度教時期 佛教之後時期

印度境內各宗派的統稱為「印度教」。分濕婆派、毗濕奴派、坦特羅派。

印度教

印度教與佛教主要神祇比較

神祇	印度教	佛教
創造神	梵天	大梵天
維護神	毗濕奴	羅摩延天
破壞神	濕婆	大自在天
雷神	因陀羅	帝釋天
太陽神	蘇利耶	日天
火神	阿耆尼	火天
水神	瓦如那	水天
風神	瓦憂	風天
死神	閻摩	焰摩天
智神	伽涅沙	歡喜天
金翅鳥	偈路荼	迦樓羅
命運女神	吉祥天	大功德天
智慧女神	辯才天	妙音天
恐怖女神	卡莉	時母
憤怒女神	杜爾嘉	難近母

【小常識】 世界各宗教的喪禮習俗

回教：一定要土葬，不能火葬

祆教：鳥葬，不能火葬

喇嘛教：天葬，不能水葬

印度教：一定要火葬，不能土葬

摩尼教：裸葬，不能著衣葬

埃及法老：乾葬，不能埋葬

印度教的三大主神及其他重要神祇，在佛教裡卻變為地位不高的護法神（稱為二十諸天神），這也是佛教源於婆羅門教但卻不流行於印度教的主要原因。藏傳佛教（密宗）則是介於佛教與印度教之間的融合教派。

印度教四大種姓制度

又稱「四大階級」，種姓制度雖然存有嚴重的種族歧視及不平等的社會待遇（四姓絕不通婚或共食），但能為印度教教徒所接受。因為他們相信「因果輪迴」，所以出生貴賤，乃是一種自然定律法則，唯有修業才能得到解脫。

婆羅門（祭司）
接受布施
（最高階級／表思考）

剎帝利（貴族、武士）
執行政策
（高階級／表保護）

吠舍（農民、商販）
繳稅供養
（中階級／表維生）

首陀羅（勞工、賤民）
勞動奴隸
（低階級／表服務）

印度教的四行期

是生活的四大階段（理想歷程）

吠陀經（神靈知識）

「吠陀」意為神靈知識，分天啟聖典、傳承聖書兩大類。

期間	行期	歷程
成年	梵行期	學習
中年	家居期	供養
晚年	林棲期	求悟
老年	隱遁期	解脫

★ 印度教徒有各自崇拜的神，且認為神會以各種方式示現，故要尋求自己的示現教理神。

一 天啟聖典——所聞（口耳相傳）

1. **吠陀本集** 神的歌頌祭文彙集。
   - 四吠陀經
     - **梨俱吠陀** 請神時的讚歌（公認最古老的經典）
     - **娑摩吠陀** 祭典時歌詠者使用
     - **耶柔吠陀** 獻祭中祭司所用
     - **阿闥婆吠陀** 消災降福咒文用

2. **梵書** 強調祭祀的起源方法，又分三大類：儀規、釋義、極意。

3. **森林書** 阿蘭若書：強調祭儀的思辨方法。

4. **奧義書** 吠檀多：印度最早的哲學典籍，「吠檀多」表最終的吠陀。

二 傳承聖書——所憶（文傳啟示）

- 四大傳承聖書
  - **律法書** 宗教及道德的法律書（最重要與最著名是摩奴法）
  - **敘事詩** 包含兩篇著名英雄史詩
  - **往世書** 神話傳說故事
  - **哲學書** 古典哲學著作

★〈摩訶婆羅多〉是印度最偉大的史詩，其中包括最重要的〈薄伽梵歌〉，又稱「神之歌」，以及〈羅摩衍那〉。

吠陀經

第一節　印度教的哲學思想

印度教從早期的《四吠陀》到《奧義書》，至近代的六派宗教，都對人生採取否定捨離的態度。他們認為世界一切皆為虛幻痛苦，人類由於無明的啟動陷入假象的貪欲迷妄中，以致苦不堪言。唯有看破紅塵去除無明、跳出輪迴，歸向「梵我一體」的解脫境地，才算得到「永恆之法」，故印度教徒藉由冥想修行或祭拜儀軌來求得「梵境」。

印度教六大哲學教派

1. **正理教派**　強調人類知識本質
2. **勝論教派**　強調如何實現本質
3. **數論教派**　強調精神的氣及質
4. **瑜伽教派**　缽顛捨梨創立，強調靈魂與精神梵思合一
5. **彌曼薩教派**　前審察教派，強調信仰祭儀的行為儀式
6. **吠檀多教派**　最大的主流教派，以「奧義書」為基礎的教派，又分三大學論派，各具影響力。

三大學論派

- 「不二論」　商羯羅創立，強調只有一個絕對實體，稱「梵」
- 「制限不二論」　羅摩奴闍創立，強調靈魂控制體，而梵控制兩者
- 「兩元論」　摩德婆創立，強調靈與體兩元素互相倚賴

六派比較　印度六大教派雖對「四吠陀」見解與詮釋各有不同，包括一元論、兩元論、多元論之爭及對超神論、泛神論、無神論之辯，但之間能有許多基本共同點，諸如世界是虛妄的、人有輪迴之苦、需嚴守儀規修行才能得到解脫，其中各教派最大的特色是絕對堅持種姓制度。

印度人想像的宇宙觀

太陽及月亮繞著山旋轉，烏龜為地基，大象扛著地球，而一條巨蛇圍繞守護著宇宙大地。

> **【小常識】　印度教的聖物**
>
> 印度聖牛　被聯想為濕婆的坐騎，神聖不可侵犯。禁宰食，享有崇高特權。
>
> 印度國鳥　孔雀是戰神卡爾提柯亞的坐騎，其高貴優雅的氣度讓印度人相當崇敬喜愛。
>
> 佛教源於印度卻不流行的原因　佛教是世界三大宗教之一，起源於印度，但卻不流行於印度，最主要的原因是「種姓制度」。佛教認為人類一律平等，印度教認為人有貴賤之分（此乃因果業報自然法則）。

聖牛

孔雀

第二節　印度教三大階段的主流信仰

一 吠陀教時期的主要神祇

古印度時期　強調自然的崇拜

西元前2000年，雅利安民族帶著自己的宗教信仰及神祇（主要是祈求降福及賜牛），遷徙到印度西北部，奉吠陀聖典為要義，重視祭祀。

主神　因陀羅／帝釋天

古印度吠陀教眾神之王，是當時世界的「天帝」，也是梨俱吠陀經中的主宰。騎坐一頭大象，操縱著風暴雷電，又稱「雷霆之神」。

★在佛教裡被稱為「帝釋天」。為聖山須彌山忉利天眾神之王。專司保護佛祖，四大天王（四大金剛）為其手下部將。

因陀羅（帝釋天）

印度教

吠陀教三尊神

- **火神　阿耆尼／火天**

  在古印度，阿耆尼（火神）是一位重要的大神，負責將人類的供品送往天上；是天界與人間的橋樑，被稱為祭壇之神。在《吠陀經》偈頌中，其地位僅次於因陀羅（帝釋天），象徵正法光明、燃盡心垢煩惱。騎坐一隻寶羊，在佛教中稱為「火天」。

  阿耆尼

- **太陽神　蘇利耶／日天**

  蘇利耶乘坐著七頭馬所拉的戰車，飛翔於天空中；象徵戰勝黑暗、迎向光明。是現代印度教中唯一被崇敬的吠陀神祇，在佛教中被稱為「日天」，又可稱為「日宮天子」。

  蘇利耶

- **風神　瓦憂（魯陀羅）／風天**

  風大神賜給人們名譽與福滿，並能將憂愁畏懼隨風帶走。在佛教中稱為風天，與日天、火天合稱「吠陀三尊神」。

  瓦憂

吠陀教的自然神

- **水神　婆樓那／水天**

  騎坐鱷魚，亦是司法之神。

  婆樓那

- **死神　閻摩／焰摩天**

  掌管地域的主神，中國人稱他為閻羅王。

  閻摩

- **戰神　卡爾提柯亞**

  他是多頭神童，又名賽建陀，專門打擊邪惡勢力。騎坐孔雀（印度國鳥），被稱為「孔雀戰神」，是天國軍團的統帥（在佛教被附會成護法神韋馱天）。

  卡爾提柯亞

二 婆羅門教時期的主要神祇

佛教之前時期 強調聖祭禮儀

四大種姓制度之首的婆羅門（祭司），是宗教信仰的靈魂人物。

主神 夏莎克提／三相神

婆羅門教三位一體的全能上帝是由大梵天、毗濕奴、濕婆三位所組成至高無上的三相神，代表：

「**創造**」——即「成」　「**維護**」——即「存」　「**破壞**」——即「滅」

★三相神是宇宙的主宰

夏莎克提

婆羅門教的三相神

宇宙創造之神 梵天／大梵天　妻子：智慧女神——辯才天

坐騎：天鵝

「梵」代表清淨離欲，是不生不滅、無所不在的最高實體。梵天是宇宙的主宰，創世主及三相神之首；他創造了宇宙萬物，但同時也創造了災難、邪惡及瘟疫，可惜他無收伏的能力，所以成了萬惡的罪魁禍首，權威大減、神格劇降。全印度境內只有一間奉祀他的廟宇，更顯出他的沒落。

★在佛教裡稱為「大梵天」，曾幫佛陀說法（梵天說教）。全世界目前對梵天最信仰的地區僅存泰國，在當地被稱為「四面佛」，且香火鼎盛。

梵天

宇宙維護之神 毗濕奴　妻子：吉祥天　坐騎：金翅鳥

毗濕奴（羅摩延天）穿梭在宇宙時空中，具保護與回生的力量，使得他九次降臨人間（九種化身）；其中最受歡迎的化身為羅摩延天和克利希納（黑面王），以及未來世界毀滅時的救世主迦爾基（第十種化身）。他手持四樣寶物：太陽輪（表生命）、鎚矛（表自然力量）、蓮花（表清淨）、法螺（表宇宙第一個聖音「唵」）。

毗濕奴

宇宙破壞之神 濕婆／大自在天　妻子：雪山女神——帕瓦帝、恐怖女神——卡莉、

憤怒女神——杜爾嘉　坐騎：聖牛南蒂

濕婆是位恐怖且複雜的神，他具有極大的破壞力，可把宇宙毀滅掉。他的

115

印度教

第三隻眼能透視一切並將其化成灰燼，手持象徵毀滅的骷顱棒及一支代表永恆的三叉戟。他雖然能將萬物毀滅，但也是幻象世界中生物存活的原動力。他能釋出永恆的能量、解放靈魂，被認為就是創造生命的泉源，受印度人又尊敬又懼畏的神。

濕婆

三 印度教時期的主要信仰

佛教之後的時期 強調永恆之法

目前印度教的信仰主要分為三大教派：毗濕教派、濕婆派、坦特羅派（性力派）。

❶ 毗濕奴教派

信徒在額頭上畫有紅、黃、白三色縱線為標記，手持用木頭做成的108顆數珠（與佛教相同）。十二世紀由羅摩奴闍創立。奉毗濕奴為最高神祇，另外還崇拜他的妻子吉祥天，及他的九種化身和「未來化身」救世主迦爾基共十種。信徒實施苦行和禁食，認為透過默念神名和修瑜伽可獲得解脫。此派是印度勢力最強大的教團。

毗濕奴教派

毗濕奴教派徽

太陽輪記
代表宇宙的運轉及生命的起源

❷ 濕婆教派

信徒在額頭上畫有三條白色橫線為標誌，手持用堅果做成的菱形32顆數珠（表絕對信仰）。奉濕婆為最高神祇，另外也崇拜他的妻子帕瓦帝（雪山女神）及其子伽涅沙（象神），和各大守護神。濕婆是眾生的毀滅者，又是再生者；他是苦行禁慾的模範，又是歡樂縱慾的神靈。他集合了毀滅與再生的永恆元素，常律動出宇宙自然能量，稱為「那吒羅闍之舞」。象徵宇宙永恆榮耀的原動力，頭結辮髮盤成新月，恆河之水自頭頂源流而出。

濕婆教派

濕婆的死亡之舞

濕婆教派徽

三叉戟標
代表宇宙的永恆（創造、維護、毀滅）

③ 坦特羅教派（性力派）

最初是代表濕婆再生的原動力之生殖器的崇拜，供奉神像的地方稱為「胎房」，男性生殖器稱「靈伽」，女性生殖器稱為「優尼」。近代慢慢形成對戴維女神（宇宙之母）的崇拜，並大倡經由二性的同修交媾結合是密法中最高上乘的坦特羅，全名為「坦特羅瑜伽密法」，具有快速達到修持悟道的捷徑。性力派的崇拜發展，導致放蕩淫穢之歪風，被稱為「宗教的墮落」，因此被印度政府禁止，故現今不敢公開傳教，走入地下化密派組織。

靈伽（男）　優尼（女）

戴維女神

第三節　印度教的聖母

梵天的妻子　**智慧女神**　辯才天／妙音天

相傳她發明創造了「梵文」。她具有增益延壽息災的福德之神，在中國稱為「妙音天」，在日本被稱為「弁才天」，是掌學問財富的女神。

辯才天

毗濕奴的妻子　**命運女神**　吉祥天／大功德天

她是宇宙之母，又稱「摩訶室利」。她充滿優雅的氣質和魅力，手持蓮花象徵繁榮昌盛，深受婦女的崇敬。每年秋季有「排燈節」盛宴祭祀她。

吉祥天

薩滿教（極端的印度新教派）

印度教的支流新教派，「薩滿」意為通靈的男女。教徒透過催眠冥想讓神靈附體產生超自然力量（巫術），藉由念咒起乩幫人驅鬼、治病祛災。薩滿教以濕婆眾配偶中最恐怖駭人的卡莉為奉祀主神。

教徒特徵　一頭直長的亂髮、骯髒塗黑的臉及伸長的舌頭，更極端的教徒甚至以火葬場為修行聖地，視骨灰為聖物塗抹全身，奉祭時會大量的宰殺牲畜（稱為血祭）祭拜卡莉時母。

卡莉（恐怖女神）

117

濕婆的三個妻子

雪山女神 帕瓦蒂

在濕婆三個配偶中,她是最謙遜溫和且仁慈的一位,深受印度教徒崇敬。她的兒子象頭神伽涅沙(知識之神,又稱歡喜天或聖天),是印度人氣最旺的神。

恐怖女神 卡莉／時母

卡莉長相駭人、個性狂野粗暴,常做出一些令人毛骨悚然的事。但她卻受到熱烈的崇拜,也是坦特羅性力派的主神、薩滿教的示現本尊神。

憤怒女神 杜爾嘉／難近母

她擁有八隻手,各持著寶物:火神阿耆尼的標槍、濕婆的三叉戟、毗濕奴的鐵盤,騎坐在獅虎身上,以義憤及猛勁馴服了威脅世界安定的牛魔。

第四節　印度教的動物神祇

象神(知識之神) 伽涅沙／聖天

印度教眾神中最受愛戴的超偶像神,具消除障礙、賜予幸福及智慧的神,深受學者或商業人士的敬崇。他是濕婆與帕瓦蒂的兒子,坐騎為蒙鼠(表才智),中國人稱他為歡喜天或聖天。

猴神(守護神) 哈奴曼

他曾幫助過羅摩(毗濕奴的九種化身之一)打敗斯里蘭卡的魔王拉瓦那,其忠貞英勇的表現深受人民的敬仰。現今印度廟宇入口前均有他的塑像(表避邪鎮煞)。

蛇神(護法神) 那卡

他經常被表現成傘蓋,專門保護不同時代的

拯救者（即護法蛇王）。他雖為蛇體，但卻溫和且善良。印度人視蛇為靈物，加以尊敬及崇拜的主因於此。

金翅鳥 揭路荼／迦樓羅

毗濕奴的坐騎，飛翔於天際間。中國道教稱他為「雷震子」，專司雷電風雨。

恆河女神 恆伽

濕婆的髮根化為恆河的支流，故被印度人視為聖河。恆伽是守護此河的女神，深受人們崇敬。

迦樓羅

恆伽（恆河女神）

第五節　印度教與伊斯蘭教的差異

【印度教】（折衷多元的教派）

創始人	無創始人及教主
神祇	有數不盡的神祇（包括動物）
禮儀	膜拜崇敬各種自然之神
經典	吠陀經（世界最早的經典）
祭壇	廟宇呈三面封閉狀
堂內	廟宇堂內漆黑如夜
祭禮	修行時愈髒愈表虔誠
教規	視叛教為一大惡罪
葬禮	死後一定要火葬（骨灰放流恆河）
禁忌	禁吃牛肉（因為牛很神聖）

【伊斯蘭教】（大一統的教派）

創始人	創始人穆罕默德
神祇	阿拉是唯一真神
禮儀	禁止偶像崇拜
經典	古蘭經
祭壇	寺院呈四面敞開型
堂內	寺院堂內潔淨明亮
祭禮	朝拜時必先洗淨全身
教規	對改信回教的異教徒大加讚揚
葬禮	死後一定要土葬（墓碑面朝麥加）
禁忌	禁吃豬肉（因為豬不潔）

第十九章

耆那教

教義：安詳解脫

印度加爾各答西達姆巴爾廟

起源 「耆那」意為追隨勝者，發源於印度東北部，幾乎與佛教同期。信眾篤信道德律之因果，不信上帝能夠赦罪，須靠自己尋求解脫。

教徽

安詳之手（表戒殺）

創始者 筏馱摩那

信念 禁欲（梵行）、戒殺（吃素）、苦修（解脫）。

教法 偏於印度教與佛教之間，承認種姓制度但排斥吠陀，主張完全苦行、戒殺生，禁止祭祀，強調淨化靈魂。

聖典 儀軌經（記載著二十四位祖師大雄生平事蹟）。

教主 勝者大雄祖師摩訶毘盧。他生於西元前527年，與佛陀同時代，30歲出家，苦修十二年證悟成為勝者。

勝者大雄

摩訶毘盧

神像特徵
1. 裸體
2. 胸前有菱形「成就輪」標誌，代表<u>五種無上聖者</u>及耆那教<u>四大要義</u>。

胸前菱形標記

五種無上聖者：勝者祖師、大成就者、教團領袖、經典教師、苦行僧，合稱「五大皈依」。

四大要義：正知、正信、正行、正悔。

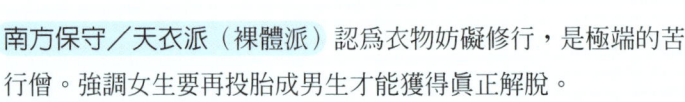

苦行僧

耆那教兩大教派
- **南方保守／天衣派（裸體派）** 認為衣物妨礙修行，是極端的苦行僧。強調女生要再投胎成男生才能獲得真正解脫。
- **北方開放／白衣派** 強調不殺生（素食）。特徵：著白衣，戴口罩，手持小掃帚、一根棒子、一個鉢、一部經。

天衣派

北方白衣派教徒的特徵

- 口罩（避免吸入生物）
- 掃帚（避壓死木蟲）
- 棒子（象徵力行）
- 經典抄本（隨時翻閱）
- 赤足（接觸自然）
- 鉢（乞食容器）

五大戒律

安詳解脫 讓靈魂從物質的束縛中解脫而出，如鏤空的聖影。

五大戒律		
1	非暴力	（不殺生、吃素）
2	誠實語	（禁口業）
3	不偷盜	（善行）
4	純潔行	（不邪淫、梵行）
5	不執著	（解心靈）

安詳解脫聖牌

第二十章

錫克教（古魯教）

教義：敬仰祖師

教徽

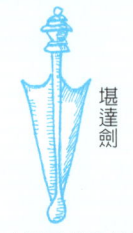

堪達劍輪，卡爾沙教團徽章，中間刃代表信仰獨一真神「祖師」，雙邊圓輪刃代表精神和世俗兩種力量。此劍非武器，而是調和聖品。

堪達劍

阿姆利則金廟

起源 「錫克」意為弟子，是在世間傳播神意的媒介。信仰「真祖師」又稱古魯，故別名為「古魯教」。十五世紀發源於印度北方。

信念 反對崇拜偶像，信仰獨一真神「真祖師」（永恆的上師），相信輪迴說。

教主 元祖那納克，生於西元1469年，十二歲結婚，是位誠實盡責的會計師；三十歲在貝茵河沐浴時聽到神的呼喚並賜飲甘露水，三天後從河中返回世間，開始宣揚神的教義而創立錫克教；死後由門徒接任其職，延續其志，先後共有十祖，總稱「錫克教十大祖師」。

特徵：身著黃金袍（表貴氣），頭戴冠形帽（放光芒），半闔眼（表冥思），白色長鬚（表非凡），頸掛聖鍊（念珠），手掌及腳掌有特殊聖記。

那納克

腳掌聖記

聖典 本初經／《古魯經》

聖地 阿姆利則湖的「金廟」（安奉著聖典《古魯經》），是政治及宗教中心。

卡爾沙教團 此教團是由末代祖師哥賓德·辛格（即十祖）創立於1699年，他宣稱以後「卡爾沙教團」就是祖師，祖師亦是卡爾沙，因此祖師傳到第十代即結束，而由「教團」來代表神聖

哥賓德·辛格

的祖師，具權威及規範的象徵。

卡爾沙教團的特徵 通稱「五K」，代表五種戒律：

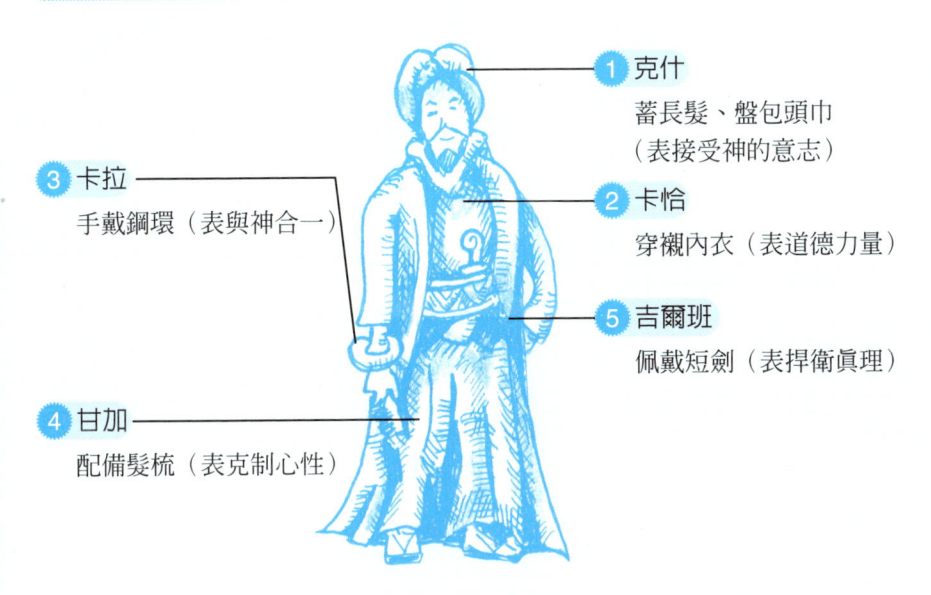

1 克什
蓄長髮、盤包頭巾
（表接受神的意志）

2 卡恰
穿襯內衣（表道德力量）

3 卡拉
手戴鋼環（表與神合一）

5 吉爾班
佩戴短劍（表捍衛眞理）

4 甘加
配備髮梳（表克制心性）

★ 錫克教徒不斷的向印度政府爭取更多的自主權，希望有朝一日能建立一個「卡利斯坦」的獨立錫克教國家。

紅頭阿三 民國初年僑居上海市租界區的印度巡捕房（紅頭阿三亦稱「印度紅阿三」），廣東人稱爲「包頭星」，大部分均是信奉祖師的錫克教徒。

教團徽章

紅頭阿三

錫克教五大教理
1 信奉獨一眞神（眞祖師）
2 主張平等（反對種性制與歧視婦女）
3 業報輪迴（唯修才能解脫）
4 尊榮祖師（奉其爲神的使者）
5 反對祭祀（禁止偶像崇拜）

第二十一章

佛教

教義：諸惡莫作，眾善奉行，自淨其意

起源 西元前六世紀，悉達多太子（釋迦牟尼）有鑑於人們對生、老、病、死的境遇，內心充滿強烈的感觸，決定創設新教，讓世俗凡人不分性別、種族貴賤，均可獲得解脫之道；於是自淨修行，獲得無上正智，悟得無上正覺，創立佛教。

佛教寺院

佛教形成的背景 在佛教未成立之前，古印度全是婆羅門教的信仰。他們把人種區分為四等級（即四姓），由於嚴格的種姓階級制度之分，最高階級的婆羅門族獨攬特權，到處專橫跋扈，逐漸激起人民的不滿與抗拒，促使「眾生平等」為訴求的佛教大加盛行流傳。註：種姓制度請參見第十八章印度教介紹。

教徽

法輪
佛教標記，亦是印度國徽，象徵佛陀說法的真理如同圓輪，傳承轉動不停，表佛法延續不斷。

佛教經典 大藏經

大藏經是佛陀的基本教法由「經」、「律」、「論」組成，又稱「三藏經」。

三藏
- 經（教義）修行的法門
- 律（戒律）止惡的規律
- 論（理論）佛說的教法

教主 佛教創始人釋迦牟尼（「釋迦」意為釋迦族，「牟尼」意為聖人），姓喬達摩，名悉達多，梵語：瞿曇，德號：大雄（佛殿通稱大雄寶殿）。

- 誕　　生：西元前565年（時值中國東周戰國時代，與聖人孔子幾乎同期）。
- 生　　日：農曆四月八日稱「佛誕日」或「浴佛節」，東南亞國家稱「潑水節」。
- 出生地：古印度（天竺）加毘羅衛國，父親為淨飯王，母親為摩耶夫人。
- 成　　長：

1歲 出生時手指天地，口道：「天上天下唯我獨尊」。其母摩耶夫人生他七日後即去世

7歲 學習四吠陀、五因明（婆羅門教的教義）

12歲 習武騎射，聰慧慈祥

17歲 娶耶舒塔拉為妻，生下獨子羅睺羅（後來成為小沙彌始祖，世尊十大弟子之一）

20歲 有感於生老病死的苦障，企圖找到精神上的解脫

29歲 決定出家修行悟道

35歲 經歷六年的苦修無果，於是在菩提樹下凝神靜慮，立誓「不成正覺，誓不起座」，終於觀見三世寶相、洞察三世因果，獲得無上正智，成就無上正覺；成道後於鹿野苑開始弘法（初轉法輪），爾後到竹林精舍（寺院之始）及祇樹給孤獨園（祇園）傳教，初步奠定佛學三寶（佛、法、僧），弟子日益增多

79歲 於毘舍離城向弟子做最後一次弘法，史稱「四大開示」

80歲 於拘尸那迦羅的娑羅雙樹下涅槃

佛陀的十大稱號						
1	如來	如實之道，來成正覺	6	世間解	明達世間一切事相
2	應供	應受天人供養	7	無上士	一切眾生最上尊者
3	正遍知	正解諸法，全覺全知	8	調御丈夫	調教十方，度化大眾
4	明行足	具足三明，超脫三界	9	天人師	教化天神人眾的導師
5	善逝	修成極果，證入涅槃	10	世尊	世所最尊崇的覺者

第一節　釋迦牟尼佛

世尊八相示現　佛教將世尊的一生分成八個階段，統稱「八相示現」，充滿著濃厚的神異色彩，完全將世尊神格化、偶像化，可見後人想像力之天真、創造力之豐富。

1 下天
佛陀乘白象由兜率天降於凡間

2 入胎
從摩耶夫人右脅入胎

3 住胎
在母胎內接受大梵天王的說法

4 出胎
四月八日生（浴佛節）

5 出家
二月初八出家日，騎馬踰城出家

6 成道（降魔）
十二月初八佛成道日，寺院此天供臘八粥

7 轉法輪
初轉法輪，解說佛法

8 入滅
二月十五涅槃日，於娑羅雙樹下涅槃

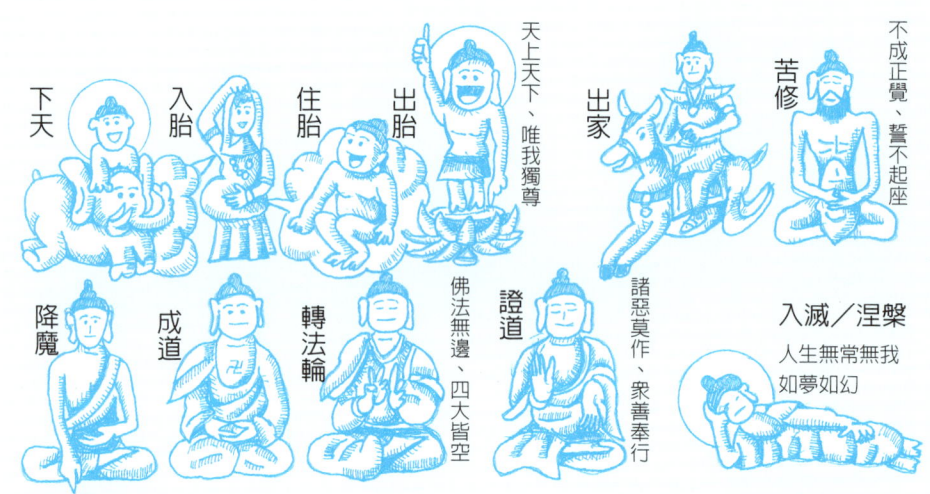

下天／入胎／住胎／出胎　天上天下、唯我獨尊／出家　諸惡莫作、眾善奉行／苦修　不成正覺、誓不起座
降魔／成道／轉法輪　佛法無邊、四大皆空／證道／入滅／涅槃　人生無常無我如夢如幻

佛教四大聖地
① 迦毘羅衛城（尼泊爾）──佛陀的誕生之地
② 菩提伽耶城──佛陀的成道之處
③ 波羅奈斯（鹿野苑）──佛陀初轉法輪之地
④ 拘尸那揭羅城──佛陀涅槃之處

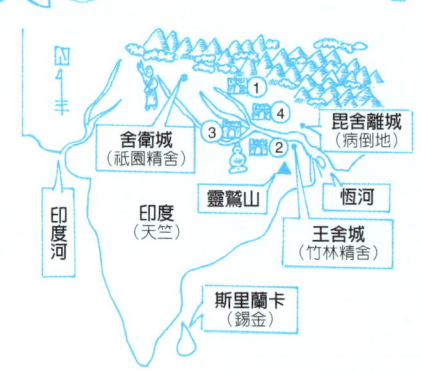

地圖標示：① 舍衛城（祇園精舍）、② 靈鷲山、③、④ 毘舍離城（病倒地）、恆河、王舍城（竹林精舍）、印度河、印度（天竺）、斯里蘭卡（錫金）

佛教四大遺訓（開示） 世尊於毘舍離城向弟子做最後一次弘法時有四大指示，亦稱「四大遺言」或「四大開示」。隨後即前往拘尸那迦羅的娑羅雙樹下涅槃。

1. **以戒為師**：守佛規，奉戒律為師。
2. **以四念處為安住**：「念」即能觀智慧，「處」即所觀境界。
   四念處：觀身不淨、觀受是苦、觀心無常、觀法無我。
3. **惡性比丘默擯**：對不守法的比丘（僧侶）忍辱默然不理。
4. **經典前冠以「如是我聞」使人證信**：在一切佛經起頭加句詞語「如是我聞」表示佛說，讓人證信。

八大佛塔 佛陀涅槃的象徵物，代表解脫迷惑、徹底覺悟。

世尊80歲於拘尸那迦羅的娑羅雙樹下涅槃，聖體火化後留下舍利子八斛四斗及二顆佛牙，分別安放在八個佛陀重要的業蹟紀念塔內。

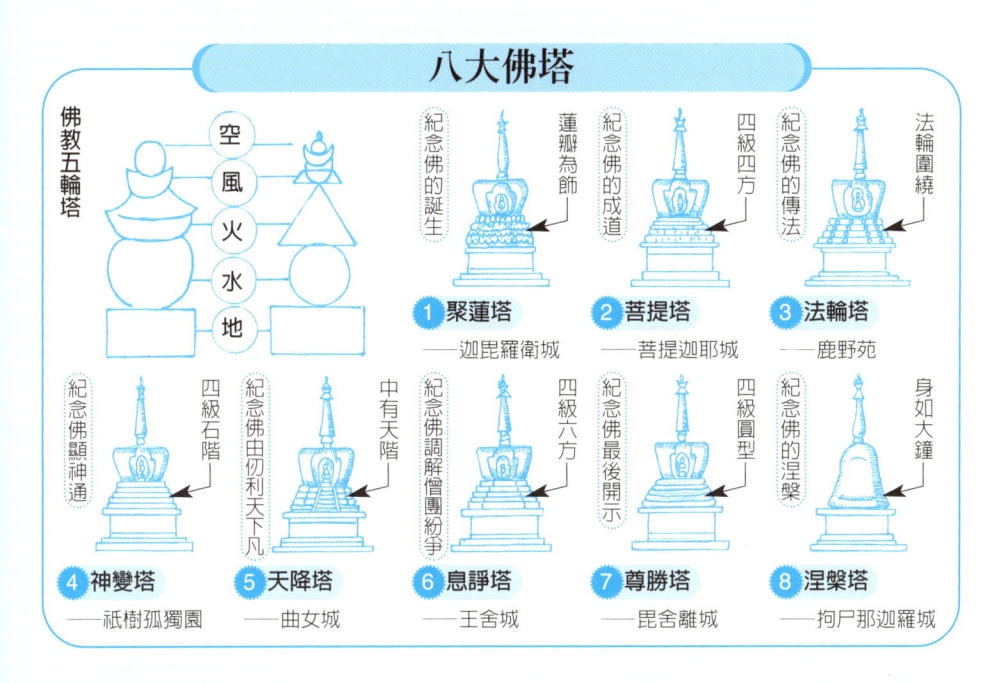

八大佛塔

佛教五輪塔：空、風、火、水、地

① **聚蓮塔**　──迦毘羅衛城
蓮瓣為飾　紀念佛的誕生

② **菩提塔**　──菩提迦耶城
四級四方　紀念佛的成道

③ **法輪塔**　──鹿野苑
法輪圍繞　紀念佛的傳法

④ **神變塔**　──祇樹孤獨園
四級石階　紀念佛顯神通

⑤ **天降塔**　──曲女城
中有天階　紀念佛由忉利天下凡

⑥ **息諍塔**　──王舍城
四級六方　紀念佛調解僧團紛爭

⑦ **尊勝塔**　──毘舍離城
四級圓型　紀念佛最後開示

⑧ **涅槃塔**　──拘尸那迦羅城
身如大鐘　紀念佛的涅槃

結集（結合集成） 世尊滅度後數月，諸弟子恐有異見邪說混亂佛法，遂有僧團主張集眾編彙佛語、集成經典以流傳後世之議，開始將經、律、論三藏集彙，史稱「結集」。前後共有四次，約距四百年。

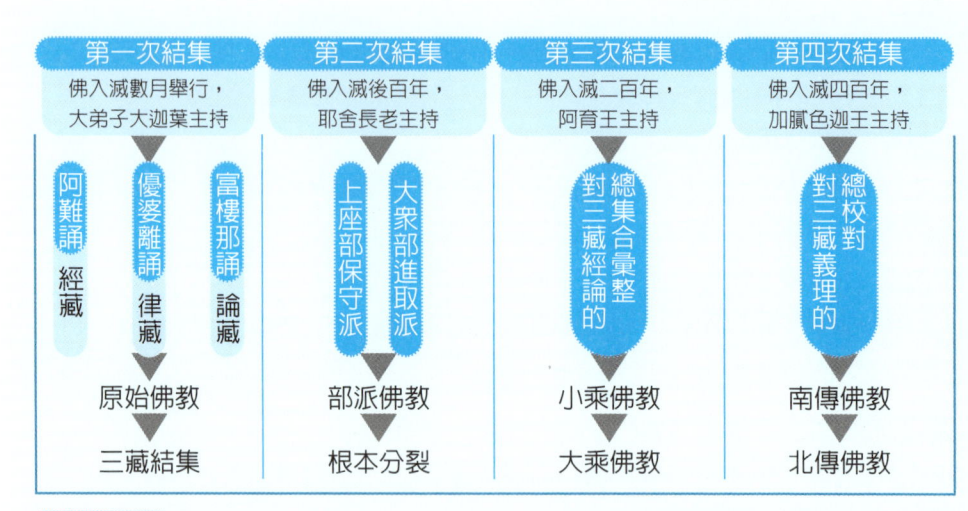

第一次結集	第二次結集	第三次結集	第四次結集
佛入滅數月舉行，大弟子大迦葉主持	佛入滅後百年，耶舍長老主持	佛入滅二百年，阿育王主持	佛入滅四百年，加膩色迦王主持
阿難誦 經藏 / 優婆離誦 律藏 / 富樓那誦 論藏	上座部保守派 / 大眾部進取派	總集合彙整對三藏經論的	總校對對三藏義理的
↓ 原始佛教 ↓ 三藏結集	↓ 部派佛教 ↓ 根本分裂	↓ 小乘佛教 ↓ 大乘佛教	↓ 南傳佛教 ↓ 北傳佛教

第一次結集：世尊滅度後數月，由大弟子大迦葉於王舍城外的畢鉢羅窟內主持。由多聞第一的阿難誦經藏（經為修行的法門），由持律第一的優婆離誦律藏（律為止惡修善的規律），由說法第一的富樓那誦論藏（論為對佛說的理論）。第一次結集亦可稱「三藏結集」（原始佛教期）。

第二次結集：世尊入滅後百年，年輕比丘苦於戒律太嚴格、不利於吸收更多的信徒，倡議重訂。由長老耶舍邀請大比丘七百人於毗舍離城重堪律文，結果由年高德劭的「上座部保守派」獲勝，否定從寬之議，仍要恪遵世尊遺制。於是年輕且人數眾多想改革的僧侶，自成「大眾部進取派」。第二次結集又稱「七百結集」，此次結集由「原始佛教」進入「部派佛教」。

第三次結集：佛入滅後二百年，孔雀王朝阿育王篤信佛教，他認識到「政治版圖以武力征服是有侷限的，唯有宗教才能懾服人心」，於是大興佛法、頒刻詔令。由國師目犍連子帝須長老為首，選出精通三藏之比丘千人，集於波吒利佛城整集正法，史稱「第三次結集」（對經論的總彙集）。

第四次結集：佛入滅後四百年，犍陀羅國加膩色迦王崇信佛教，極力弘法，招集大德尊者五百人從事三藏註釋、解研義理，與之前專門彙集佛陀遺教明顯不同。此即有名的「毗婆娑論」。

古印度沒有紙，故佛陀說教沒有文字記錄，全憑弟子口耳相傳，很容易把自己的觀想融入其中，所以因人而異、會意不同，教義差別甚大，故第四次結集，可說是對「三藏經典的總校對」。

```
原始佛教 → 部派佛教 → 上座部保守派（年長長老組成） → 小乘佛教（世間佛教） → 南傳佛教（泰國、緬甸、錫蘭）
                    → 大眾部進取派（年輕僧侶組成） → 大乘佛教（人間佛教） → 北傳佛教（中國、日本、韓國）
```

★「根本分裂」：因長老與年輕僧侶思想各異、意見分歧，產生「根本分裂」。

【小常識】 宗教異象與宗教表象？

釋迦牟尼佛誕生的神奇異象

古印度加毗羅衛國喬達摩‧悉達多太子在藍毗尼花園，從母親摩耶夫人的右脅腋下出生，一生下來就向地面走七步，並冒出七朵蓮花，一手指天，一手指地，說道：「天上天下，唯我獨尊」，頓時雙龍臨空吐水幫其沐浴，百花齊放，眾鳥合鳴。可謂動物聚拜的宗教異象（假象）。

天上天下唯我獨尊

宗教表象

古印度百姓分為四階級：① **婆羅門**（祭司），代表人的「頭部」；② **剎帝利**（貴族），代表人的「肩膀」；③ **吠舍**（平民），代表人的「腹部」；④ **首陀羅**（奴隸），代表人的「腳底」。而世尊為太子，屬剎帝利階級，故會以從右脅腋降生代表其身分，如果他是首陀羅（奴隸）等級，後人一定會把他描寫成從腳底下出生，以示其身分。

【釋迦牟尼與耶穌基督誕生時的異象比較】

人物	釋迦牟尼佛（佛陀）	耶穌基督（救世主）
父親	淨飯王（加毗羅衛王國國王）	（養父）木匠約瑟夫
母親	摩耶王夫人	聖母馬利亞
入胎	夢見六牙白象直衝腹中懷胎	天使報佳音，由聖靈懷胎
出生地	加毗羅衛城	伯利恆
出生處	藍毗尼花園	馬槽
出生後	舉國狂歡同慶	躲避希律王的追殺
生日花	波羅蜜（無憂樹）	百合花（表純淨之心）
顯耀	雙龍吐水為其沐浴	白鴿顯現，榮光照耀
異象	百花齊放、眾鳥和鳴	帝王之星出現天際
祝賀	各地動物前來祝福	牧羊人及東方三博士探訪
贈言	天上天下，唯我獨尊	天上有榮光，世人有恩寵
得道	出家傳道（普渡眾生）	洗禮傳教（救恩世人）
敵人	夜叉羅剎（被世尊降服）	撒旦（與耶穌基督對立）

第二節　佛陀十大弟子

十大弟子為釋尊直接親傳的嫡系弟子，他們都親耳聽聞佛陀的言教，而成為「聲聞覺悟者」，並證得阿羅漢果（小乘佛教修法最高果位，即永不再墮入輪迴之苦）。十大弟子中有六位是婆羅門（最高階），三位剎帝利（貴族），一位為首陀羅（奴隸）。

【十大弟子】

行法	弟子	意表	種姓	備註
頭陀第一	大迦葉	飲光	婆羅門	釋尊十大弟子之首（專門乞窮不乞富）
多聞第一	阿難	慶喜	剎帝利	釋尊的堂弟（白飯王次子）
智慧第一	舍利弗	身子	婆羅門	兩人是同學兼好朋友
神通第一	目連	地藏	婆羅門	
解空第一	須菩提	善吉	婆羅門	專門乞富不乞窮，是弟子中最胖者
議論第一	迦旃延	剪剃	婆羅門	喜歡對個人單一說法
說法第一	富樓那	滿願	婆羅門	喜歡對群眾團體說法
持戒第一	優婆離	近執	首陀羅	幫釋尊剃度落髮的羅漢
天眼第一	阿那律	如意	剎帝利	釋尊堂弟（甘露飯王次子）
密行第一	羅睺羅	障月	剎帝利	釋尊之子（淨飯王之孫）

❶ 頭陀第一：大迦葉（摩訶迦葉）

- 「摩訶」意為大，「迦葉」意為龜，漢譯為「大龜氏」是釋尊十大弟子中的上首大弟子，主張少欲知足，常修頭陀苦行，故稱「頭陀第一」（頭陀意為抖擻，能除垢成淨）。
- 他是釋尊涅槃後（入滅）的接班人，是佛教第一次結集的總召集人，被世人尊奉為「密付法眼藏的始祖」。

❷ 多聞第一：阿難（阿難陀）

曾親奉服侍釋尊長達二十七年，知時明物、所至無礙、所憶不忘、多聞廣遠，故稱「多聞第一」。他待人謙遜誠懇，與人和睦，品德優秀，是繼大迦葉後的法定接班人，被世人尊奉為「密付法眼藏第二祖」。佛教第一次結集時，經藏之結集由其誦出，他亦是釋尊之堂弟。

③ **智慧第一：舍利弗（舍利弗多羅）**

智慧猛利，能解開學者諸多疑惑，故稱「智慧第一」。八歲時即能通曉一切書籍，不僅學問淵博，還是一位著名的建築師，當時的精舍（寺院）均為他所督造，當他得知佛陀即將入涅槃時，即先早於釋尊入滅。

④ **神通第一：目連（目犍連）**

原是一位捕魚為生的漁夫，後來受釋尊感化與同學兼好友舍利弗一同帶領二百名子弟皈依佛陀。其母生前受惡人慫恿大啖狗肉，墮入於地獄餓鬼道受苦，目連經佛陀的指示，創辦盂蘭盆會（救倒懸）超度餓鬼眾生，因此被附會成地藏菩薩（目連救母）。他雖然是神通第一，但最後卻被異教徒（婆羅門教徒）亂棒打死，是佛教第一位殉教者（因他知道業報已到，故未運用神通逃劫）。

⑤ **解空第一：須菩提（須扶提空生）**

恆樂安定，證悟空理，志在空寂，善說諸法性空，故稱「解空第一」。「解空」意為離一切執，才能見到空理，離一切相，才能見到人生，他的托缽行法（化緣）專門乞富不乞貧，故為十大弟子最胖者（營養豐富）。

⑥ **議論第一：迦旃延（迦旃延那羅陀）**

能分別甚深法義，並敷演教法，思維敏捷，故稱「議論第一」，他講法時喜歡對個人單一傳教，讓其精確明瞭教理，並藉此向異教徒宣傳佛法。

⑦ **說法第一：富樓那（富樓那彌多羅尼子）**

善於經辯，分別義理，廣說佛法，故稱「說法第一」。他講法傳教時喜歡群眾聚集，成群說法，達到普渡眾生，團改迷者（此法與迦旃延僅對單一個人傳法，形成強烈對比）。

⑧ **持戒第一：優婆離（優波利）**

奉持戒律，嚴加遵守，無所觸犯，故稱「持戒第一」，他出生在社會最低賤的首陀羅（奴隸）種姓族，是釋尊太子

（未出家）時，宮廷中的理髮師，曾幫釋尊落髮剃度，佛陀入滅後（涅槃），第一次結集中，負責編纂戒律，並誦唸出「律經」。

⑨ 天眼第一：阿那律（阿尼律陀）

甘露飯王的次子，與阿難同時出家，他們倆人與釋尊為堂兄弟，因為剎帝利（貴族）種姓族。佛陀說法時，他常打瞌睡，遭到呵責，因此立誓永遠不眠，導致雙目失明，他仍勤修不怠，並證得天眼通，能內觀十方世界、六道眾生，故被稱為「天眼第一」。

阿那律

⑩ 密行第一：羅睺羅（羅怙羅）

不毀禁戒，誦讀不懈，具足三千威儀，八萬細行，故稱「密行第一」。他是佛陀的獨生子，十五歲時隨佛陀出家，是「僧團沙彌的始祖」，密行意為「用慈悲觀除瞋恨心，用成淨觀除貪欲心，用數息觀除散亂心，用智慧觀除愚痴心」。

羅睺羅

佛陀十大弟子相同與相異處的特點組合群

釋尊與阿難及阿那律的關係 他們三人為堂兄弟，阿難及阿那律均為剎帝利（貴族），兩人同時出家追隨佛陀。

釋尊 淨飯王長子　　**阿難** 白飯王次子　　**阿那律** 甘露飯王次子

釋尊與羅睺羅的關係 他們兩個為父子

釋尊（喬達摩・悉達多太子）於十七歲時娶耶舒陀羅為妻。於次年生下獨子羅睺羅，他十五歲時即追隨父親出家，皈依佛法，成為佛教第一位小沙彌，並成為沙彌的始祖。

大迦葉與須菩提 兩人截然不同的托缽（化緣）方法

- 大迦葉──乞貧不乞富──希望貧者能種福田，將來會得到福報
- 須菩提──乞富不乞貧──不想增加貧者負擔，轉向富者施捨
- 釋尊得知以上情況後，明示佛家托缽不能分貧富貴賤，均須平等施報。

小乘佛教釋尊的左右脅侍（迦葉與阿難／舍利弗與目犍連）

年長相組合：迦葉、阿難

迦葉──長期在外苦修弘法（被尊奉為開教初祖）
阿難──長期跟隨佛陀聽教（被尊奉為開教二祖）

年輕相組合：舍利弗、目犍連

舍利弗與目犍連本為婆羅門教同學兼好友，因受到佛陀感召帶領二百名異教徒皈依佛陀，二人均於釋尊涅槃前入滅（比佛陀早逝）。

富樓那與迦旃延 兩人截然不同的傳燈宣教方法
- 富樓那──喜歡集結成千上萬群眾說法（因能迅速擴充法理）
- 迦旃延──喜歡單獨個別的講道（較能正確解傳真實法理）

佛教第一次結集 三藏結集（經、論、律的確認）

釋尊入滅後，法理眾多無法統一，故舉辦集結大會，將大家所聽聞的佛訓做最正確義理準法傳教，又稱「三藏結集」。

大迦葉為總召集人（初祖）		
三藏	阿難誦出「經藏」	經
	富樓那誦出「論藏」	論
	優婆離誦出「律藏」	律

→ 阿難結集經藏時，將經典開頭第一句標為「如是我聞」（就這樣我聽到了），成為弘傳經典的註要，形同「佛說」，更加深經典的說服力。

第三節　十六羅漢群

「羅漢」又稱「阿羅漢」，即證得佛果，免於死生輪迴的修行者。它是小乘佛教追求自身解脫的最高修行果位，又分四等（四果）。

羅漢四果		
	初果	得此果位者，不會墮入惡趣（地獄、畜生、餓鬼道）
	二果	得此果位者，輪迴時只轉生一次（又稱「一來果」）
	三果	得此果位者，能超生在天界（又稱「不還果」）
	四果	得此果位者，能圓一切功德，受人天供養（又稱「阿羅漢果」）

- 早期佛教僅十六位羅漢，到了宋朝時，漢地發展出中國式的十八羅漢，他們常被供奉於大雄寶殿的兩側（因受佛陀囑咐，不入涅槃，常往世界守護弘揚佛法，受世人供養而為眾生種福田）。

一　印度十六阿羅漢

是釋尊十大弟子之外的十六位高足。

❶ 騎鹿羅漢

賓頭盧尊者
又稱「賓度羅跋惰闍」，因他化緣有方，禪林食堂常供其像，古代寺院走廊均會安奉賓頭盧尊像，在日本據說只要撫摸他的頭即可癒病。

❷ 喜慶羅漢

迦諾迦伐蹉尊者
意為誠心向佛，心覺佛在，即感快樂喜慶，故稱「喜慶羅漢」。

❸ 托缽羅漢

迦諾迦跋厘惰闍
他化緣時與眾不同，每次都是舉起鐵缽仰天向人乞捨。

❹ 托塔羅漢

蘇頻陀尊者
佛陀最後一位弟子，手托藏有佛舍利的寶塔，象徵「永懷佛祖追求佛理」。

❺ 靜坐羅漢

諾距那尊者
原為一位勇猛戰將，粗野豪放，後來受佛陀感化，靜坐沉思，禪定心淨。

❻ 過江羅漢

跋陀羅尊者
原為佛陀的侍者，主管沐浴，故禪林浴室常供其像，後來乘船去東印度群島弘法，故稱「過江羅漢」。

❼ 騎象羅漢

迦理迦尊者
原為一位馴象師，象代表佛法任重道遠。

❽ 笑獅羅漢

伐闍羅弗多羅
原為獵獅屠夫，後來立誓戒殺，保育幼獅。

❾ 開心羅漢

戍博迦尊者
原為中天竺（印度）太子，其弟與他爭奪王位而興兵作亂。他打開衣服告訴其弟，我的心中只有佛，從未想當國王。

❿ 探手羅漢

半托迦尊者
又稱「般陀」（路邊生），意為私生子，他打完禪坐後常雙手舉起呼口氣。

⓫ 沉思羅漢

羅睺羅尊者
佛陀的親生子（十大弟子之一）。

⓬ 挖耳羅漢

那伽犀那尊者
是一位佛學理論家，常教人要耳根清靜，斷除欲垢。

⓭ 布袋羅漢

因揭陀尊者
原為捕蛇人，常攜帶一口布袋入山捕蛇，將其拔除毒牙說教後再放生，布袋羅漢和布袋和尚非同一人。

⓮ 芭蕉羅漢

伐那婆斯尊者
常在芭蕉園靜坐。

⓯ 長眉羅漢

阿氏多尊者
眉長過腳，是唯一戴頭巾的羅漢。

⓰ 看門羅漢

注荼半托迦尊者
佛陀給他錫杖一根敲門化緣，與半托迦（探手羅漢）是親兄弟。

二 漢地十八羅漢

1. 梁武帝
2. 誌公
3. 進花
4. 飛鈸
5. 飛林
6. 開心
7. 達摩
8. 托塔
9. 悟道
10. 進燈
11. 進果
12. 洗耳
13. 目連
14. 長眉
15. 布袋
16. 降龍（濟公）
17. 伏虎
18. 戲獅

三 四大聲聞（四大羅漢）

繼承佛陀事業，弘揚佛教，即「住世不涅槃，流通佛法脈」，且在將來常住四方受佛陀指定接引，並輔佐未來佛（彌勒佛）。

大迦葉　　　賓頭盧　　　君屠鉢嘆　　　羅睺羅

第四節　神僧

濟公活佛

宋代時人，原名李心遠，曾在杭州西湖靈隱寺出家，由於他「狂而疏，介而潔」，常不守戒律，嗜酒好肉，舉止痴狂，被稱為「濟癲」（十八羅漢中的降龍羅漢）。左看愁眉苦臉，右看春風滿面，正看半嗔半喜、半哭半笑（啼笑皆非）、手舞足蹈的神僧。

瘋僧　風波和尚

宋代人，赤腳破衫，手揮拂塵，手夾掃帚（曾經掃過宋奸相秦檜，流為佳談）。他與濟公同為宋代人，一瘋一癲，相映成趣。

天台三聖（三隱）
- **豐干** 常乘坐老虎，各處神遊教化。被視為阿彌陀佛化身。
- **寒山** 早年習儒，飽讀經詩，後轉而煉丹修道，繼受豐干禪師點化，至國清寺修佛法，並與拾得結為摯友，於蘇州開山立寺（寒山寺）。被視為文殊菩薩化身。
- **拾得** 幼年為豐干禪師拾來，故名「拾得」。在廚房做雜役，與寒山感情很好，常將剩飯留給寒山，二人可謂貧賤之交，被附會成「和合二仙」。

137

被視為普賢菩薩化身。

- 唐代三位奇僧都曾駐錫過天台山國清寺，因此得名。

寶誌 誌公禪師

他主張「不解即心是佛，真似騎牛覓牛」，透露出「一切無非佛事何須攝念坐其死」，後來他被附會成漢地十八羅漢之一（誌公）。

維摩詰 大乘佛教的法身居士

別名「毗摩羅詰」（意為無垢稱）。他是釋尊的在家弟子（居士），雖有妻子，卻常修梵行，悟植甚深，善本法門，著有《維摩經》。其智慧能與文殊菩薩相比。

第五節 佛教的流傳

佛教打破古印度（天竺）的種姓貴賤之分，講求眾生平等，壓服了婆羅門舊教勢力，使皈依者日漸增多。佛教風靡日益隆盛，後又有孔雀王朝阿育王及犍陀羅國加膩色迦王的大力倡導，勢力迅速向南北流傳，成為世界三大宗教之一。

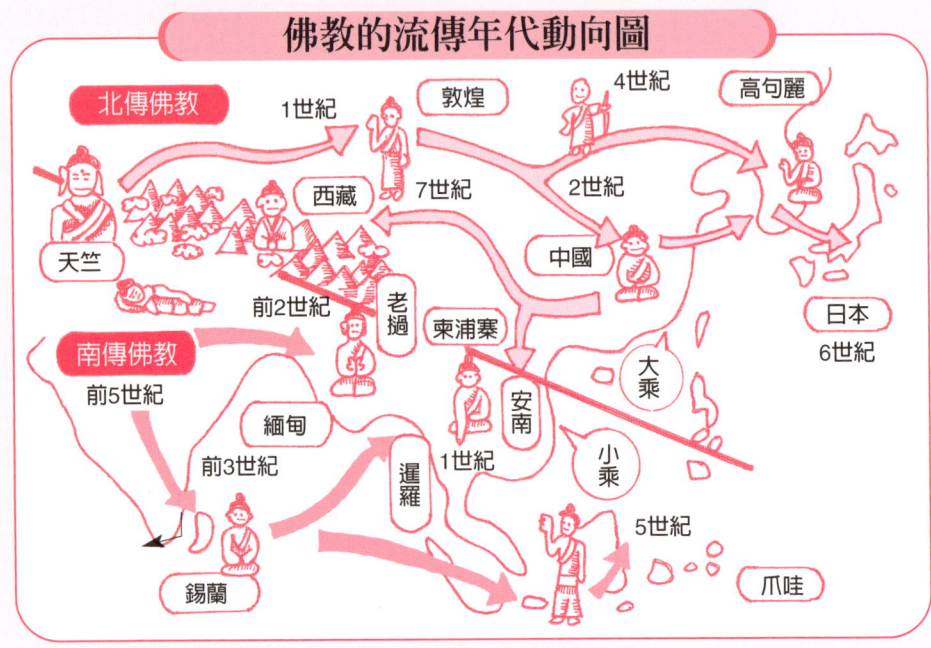

佛教的流傳年代動向圖

北傳佛教：天竺 → 西藏（7世紀）、敦煌（1世紀）、中國（2世紀）、高句麗（4世紀）、日本（6世紀）

南傳佛教（前5世紀）：錫蘭（前3世紀）、緬甸、暹羅、老撾、柬埔寨、安南（1世紀）、爪哇（5世紀）

大乘、小乘

★世界唯一以佛教為國教的國家是泰國（暹羅）。

1 南傳佛教 —— 小乘佛教（希那衍那）

以上座部保守派為主，思想守舊，很少改變，迄今保持原始佛教之面貌。用巴利文為經論，流傳於東南亞地區，主修阿羅漢法門（世間佛教）。

2 北傳佛教 —— 大乘佛教（摩訶衍那）

以大眾部進取派為主，思想大膽改革開放。用梵文為經典，流傳於東亞地區，主修菩薩道法門，又稱「人間佛教」。

三車乘 三種運載的法門

- 代表載乘世尊的教法離開苦的此岸到達樂的彼岸（《法華經》以羊車、鹿車、牛車來代表小、中、大乘教法）。
- 「大乘」梵語為「摩訶衍那」，代表可渡載眾人。認為「聲聞乘」只顧自載，無渡人之心，而稱其為「小乘」，有點嘲諷的意味。
- 中乘（緣覺乘或辟支佛乘），教法為「十二因緣法門」。因格局太小，被歸於小乘。

佛教三車乘示意圖

大乘 菩薩乘
（大覺佛果）

小乘 聲聞乘
（阿羅漢果）

中乘 緣覺乘
（辟支佛果）

第六節　大小乘佛教的區隔

【小乘佛教】（希那衍那）			【大乘佛教】（摩訶衍那）	
	• 南傳佛教（世間佛教），流傳於錫蘭、緬甸、泰國、柬埔寨、爪哇（東南亞）。 • 小乘如腳踏車用以自載無法載人，自度自悟，格局小，故稱「羊車乘」			• 北傳佛教（人間佛教），流傳於中國、日本、韓國、台灣、西藏（遠東、東亞）。 • 大乘如大汽車自載兼載眾人，度眾脫離苦海到彼岸，故稱「牛車乘」。
教義	屬上座部派，思想守舊，過於保守，目前仍維持原始佛教的面目。		教義	屬大眾部派，思想大膽開放、包容範圍廣大、傳播渠道眾多，發展極速。
行果	自修、自覺、自度的阿羅漢行證辟支佛果。		行果	自覺、覺他的菩薩行，證大覺佛果。
立論	以無常無我立論（教理派）。		立論	以緣起觀立論（經典派）。
教理	以《阿含經》為主（三法印、四諦、八正道、十二因緣），求解脫煩惱，功在自利來生。		教理	以《大般若經》為主（一法印、六度、四攝），求證圓滿真實，以菩提心為因，慈悲為根。
空有	我空法有／否認實有的我體，但承認物體世界的存在。		空有	我法兩空／即實有的我體與周遭物體皆不存在（即一切皆空）。
執悟	修觀無常行，對宇宙萬有只悟其生滅無常，但破我執、斷煩惱障。		執悟	究竟一切法於生滅現象外，悟其不生不滅平等真如本體，破我法二執。
要旨	拘泥於聖典之文句，以求自身解脫業報輪迴之苦（世間佛教）。		要旨	以「空」為要義，遠離執著，誓願進入惡趣救解眾生（人間佛教）。
一神論	只崇拜具歷史性人物的釋迦牟尼，以經典理論為主（用巴利文）。		多神論	認為十方三世有無數諸神存在，以信願實踐為要（用梵文）。
自性心	心性本雜、唯修呈淨、自悟自利。		自性心	心性本淨、斷欲雜染、自度度人。
強調	修行非出家不可，並要過著禁欲生活。		強調	不離世俗、救度眾生。

小乘佛教的基本教義

「小乘佛教」是大乘佛教為區隔教理,給其冠上的派名。其實他們是無法接受這個教名,因有點諷刺意味;他們慣用以「上座部佛教」為派名,其保留著原始佛教的特性,主要的經典為「阿含經」,以釋迦牟尼成道後在鹿野苑初轉法輪時所說的教法內容為重點。

阿含經 用巴利文寫成,因真實的反應原始佛教的基本教理(三法印、四聖諦、八正道、十二因緣),故成為小乘佛教重要經典。

阿含經四大部:**長阿含經**(駁斥外道邪見) **增一阿含經**(因果業報理論)
　　　　　　中阿含經(修行善因法門) **雜阿含經**(涅槃解脫世苦)

三法印

小乘佛教依此三條基本原則來判斷佛法是否究道,不符合此三條原則(三法印),一律被視為「外道」。

三法印	諸行無常	一切事物變化無常(世界觀)	世間一切事物,無永恆主體	空
	諸法無我	一切現象隨時改變(人生觀)		
	涅槃寂靜	脫離生死輪迴業報(宇宙觀)	肉體消失,精神永恆不滅	有

- 「諸行無常」及「諸法無我」的觀感就是想要解脫人生痛苦、跳脫六道輪迴,所以要發心修道、斷苦惱因,證得不生不滅、寂靜安樂的「涅槃」境界,這就是三法印的基本道理。
- 「涅槃寂靜」是小乘佛教修法的最高宿願(免於輪迴之苦)。

十二因緣

又稱「十二緣起」,是緣覺行果(中乘佛教)的法門,說明生死輪迴、因果循環的原因,概括十二因緣,共有三世二重因果輪迴及業、惑、苦三道流轉法則(三世因緣)。

過去二支因:① **無明** 無知(寂靜真妄為根本,所以心中無煩惱迷惑)。② **行** 業行
現在五支果:③ **識** 意識。④ **名色** 形態身心。⑤ **六入** 即為六根(眼、耳、鼻、舌、身、意合稱「六根」)。⑥ **觸** 出世接觸。⑦ **受** 感受 **現在三支因**:⑧ **愛** 執愛渴

求。⑨**取** 貪婪攫取。⑩**有** 存在本有。未來二支果：⑪**生** 再生。⑫**老死** 衰老而亡（生命由少而長，而壯、而老、而死）。

四諦

「諦」是眞實不虛之意。四諦（苦、集、滅、道）亦稱「四聖諦」或「四眞諦」，是小乘佛敎最根本的敎義。

四聖諦：**苦**——當知，**集**——當斷，**滅**——當證，**道**——當修

1 苦

「苦」即是痛苦，現實世界一切「痛苦」的現象；而痛苦又分肉體上的四苦和精神上的四苦，共八種苦。

肉體上的四苦

生——人生苦海無邊
老——老邁氣虛體弱
病——諸病上身折磨
死——疾痛喪命死亡

精神上的四苦

愛別離——骨肉分散
怨憎恨——仇惡相會
求不得——利欲不成
五陰熾盛——死後再生

五陰熾盛 即五蘊（色、受、想、行、識）不協調

1. 色蘊：即物質（身體）。身體由四大組成（地、水、火、風）

   四大
   地——堅性——骨骼　　水——濕性——血液
   火——暖性——體溫　　風——動性——呼吸

   五蘊：色 受 想 行 識

   • 四大元無主、五陰本來空，四大不調，非病即死。

2. 受蘊：即感受，由「苦」、「樂」、「捨」三觸所產生的感受。
3. 想蘊：即思想，由「善」、「惡」、「憎」、「愛」等境界的各種幻想。
4. 行蘊：即行為，由意念行動所造作出來的種種善惡。
5. 識蘊：即心識，由六識（六根）與六塵（六欲）互動作用。

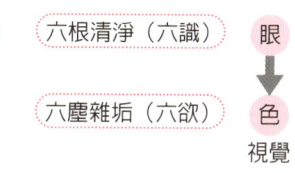

六根清淨（六識）	眼	耳	鼻	舌	身	意
六塵雜垢（六欲）	色	聲	香	味	觸	法
	視覺	聽覺	嗅覺	味覺	觸覺	念覺

   色 如聚沫　受 如水泡　想 如陽燄　行 如芭蕉　識 如幻事

② 集

「集」即集結原因，為何人生會受上述八種痛苦？因為集結了生死苦惱的「業」與「惑」，不得解脫。

「業」	造因結果——由欲望引起的行為，即身、語、意（三業）
「惑」	自尋煩惱——由愚昧無知的思想，即貪、嗔、痴（三毒）

③ 滅

「滅」即滅絕，要消滅「業」（因）與「惑」（果），一切貪欲煩惱唯有修行「正道」（八正道）。

④ 道

「道」即途徑，人生受八種痛苦，是因為集結了「業」與「惑」。要消滅解脫煩惱，唯有八種途徑捷道，稱「八正道」。修此八項法道，即能超凡入聖，證得阿羅漢果。

八正道

正見	正確的見解	正命	正當的使命
正思惟	正確的思考	正精進	正當的努力
正語	正當的語言	正念	正確的觀念
正業	正當的行為	正定	正確的禪定

大乘佛教的基本教義

大乘教義以佛說的《大集經》及《般若經》為依據，以「一法印」為基礎，勤修「六度」、「四攝」為普渡眾生的菩薩行果法門。

一法印 亦稱「一實相印」

一切萬法，唯是「實相」隨緣顯見（即諸法實現真心）

三實相：**1.實相無相**（真諦的道理）即本體真實不虛不妄

2.實相無不相（俗諦的道理）即實體無一法不是

3.實相無相無不相（真俗二諦圓融）真空不空、具足不有、一切萬法、隨緣顯現

六度 又稱「六波羅蜜多」，是自度度人、福慧雙修的六種法門。「六度」是六種從生死苦惱的此岸、到達解脫安樂的彼岸方法。

六度（六波羅蜜多）				佛教三學
布施	度慳貪	即慷慨，可求獲得福報	⎫ 戒	
持戒	度毀犯	即紀律，可得修行的真諦	⎭	
忍辱	度瞋恨	即無怨，可發慈悲的品格		
精進	度懈怠	即勤學，可習堅定的信仰	⎫ 定	
禪定	度散亂	即淨心，可濾塵世的雜念	⎭	
智慧	度愚痴	即般若，可證自性的實相	慧	

四攝

攝化眾生 **1.布施攝**→滿足願求之施　　**3.利行攝**→利人助眾之行

皈依佛法 **2.愛語攝**→說喜樂欲聞語　　**4.同事攝**→同甘共苦齊心

★ 大乘佛教菩薩行果的基礎思想，先發三心，再誓四弘願。要修菩薩道，首發菩提心；要修菩提心，先誓四弘願。

菩薩行果基礎思想

三心
- **真心**（誠心）——正直心正念真如一切妙法
- **深心**（信心）——甚深信願樂修一切善法
- **大悲心**（發願心）——拔除眾生一切痛苦的大悲度法

四弘願
1. **眾生無邊誓願度**——普渡眾生解脫生死輪迴，離苦得樂
2. **煩惱無盡誓願斷**——將貪心、瞋心、痴心等三毒滅盡
3. **法門無量誓願學**——勤學戒、定、慧三學，得證菩提果
4. **佛道無上誓願成**——修成無上正等正覺法果

第七節　佛教的宇宙觀

佛教的人生觀　即為「緣起緣滅」的觀感

- 「宇宙萬法因緣而生，世界萬象果報而滅」，佛家的因果道理其實就是因緣原理，也是佛教人生觀的基本教理。
- 「諸法因緣生，緣滅法亦滅，吾佛大沙門，常做如是說。」

因果律　萬物起因，結果的定律

- 「因」是種籽（原因），「果」是果實（結果）。
- 種善因得樂果，種惡因得苦果。
  （果由因生，事待理成，所造之因，必有其果；
  因果相續，主從相關，重重牽引，互相依存）。
- 「欲得過去因，現在受是果；欲問未來果，現在造是因。」唯有自覺自省、自律自清、自性自度、自作自受（鑒因知果，避惡趨善，淨化生命，脫離苦海）。

佛教的世界觀

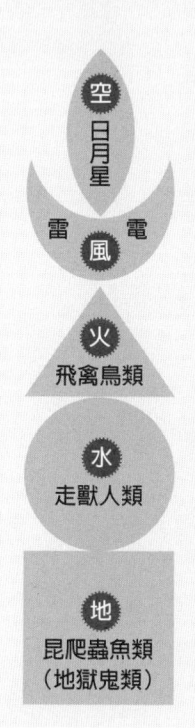

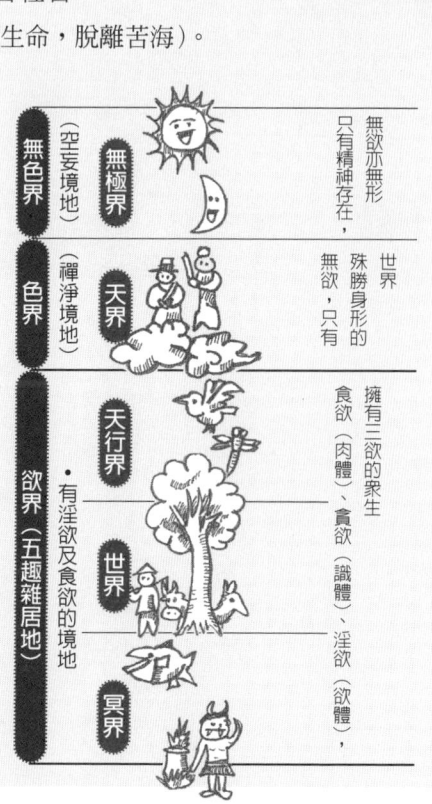

過去、現在、未來為「世」（道教稱凡塵）；東西、南北、天地為「界」（儒教稱六合）。佛教的世界觀共分為三大界：無色界（四天）、色界（十八天）、欲界（六天），共計二十八天；道教則認為世界有十三層，共計三十六天，天內天（太極）、天外天（無極）、天內地（皇極）。

空 日月星	無色界（空妄境地）	無極界	無欲亦無形，只有精神存在
雷 電 風	色界（禪淨境地）	天界	世界殊勝身形的無欲，只有
火 飛禽鳥類	欲界（五趣雜居地）・有淫欲及食欲的境地	天行界	擁有三欲的眾生食欲（肉體）、貪欲（識體）、淫欲（欲體）
水 走獸人類		世界	
地 昆爬蟲魚類（地獄鬼類）		冥界	

145

佛教

三千大千世界 佛教世界以須彌山為主

遍存虛空的布滿一千個小世界，稱為「小千世界」；集一千個小千世界，為「中千世界」；集一千中千世界，為「大千世界」。其中重疊了三個千數，所以稱為「三千大千世界」。

佛教的宇宙觀

佛教的宇宙觀為「四聖六凡」。宇宙與世界皆由無量的空間及無數的時間匯總而成，故稱「世界無常、宇宙無邊」。

四聖 超脫凡俗，遠離六道輪迴之苦的四大聖覺者。

佛	菩薩	緣覺	聲聞
覺行圓滿的聖者	上求佛道、下化眾生	觀十二因緣而悟道	聞四聖諦真理而得道

六凡 （六道輪迴）

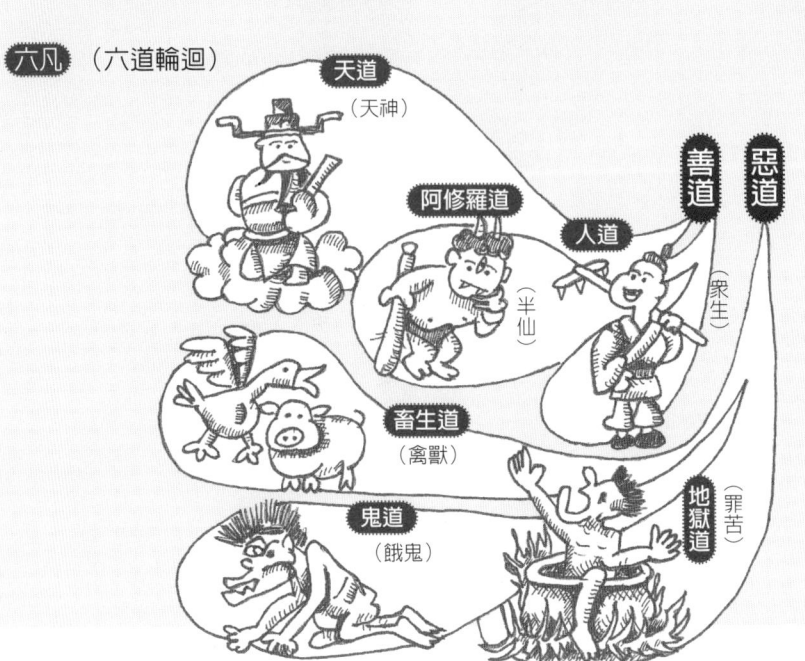

天道（天神）
阿修羅道（半仙）
人道（眾生）
畜生道（禽獸）
鬼道（餓鬼）
地獄道（罪苦）

善道　惡道

146

第八節　中國佛教佛學的基本教理

三學 三無漏學

「戒」、「定」、「慧」，沙門必修三種學業。三學是學佛的基礎，修此三學，可以熄滅心欲三毒（貪、嗔、痴），超凡入聖。

戒	戒律	止惡修善斷欲	依戒資定
定	禪定	息緣靜心思慮	依定發慧
慧	智慧	破惑除妄證真	依慧成佛

三毒象徵物
嗔 憎恨
痴 愚昧
貪 貪欲

戒 戒律 滅 ➡ **貪** 貪欲（不知足）
定 禪定 滅 ➡ **嗔** 憎恨（易生怒）　三毒（三垢）
慧 智慧 滅 ➡ **痴** 愚昧（迷不返）

➡ 轉痴成智　　移嗔為定　　滅貪則戒

學佛的目的 即在使眾生「轉迷成悟，離苦得樂」，最後達到成佛目標。

何謂迷 「迷」就是迷惑，又稱妄想，又分五類：
①**貪**（貪念）②**嗔**（怨恨）③**痴**（愚蠢）④**慢**（自傲）⑤**疑**（猜忌）

轉迷成悟的方法 人類因惑而造業，因業而受苦，所以迷境，也就是「苦境」。

迷 迷惑（妄想）➡ 造業（罪業）➡ 受苦（痛苦）➡ **悟** 斷惑（修行）

➡ 消業（行善）➡ 離苦（證果）➡ 得樂（得道）➡ 成佛

學佛的歷程 學佛者（出家人）需經過以下四個階段：

| 1 | 信 | 起信 | 信心堅定 | 2 | 解 | 求解 | 透澈開悟 |
| 3 | 行 | 行動 | 實踐修法 | 4 | 證 | 獲證 | 領會得道 |

信　解　行　證
學佛四階段

佛教

學佛的途徑：三皈五戒・十善六和

❶ 三皈
即皈依三寶

三寶	佛（佛陀）	→	學佛	無上正覺（良醫）
	法（教法）	→	修法	以御自心（良藥）
	僧（修業）	→	解惑	歸眾之中（良師）

❷ 五戒（受五戒）
五戒為重・十戒為輔

十戒					五戒
	1	不殺生	仁	不殺害任何生命（慈心思仁・不殺）	
	2	不偷盜	義	不取他人錢財（清廉節用・不盜）	
	3	不邪淫	禮	不起淫欲邪心（貞良鮮潔・不染）	
	4	不妄語	信	不講是非惡言（篤信性和・不欺）	
	5	不飲酒	智	不喝酒生事（忍達自明・不亂）	
	6	不著奢華服飾，蔓好香塗身（衣著樸實、莊嚴、簡單）			
	7	不歌舞觀聽，自作主		9	不非時食（過午不食）
	8	不坐高廣大床上		10	不蓄金銀錢財（不留財）

❸ 十善
十善是積極行善（使善），五戒是消極的戒惡（止惡）

十善度十惡		十善		度		十惡	
	1	不貪	本淨觀	度→	1	貪	不知足
	2	不瞋	慈悲觀	度→	2	瞋	易生怒
	3	不痴	因緣觀	度→	3	痴	迷不返
	4	不殺	放生	度→	4	殺	殘暴不仁
	5	不盜	布施	度→	5	盜	賊性強
	6	不邪淫	淨行	度→	6	邪淫	慾火烈
	7	不妄語	誠實觀	度→	7	妄語	常造謠
	8	不綺語	質直語	度→	8	綺語	花言巧語
	9	不兩舌	柔軟語	度→	9	兩舌	搬弄是非
	10	不惡口	和諍語	度→	10	惡口	說話狠毒

> **【小常識】** 佛教因「空」、「有」之爭，而形成大乘、小乘佛教

在此我們用最簡單的解釋來描述「空」、「有」二論

空：一切有法均依因緣而生滅，即「無」（大乘）➡ 以個人為主體，觀天下

有：一切有法均依能生而永恆，即「有」（小乘）➡ 以萬象為主體，視個人

❹ 六和（六和敬）

意為「相敬、相和、平等」的精神

戒和	共同遵守戒律（同修）	身和	生活互相照顧（同住）
見和	修道見解一致（同解）	口和	言語相善止過（無諍）
利和	平等受用財務（同均）	意和	思想彼此相同（同悅）

★僧伽（僧侶）又稱「六和合眾」（即遵守六和敬的出家人）

修持的方法 1.學習教理 2.修習禪定

「歸元無二路，方便有多門，門門歸自性，法法皆般若。」以上意為：不在法門之多，而在專一深入。學理修禪，必須具備五心：

五心 ①**不捨心**（心繫善念） ②**平等心**（公正待人） ③**無畏心**（斷盡煩惱）
　　　 ④**同事心**（共渡眾生） ⑤**學習心**（盡所能學）

修行的基礎 「戒」、「定」、「慧」三無漏學（又稱「三學」）

修行三學（戒、定、慧）可斷三毒（貪、嗔、痴）而超凡入聖。

三學	戒（戒律）	止惡修善斷欲（行為） ➡ 可度 貪（貪欲）
	定（禪定）	息緣靜心思慮（思想） ➡ 可度 嗔（怨恨）
	慧（智慧）	破惑除妄證真（語言） ➡ 可度 痴（愚蠢）

佛教七眾弟子	出家	比丘	男出家僧侶（受二百五十戒）	
		比丘尼	女出家僧尼（受三百四十八戒）	
		沙彌	七歲至二十歲受過十戒的勤策男（小僧）	
		沙彌尼	七歲至十八歲的勤策女（小僧尼）	
		式叉摩那	年滿十八歲的沙彌尼 再受二年的「六法戒」（學戒女）	
	在家	優婆塞	善男清信士（居士）	只受五戒（在家不閱出家律）
		優婆夷	善女近事女（信女）	

┈出家或在家的七種稱謂

149

佛教

何謂出家 虔誠學佛的法人，又分為三種出家法門。

1. **出世俗之家**：割愛辭親、清居梵刹、持戒修仁
2. **出三界之家**：跳脫欲界、色界、無色界三界分段
3. **出煩惱之家**：清心禪定、梵行斷欲、與世無爭

何謂沙門 即出家修道者（僧侶）的通稱，意為「止息一切惡行」。唐太宗曰「出家乃大丈夫之行，非王公將相所易為」，俗稱「和尚」。

沙門的責任 分為四大任務，包括：解釋教義、執行禮儀、教導信徒、推廣信仰。

沙門的別稱 「沙門」即出家人，又稱「僧侶」，以下皆為通稱：

- **和尚**：奉行六和敬成為高尚之人，古代皇室尊稱僧侶為「大和上」，意為親教師，漢譯「師父」。
- **釋子**：釋迦牟尼的弟子，又稱「釋迦子」。
- **僧伽**：三人以上的比丘群（合和眾之意）
- **高僧**：德行高尚的僧人，又稱「上師」。
- **論師**：議論的上師
- **尊宿**：年長德高望重的僧人
- **導師**：導人至正道的師父
- **依止師**：信徒要求出家時，所皈投依托（皈依）的師父。
- **闍梨**：較和尚資淺的僧侶

- **師太**：比丘尼、沙彌尼，漢語節「尼」加上「姑」字，稱為「尼姑」，但此稱謂是非常不禮貌的，當面絕不能如此直呼。
- **法師**：通曉佛法的師父
- **經師**：通曉經典文理的師父
- **三藏法師**：精通「經、律、論」三藏的法師
- **禪師**：禪宗派系的上師
- **律師**：持戒修律的師父
- **宗師**：各宗派的祖師
- **上人**：雖未出家，但品德高尚，又稱「大德」。
- **頭陀**：意為抖擻，漢譯「行者」或「苦行僧」。

寺院的組織

住持：寺院之主（安住於世，保持正法），又稱寺主、方丈、首座

方丈：住持居住之處（長寬祇有一丈），現已成為住持的別稱

上座：寺院年長德高望重的高僧

寺院八大執事		
	監院（當家）	掌全寺庫房、總務
	維那（授事）	掌宗教儀式法典（教儀）
	知客（客堂）	掌僧俗接待事宜（外務）
	僧值（糾察）	掌管僧眾威儀（行為）
	典座（齋堂）	管理飯食齋粥（伙食）
	寮元（雲水堂）	管理雲遊來去的僧侶（內務）
	衣缽（祕書）	輔助住持，調和人事（行政）
	書記（收發）	掌書翰文疏發函（文書）

┈寺院八個堂房主要負責人

寺院的別稱　「寺」即禮佛之處，「院」即僧侶的住所，合稱「寺院」。佛教稱「寺院」（佛寺），道教稱「廟宇」（道觀），儒教稱「祠堂」（儒祠）。

寺：建築規模較大，有若干院（堂舍）組成的稱為「寺」。

院：建築規模較小的寺稱「院」（堂舍）

庵：比丘尼（尼師太）住的寺院稱「庵」

殿堂：佛寺的主要建築

浮屠：佛教的建築物，近世漸漸專指「佛塔」。

招提：意為「四方僧房」，可供僧眾共同使用的地方（招提僧物）。

寶剎：寺院的別稱，「古寺」就稱「古剎」。

伽藍／僧伽藍摩：意為「僧眾叢林」。僧伽（合眾），藍摩（園）。

叢林／貧陀婆那：一般指禪宗的寺院，又稱「禪林」。

蘭若：古代寺院的通稱，意為「清淨修道所」。

精舍：最早的佛寺用語，指講道傳法的場所。

十方：共同修道傳教的地方

佛堂：供佛的堂舍

子孫：較小的寺院（不接受外來的僧眾）

坊：僧侶的居所

園林：遊僧落腳的居所，又稱「雲流水」。

堂：日常起居之地

壇：官方祭神之處

巖：指山寺

窟：指山洞佛像群

★古代寺院的別稱：
① 淨住　② 法同舍　③ 出世俗　④ 清淨園　⑤ 金剛刹
⑥ 寂滅道場　⑦ 十方叢林　⑧ 遠離處　⑨ 親近處　⑩ 蘭若園
⑪ 四方僧物　⑫ 梵宇　⑬ 僧伽藍　⑭ 阿蘭若

?【小常識】　出家人為什麼不能吃五辛蔬菜？

五辛（又稱五葷），包括：蒜、蔥、洋蔥、韭、興渠。
《楞嚴經說》：「五辛熟食發淫，生啖增恚，修行出家者必戒之。」五辛又稱「五葷」，性質辛烈，熟食會助長欲之心火與淫念，生吃會增長嗔怒與暴躁之火，口穢濁，嘴薰臭，出家人應避之。
另有一說：五辛的版本很多，如道家以蒜、韭、芸苔（油菜）、葫荽（香荽）、小蒜為「五腥」，在心靈上代表「名、利、錢、權、色」。

第九節　中國佛教十大宗派

- 佛教傳入中國後，於隋朝首創宗派（天台宗），就逐漸形成各類宗派教別，流傳在不同的朝代和地區，最後僅存十大宗派較具代表性。
- 中國佛教早期原有十三大宗派，其中三派被融合成為「十大宗派」。

　　涅槃宗➡天台宗　　地論宗➡華嚴宗　　攝論宗➡法相宗

- 中國十大宗派，目前較盛行的只有禪宗與淨土宗（因較合乎現代人的生活習性），台灣寺院常將此兩宗教理合二為一，稱為「朝禪暮淨」（早上禪定淨悟，下午修持念佛），又稱為「禪淨雙修」。

中國佛教十大宗派的五大教理「空」、「有」法門表

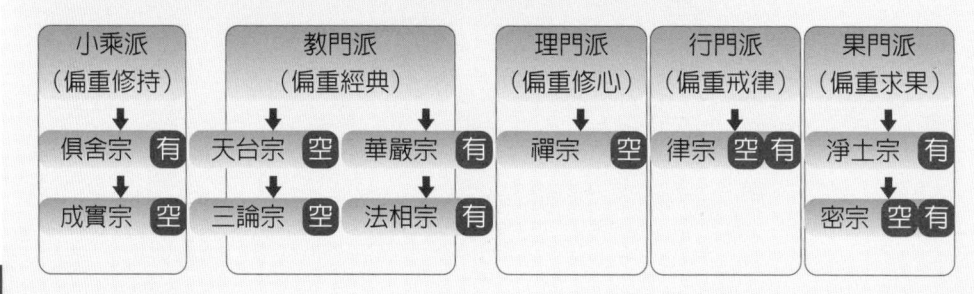

小乘派 (偏重修持)	教門派 (偏重經典)		理門派 (偏重修心)	行門派 (偏重戒律)	果門派 (偏重求果)
↓	↓	↓	↓	↓	↓
俱舍宗 有	天台宗 空	華嚴宗 有	禪宗 空	律宗 空有	淨土宗 有
↓	↓	↓			↓
成實宗 空	三論宗 空	法相宗 有			密宗 空有

中國佛教十大宗派比較表

宗別	教義與教理	祖師／奠基者	經典／祖寺
俱舍宗（小乘有宗）	我空法有，三世實有（教理：談心理）	祖師：世親 奠基者：真諦	俱舍論
成實宗（小乘空宗）	我法皆空（教理：詮物態）	祖師：訶離跋摩 奠基者：僧叡	成實論
天台宗（法華宗）	一心三觀，三諦圓融（教理：觀實相）	祖師：智顗 奠基者：湛然	妙法蓮華經 祖寺：國清寺
華嚴宗（賢首宗）	唯心辯證，法界緣起（教理：證法緣）	祖師：杜順 奠基者：法藏	華嚴經 祖寺：清涼寺
三論宗（中觀空宗）	緣起性空，諸法皆空（教理：說中道）	祖師：鳩摩羅什 奠基者：吉藏	般若經 祖寺：棲霞寺
法相宗（唯識有宗）	三界唯心，萬法唯識（教理：明識變）	祖師：玄奘 奠基者：窺基	成唯識論 祖寺：慈恩寺
禪宗（佛心宗）	性淨頓悟，靜律禪定（教理：顯真性）	祖師：達摩 奠基者：慧能	楞伽經 祖寺：少林寺
律宗（南山宗）	戒行清淨，定慧自律（教理：表道德）	祖師：曇訶迦羅 奠基者：道宣	四分律 祖寺：豐德寺
淨土宗（蓮宗）	稱名唸佛，往生淨土（教理：得安養）	祖師：慧遠 奠基者：善導	無量壽經 祖寺：東林寺
密宗（真言宗）	身、口、意三密相應（教理：示神通）	祖師：善無畏 奠基者：不空	大日經 祖寺：大興善寺

- 中國佛教大乘八大教派口偈「密富、禪貧、方便淨、唯識耐煩、三論空、傳統華嚴、修身律，義理組織天台宗」。「密富」即密宗，講究排場，行軌隆重。「禪貧」即禪宗，注重衣著樸素，生活簡潔。「方便淨」即淨土宗，強調稱名念佛的「易行道」修法。

一 俱舍宗：小乘有宗

教義 我空法有，三世實有　　**祖師** 世親　　**奠基者** 真諦

源起 俱舍宗以世親所著《俱舍論》為根基而成立的「小乘有宗」。

經典 《俱舍論》。

傳承 俱舍宗的弘傳，在中國分為新、舊兩時期（兩個宗派）。舊俱舍以真諦的教理為主（稱為「小乘有宗」）；新俱舍以玄奘的教理為主（稱為「大乘有宗」或「法相宗」）。

153

二 成實宗：小乘空宗

教義 無常無我，寂靜涅槃之三法印（我法皆空）

祖師 訶黎跋摩　**奠基者** 僧叡

源起 成實宗以訶梨跋摩所著「成實論」為根基（小乘空宗）。

三 天台宗：法華宗或圓教

教義 強調闡理學論，教法「觀實相」，宗學分「教」、「觀」二門

「教門」一為「一念三千，性具善惡」
「觀門」一為「一心三觀，三諦圓融」 ─「教」、「觀」互照雙美

★三諦：①空諦（空無自體）　②假諦（緣生假相）
　　　　③中諦（非空非假的中道）

祖師 智顗（智者大師）

奠基者 湛然（天台中興之祖）

源起 隋朝形成的中國第一個佛教宗派，因創宗者智顗（智者大師）居天台山而得名，又因以《法華經》（《妙法蓮華經》）為根本經典，又名為「法華宗」。教理宣揚一心三觀（空觀、假觀、中道觀）之圓融無礙法門，故又稱「圓教」。

修持 以「止觀」為主：漸次止觀、不定止觀、圓頓止觀。

經典 以《法華經》為宗旨，以《大智度論》為指南，以《大般涅槃經》為輔助，以《大品般若經》為觀法。

傳承 初祖 龍樹 ➡ 二祖 慧文 ➡ 三祖 慧思 ➡ 四祖 智顗（智者大師）創立天台宗 ➡ 五祖 灌頂 ➡ 六祖 智威 ➡ 七祖 慧威 ➡ 八祖 玄朗 ➡ 九祖 湛然（倡「無情有性」使天台大振，被稱為「中興之祖」）；合稱「天台九祖」

華嚴宗的五教十宗之判

五教	十宗	
小教	我法俱有宗	法有我無宗
空始教	一切皆空宗	法無去來宗
終教	真德不空宗	現通假實宗
頓教	相想俱絕宗	俗妄真實宗
圓教	圓明俱德宗	諸法但名宗

★ 五教分佛教的等級，十宗示各宗的內容

此六宗為小乘教法，故稱為「小教」

四 華嚴宗（賢首宗／法界宗）

教義 唯心辯證，法界緣起，事事無礙，相融法門
祖師 杜順（法順神僧）
奠基者 法藏（賢首國師）

源起 因以《華嚴經》立教，故稱「華嚴宗」。創立者法藏，曾被唐武則天封為「賢首國師」，又稱「賢首宗」。教理以發揚「法界緣起」的思想為宗旨，故又稱「法界宗」。

宗旨 該宗教認為一切有情（眾生），皆有本覺真心，被稱為「如來性起法門」。

經典 《華嚴經》

傳承 初祖 杜順（法順神僧）➡ 二祖 智儼 ➡ 三祖 法藏（賢首國師·五帝門師）➡ 四祖 澄觀 ➡ 五祖 宗密；合稱「華嚴五祖」

五 三論宗（中觀空宗）

教義 緣起性空，諸法皆空　**祖師** 鳩摩羅什（四大譯師之一）
奠基者 吉藏（嘉祥大師）

源起 依據「中論、百論、十二門論」三論立教而得名。

經典

三論			
	中論	以真俗二諦為宗	龍樹 著
	十二門論	以智慧境界為宗	
	百論	以般若為宗	提婆 著

傳承 龍樹 ➡ 提婆 ➡ 鳩摩羅什（祖師）➡ 僧肇 ➡ 曇濟 ➡ 僧朗（三論宗中興之祖）➡ 僧詮 ➡ 法朗 ➡ 吉藏（嘉祥大師、奠基者）

六 法相宗（唯識宗、慈恩宗）

教義 三界唯心，萬法唯識　**祖師** 玄奘　**奠基者** 窺基

源起 因闡明萬法性相之理，故名「法相宗」，由於依據無著，世親的唯識論立教，又名「唯識宗」。因創宗者玄奘、窺基師徒長期居於長安大慈恩寺，故又通稱「慈恩宗」。

經典 六經十一論（其中以《解深密經》為本經，以《瑜伽師地論》為本論。

傳承 玄奘 ➡ 窺基 ➡ 慧沼 ➡ 智周 ➡ 如理

四哲高足 玄奘最出名的四個弟子稱為「四哲高足」，指神昉、嘉尚、普光、窺基。

七 律宗（南山宗）
教義 戒行清淨，定慧自律　**祖師** 曇訶迦羅　**奠基者** 道宣

源起 以持守戒律立教，故稱「律宗」。創始人道宣因常居於終南山，故又稱為「南山宗」。

戒行 戒為無上菩提本，應當以戒為師，「戒」又分為二戒：① 止持戒──即「諸惡莫作」　② 作持戒──即「眾善奉行」。

教理 四科戒律：戒法、戒體、戒行、戒相。

經典 四律五論，其中以「四分律」最知名。

傳承 道宣 ➡ 周秀 ➡ 道恆 ➡ 省躬 ➡ 慧正 ➡ 玄暢 ➡ 宋朝 允堪 ➡ 元照 ➡ 明末 古心 ➡ 三昧 ➡ 近代 弘一 ➡ 慈舟

律部三宗

道宣	開「南山律宗」（終南山豐德寺）
法礪	開「相部律宗」（相州日光寺）
懷素	開「東塔律宗」（東塔太原寺）

★僅存南山律宗流傳。

八 密宗（真言宗、瑜伽宗）
教義 身、口、意三密相應　**祖師** 善無畏　**奠基者** 不空

源起 以修持祕密真言為宗，故稱「密宗」或「真言宗」。唐代所流行的密宗稱為「漢密」或「唐密」，流傳到日本後稱為「東密」或「台密」，現今最具代表性的密宗為西藏所盛行的「藏密」（西密）。

三密 身（手結印契）、口（口誦咒語）、意（觀想）

① 注重身、口、意三密相應，對於儀軌、觀想、結印、持咒特別重視，提倡修持「四加行」，加速成就即身成佛。

② 宣揚宇宙的本體與現象合一，由六大（地、水、火、風、空、識）所構成，擁有此六大法身即為真佛，被視為極密的教法。

③ 密宗建立三密瑜伽事理觀行，修本尊法，故以密法立宗；不經灌頂，不得傳授，不透過上師指引，絕不任意傳習。

④祕密法門：

金剛界（唯識有乘）──洞察事物的力量，稱「差別智」（果）

胎藏界（中觀空乘）──平等萬理的一心，稱「平等理」（因）

⑤傳法方式：結壇（曼荼羅）➡ 供養 ➡ 誦咒（陀羅尼）➡ 灌頂（成佛信念）➡ 護摩（火祀）➡ 印契（手式召神）➡ 觀想（內證）➡ 加持（外得）

★較短的咒語稱「明咒」，較長的咒語稱「陀羅尼」，合稱為「真言」。

經典	《大日經》（真言乘）	菩提心為因，大悲為根本，方便為究竟（胎藏界）
	《金剛頂經》（金剛乘）	自性清淨心（金剛界）
	《時輪經》（時輪乘）	崇拜本初佛（瑜伽界）

傳主開元三士	善無畏	傳授以《大日經》為主的「胎藏界密法」（右派密教）
	金剛智	傳授以《金剛頂經》為主的「金剛界密法」（左派密教）
	不空	

傳持八祖 大日如來 ➡ 金剛薩埵 ➡ 初祖 龍猛 ➡ 二祖 龍智 ➡ 三祖 金剛智（譯有《金剛頂經》）➡ 四祖 善無畏（譯有《大日經》）➡ 五祖 不空（中國四大譯師之一）➡ 六祖 一行 ➡ 七祖 惠果 ➡ 八祖 空海（傳法至日本）

密法東渡 不空的弟子甚多，其中最重要者為惠果，其日僧弟子空海將密宗傳入日本（稱為「東密」），並成為日本密宗創始人，總本山為高野山金剛峰寺。

九 淨土宗（蓮宗、念佛宗）　**教義** 稱名念佛，往生淨土　**祖師** 慧遠　**奠基者** 善導

源起 提倡往生西方極樂世界淨土，故稱「淨土宗」。專修稱名念佛，又稱「念佛宗」。始祖慧遠因曾在廬山白蓮結社（蓮社），故又稱「蓮宗」。

易行道 主要思想為三資糧「信、願、行」，以「三根普被，利鈍全收」的念佛法門，專修稱名念佛、起信發願、行善以求往極樂世界淨土，稱為「易行道」。

三資糧	信	（確信淨土）
	願	（願離苦海）
	行	（稱名念佛）

念佛法門	稱名念佛	（即口稱佛名）
	觀想念佛	（即觀佛相好功德）
	實相念佛	（即觀佛陀實相法身）

經典 三經一論：《無量壽經》、《觀無量壽經》、《阿彌陀經》、《往生論》。

傳承 初祖 慧遠 ➡ 曇鸞 ➡ 道綽 ➡ 二祖 善導 ➡ 慧日 ➡ 三祖 承遠 ➡ 四祖 法照 ➡ 五祖 少康 ➡ 六祖 延壽（永明大師）➡ 七祖 省常 ➡ 八祖（明朝）袾宏（蓮池大師）➡ 九祖 智旭（藕益大師）➡ 十祖（清朝）行策 ➡ 十一祖 省庵（實賢大師）➡ 十二祖 徹悟（際醒大師）➡ 十三祖（民國）印光（常慚愧僧）；合稱「淨土十三祖」

傳持 初祖慧遠白蓮結社，創立淨土宗後，曇鸞提出「難行道」和「易行道」奠定此宗基礎。道綽又宣揚「聖道門」和「淨土門」思想，進一步深化本宗理論；而善導全面組織淨土宗教義，成為實際創立者（被尊奉為淨土二祖）。

十 禪宗（佛心宗、達摩宗）

教義 性淨頓悟，靜慮禪定　**祖師** 達摩　**奠基者** 慧能

源起 禪宗思想根源於佛陀在靈鷲山拈花示眾，無人理解，只有大迦葉破顏微笑而成就了「拈花微笑，以心傳心」的禪宗思想，而達到隨心自在的禪修生活。流傳著「正法眼藏、涅槃妙心、實相無相、微妙法門」的精神。前者稱為「如來禪」（印度禪風），後則稱為「祖師禪」（東土禪風）。

教義 達摩提倡「不立文字、教外別傳、直指人心、見性成佛」的禪法精要（祖師禪），以「內傳法印、以契證心、外付袈裟、以定宗旨」。由此衣鉢相傳，心法相付，至六祖慧能以「頓悟禪」大弘於南方，形成「一花開五葉」的五家七宗。

經典 以《楞伽經》為禪法，以《般若經》為相教，以《金剛經》為悟本。

傳承 釋迦牟尼佛 ➡ 大弟子大迦葉 ➡ 如來禪二十八祖、「祖師禪」始祖 達摩（凝住觀壁）➡ 二祖 慧可（斷臂求法）➡ 三祖 僧璨（信心銘）➡ 四祖 道信（一行三昧）➡ 五祖 弘忍（東山法門）・法融（牛頭禪）➡ 六祖 慧能（南宗禪）・神秀（北宗禪）・智詵

法脈 達摩東渡來華，立謁文「吾本來茲土，傳法救迷津，一華開五葉，結果自然成」。當初人們不解其意，後來才知道，這是五大流派的自然形成與流傳的預言。禪宗傳法至五祖弘忍後，因其兩大弟子慧能與神秀之間思想對立，爭辯激烈，最後演變成南北兩宗，史稱「南能北秀」。當時「北宗禪」神秀得到唐武則天的支持，處於優勢，爾後「南宗禪」慧能的理論較為信徒所接受，逐漸取得禪宗正統地位，成為「禪宗六祖」，而北宗禪最後式微沒落。

南宗禪與北宗禪的對立 史稱「南頓北漸」

南宗禪——以慧能（六祖）為首，講求頓悟禪學（紅爐片雪）
　　　　偈語：菩提本無樹，明鏡亦非台，本來無一物，何處惹塵埃。
北宗禪——以神秀（弘忍大弟子）為首，講求漸修禪學（十牛圖喻）
　　　　偈語：身為菩提樹，心如明鏡台，時時勤拂拭，勿使惹塵埃。

禪風兩派
- **如來禪** 依據佛經所說的禪學道理
　　起因：佛陀在靈鷲山拈花微笑，傳受大迦葉正法眼藏和衣缽，所說的法語。
- **祖師禪** 依據達摩祖師悟示眾生本具佛之知見
　　起因：達摩渡海東來，到嵩山少林寺面壁九年，不立語言文字，教外別傳，直指人心，見性成佛的道理。

達摩禪（觀壁禪）壁觀思惟，靜慮安心。

孔門禪 萬松行秀（曹洞宗系）將儒家思想納入禪學。

荷澤禪 神會倡「佛性本有今無」（佛性先天即有，為煩惱所蔽），指神秀的北宗禪「師承是旁，法門是漸」，為南宗取得正統之人。

洪州禪 馬祖道一倡「即心是佛，平常心是道」（從日常起禪學道理）。

弘忍禪（東山法門）一行三昧：明淨之心，實相之悟。

牛頭禪 法融倡「本來無事而忘情，虛空為道心境本寂」（人生如夢）。

保唐禪 無住倡「無境是戒，無念是定，莫妄是慧，杜絕雜念」。

看話禪 大慧宗杲倡「參究以至悟道」（無理頭的對話使人思惟）。

默照禪 宏智正覺倡「攝心靜坐，潛神內觀，終日默然」（佛向心中作，莫向身外求）。

當頭棒喝 德山宣鑒用棒打施教（一棒須彌粉碎），臨濟義玄用大喝施教（一喝大地震動）。**德山棒　臨濟喝** 警醒人們執迷不悟的妄心（當頭棒喝）。

百丈清規 百丈懷海倡「別立禪居，整頓威儀，行普請法，上下合力」（即不立佛像，只設法堂，提倡簡樸）。

禪宗公案 趙州從諗，是影響禪宗思想的重要人物，他的許多言行均被奉為公案而津津樂道，如「道不可說，佛不可求，義解思量」。

> 默照重禪定　看話重智慧
> 馬祖建叢林　百丈立清規

> 德山施棒教　臨濟行大喝
> 從諗奉公案　保唐棄雜念

?【小常識】　佛教徒不得不知的正確發音

大乘＝讀音：大聖，意為「度化單位」
卍＝讀音：萬，意為「吉祥萬德」
唵嘛呢叭咪吽＝讀音：嗡嗎呢貝美哄，意為「禮敬蓮中寶」
南無阿彌陀佛＝讀音：納摩ㄜ彌陀佛，意為「歸命無可限量的覺者」
般若＝讀音：玻惹，意為「智慧」
皈依＝讀音：歸依，意為「信順依靠」
娑婆＝讀音：縮婆，意為「堪忍」
梵宿＝讀音：飯秀，意為「清淨」
曼荼羅＝讀音：曼圖拉，意為「壇城」
阿耨三藐＝讀音：阿諾三秒，意為「敬語」

菩提薩埵＝讀音：菩提薩朵，簡稱「菩薩」
依怙＝讀音：依戶，意為「受保護」
祇樹給孤園＝讀音：奇樹幾孤園，地名
蓮華＝讀音：蓮花，意為「蓮花」
迦葉＝讀音：加涉，意為「龜」
跏趺＝讀音：加夫，意為「盤腿」
嗔恚＝讀音：琛會，意為「憤怒」
荼毘＝讀音：圖皮，意為「火葬」

慧能（南宗禪）的五家七宗

五家的特點 其中以「曹洞宗」及「臨濟宗」最突出，目前仍盛行。

> 曹洞——萬派朝宗（傳寶鏡）
> 雲門——乾坤坐斷（一字關）
> 臨濟——怒雷掩耳（行棒喝）

> 法眼——千山獨露（明六相）
> 溈仰——光含秋月（示圓相）
> ★由臨濟宗又分出「楊歧派」、「黃龍派」。

青原行思系

曹洞宗
創立者：良价（洞山）及其弟子本寂（曹山），合稱「曹洞宗」
教義：即事而眞（即本體與現象之間具有內在相應）

法眼宗
創立者：文益（因被賜諡號「大法眼禪師」而得宗名）
教義：理事不二，貴在圓融（即任何差別與矛盾皆可融合）

雲門宗
創立者：文偃（龍州雲門山光泰禪寺）
教義：雲門三句「函蓋乾坤（本體）、截斷眾流（思想）、隨波逐浪（方法）」（意為不同對象用不同教法，使人頓悟）

南嶽懷讓系

潙仰宗
創立者：靈祐（潙山）及慧寂（仰山），合稱「潙仰宗」
教義：塵垢淨盡，方得自在（即明心見性，即可成佛）

臨濟宗
創立者：義玄（鎮州臨濟院）
教義：自性是佛，用棒喝斥（棒喝）倡揚佛理，讓弟子省悟

楊歧派
創立者：方會
教義：立處即眞（一切法皆是佛理）

黃龍派
創立者：慧南
教義：黃龍三關 ① 初關：「**破**」（破邪見）② 重關：「**透**」（融通自在）③ 生死牢關：「**出**」（頓悟）

目前台灣重要道場如「佛光山」、「法鼓山」、「中台山」等皆為禪宗叢林，影響深遠；而中國名山古剎的禪風以臨濟宗的楊歧派最盛行，有「楊歧燈盞明千古」的佳話。

【小常識】 佛教世界裡最有人氣的經典

《大般若經》——大乘佛教的理論基礎　　《楞伽經》——禪宗的傳心法本

《阿含經》——小乘佛教的原始經典　　《般若波羅蜜多心經》——眾經之精華

《護國三部經》——仁王經、金光明最勝王經、妙法蓮華經（法華經）

《金剛經》——人氣經典　　《藏密萬咒之王》——六字大明咒（唵嘛呢唄咪吽）

《大悲咒》——漢地第一咒　　《妙法蓮華經》——天台宗最高圓頓宗經

《普門品》——法華經中最廣為流傳之精品

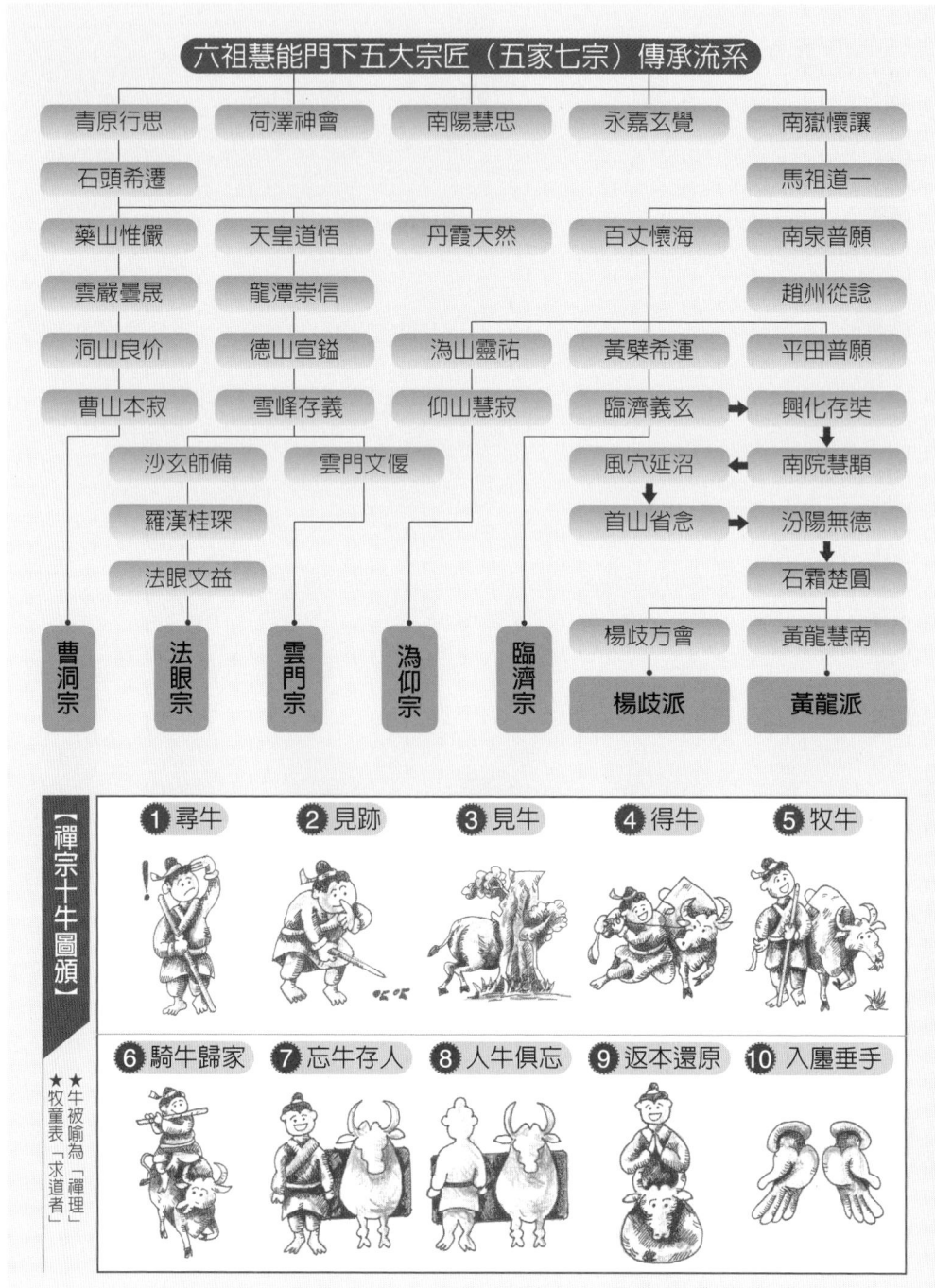

六祖慧能門下五大宗匠（五家七宗）傳承流系

```
                    六祖慧能門下五大宗匠（五家七宗）傳承流系
    ┌──────────┬──────────┬──────────┬──────────┐
   青原行思    荷澤神會    南陽慧忠    永嘉玄覺    南嶽懷讓
    │                                              │
   石頭希遷                                       馬祖道一
    │                                              │
  ┌─┴─────┬──────────┐              ┌──────────┼──────────┐
 藥山惟儼  天皇道悟   丹霞天然        百丈懷海              南泉普願
    │        │                          │                   │
 雲巖曇晟  龍潭崇信                                        趙州從諗
    │        │                    ┌─────┤
 洞山良价  德山宣鑑              溈山靈祐   黃檗希運         平田普願
    │        │                      │        │
 曹山本寂  雪峰存義              仰山慧寂   臨濟義玄  →    興化存獎
             │                                             ↓
         ┌───┴────┐                                    南院慧顒
       沙玄師備  雲門文偃                               ↓
         │                                       首山省念  →  汾陽無德
       羅漢桂琛                                                    ↓
         │                                                    石霜楚圓
       法眼文益                                             ┌──┴──┐
                                                         楊岐方會  黃龍慧南
    ↓        ↓        ↓         ↓         ↓              ↓         ↓
  【曹洞宗】【法眼宗】【雲門宗】【溈仰宗】【臨濟宗】        【楊岐派】 【黃龍派】
```

【禪宗十牛圖頌】

❶尋牛　❷見跡　❸見牛　❹得牛　❺牧牛

❻騎牛歸家　❼忘牛存人　❽人牛俱忘　❾返本還原　❿入鄽垂手

★★牛被喻為「禪理」
牧童表「求道者」

第十節　中國佛教簡史

佛土東來・出現異彩

西漢 西元前2年

漢哀帝元壽元年開始接受佛教信仰。

中國第一座寺院——白馬寺

東漢 西元25~220年

漢明帝時創建中國第一座寺院「白馬寺」。
- 摩騰和法蘭從天竺帶入中國第一部佛經《四十二章經》
- 漢恆帝（劉志）—— 中國第一個信奉佛教的皇帝
- 嚴佛調 —— 中國第一個在家居士（剃髮染衣，未受具足戒）
- 安世高 —— 第一個翻譯小乘佛教經典的人
- 支讖 —— 第一個翻譯大乘佛教經典的人
- 朱士行 —— 第一個西行求法的漢僧（東土沙門之祖）

道教玄風起・佛教戒律興

三國 西元220~280年
- 支謙 —— 第一個到江南弘揚佛法的人（佛教南傳代表人）
- 康僧會 —— 第一個兼具三教思想的翻譯家（佛教北傳代表人）
- 曇柯迦羅 —— 首創「授戒僧制度」的聖僧（被奉為律宗始祖）

佛教奠基・迅速傳播

西晉 西元265~316年
- 竺法護 —— 推動佛教東土傳播的人
- 佛圖澄 —— 中國佛教的奠基者
- 淨檢 —— 中國第一個比丘尼（師太）

格義學派與般若學派（六家七宗）的興起

東晉 西元317~420年

東晉佛學思想分為二大學派：格義學派、般若學派。

東晉佛學思想	一	格義學派		由竺法雅所創立			
	二	般若學派		六家七宗對「般若」不同解讀的派門			
	六家七宗	1	本無宗	釋道安創立	4	幻化宗	道一創立
		2	即色宗	支遁（支道林）	5	心無宗	道恆（支敏度）
		3	識含宗	于法開創立	6	緣會宗	于道邃創立
		7	無異宗	竺法琛創立（由本無宗分支出），稱六家七宗			

- 慧遠 —— 被奉為淨土宗初祖（釋道安的門下高足）
- 法顯 —— 被尊稱為中國佛教的旅行家
- 鳩摩羅什 —— 中國佛教四大譯師之一

十哲	八俊	四聖	1	僧叡		2	僧肇（解空師）		
			3	道生（涅槃聖）		4	道融（辯論師）		
		5	曇影	6	慧嚴	7	慧觀	8	僧留
	9	道恆（支敏度）「心無宗」創立者				10	道標		

鳩摩羅什的十大弟子（十哲）

僧叡 鳩摩羅什眾多弟子中的上首弟子（大徒弟）。

僧肇 被譽為「解空大師」，強調「不真即空」。

道生（生公） 被譽為「涅槃聖」，曾在蘇州虎丘向石頭講道，而石頭均有反應（生公說法，頑石點頭）。

道融 被譽為「辯論師」，其辯經解論的能力被鳩摩羅什師父稱為「佛法之興盛，常有賴於道融清辯」。

道生

江東佛法・弘重義門・譯經絕後超前

南北朝 西元420~589年
- 求那跋陀羅 —— 楞伽學派祖師
- 眞諦 —— 義學大師（中國四大譯師之一）
- 梁武帝 —— 三脫龍袍著袈裟的皇帝（中國十八羅漢之一）

梁代三大法師
法雲居光宅寺立「法華獨步」、智藏居開善寺立「涅槃騰譽」、僧旻居莊嚴寺立「十地擅名」。

- 達摩 —— 被奉爲禪宗初祖
- 菩提流支 —— 譯經元匠
- 僧佑 —— 佛教文史學家
- 鐵薩羅 —— 創立佛教比丘尼制
- 慧可 —— 斷臂求法（禪宗二祖）
- 曇鸞 —— 淨土思想先驅
- 智顗（智者大師） —— 創立中國第一個宗派（天台宗）

佛香遠傳・繁花盛開・佛教最輝煌燦爛的時代

隋唐 西元581~907年
- 吉藏 —— 創立三論宗
- 道綽 —— 提倡稱名念佛
- 道信 —— 禪宗四祖
- 法融 —— 創立牛頭禪
- 法順（杜順和尚） —— 被奉爲華嚴宗初祖
- 灌頂（章安大師） —— 弘揚天台思想（天台五祖）
- 道宣 —— 創立「南山律宗」
- 窺基 —— 創立「唯識宗」
- 玄奘（三藏法師） —— 中國佛學第一人
- 智儼 —— 華嚴二祖
- 湛然 —— 天台中興之祖
- 弘忍 —— 東山法門（禪宗五祖）
- 善導 —— 創立「淨土宗」
- 慧能 —— 創立「禪宗」（禪宗六祖）
- 神秀 —— 創立「北方禪」
- 圓測 —— 傳播唯識論
- 澄觀 —— 華嚴四祖

- 法藏（賢首大師）—— 創立「華嚴宗」
- 開元三士 —— 善無畏、金剛智、不空
- 蓮華生 —— 藏傳佛教（喇嘛教）各宗派共同祖師

五代十國 西元907~960年
寫經藏閣，會通義理。

宋朝 西元960~1279年
佛教世俗化，三教合一思想興起。

元朝 西元1206~1368年
密教（喇嘛教）盛起。

明朝 西元1368~1644年
重沙門組織及戒律。明末四大高僧：蓮池袾宏、憨山德清、藕益智旭、紫柏眞可。

清朝 西元1644~1911年
重視藏傳佛教，禪宗、淨土宗獨盛行。

民國 西元1911年起迄今
朝禪暮淨全天律（人間佛教）。
（早上禪定修心，下午稱名唸佛，整天持守戒律）

中國佛教的浩劫大事記

三武一宗法難 從漢高祖（西元前247年）到清宣統（1911年）兩千多年裡，共有209位皇帝掌政，大致上均承「尊佛敬釋」（尤以梁武帝及清順治帝最虔誠）但也出現過「崇道滅佛」的皇帝（因怕佛教炙焰危及皇位），史稱「三武一宗」法難。

一武法難	南北朝（西元444年）北魏太武帝（拓跋燾）得道士寇謙之，信行其術，崔浩乘機諫言滅佛興道，於是坑殺天下僧侶數萬，毀經拆寺，是為佛教大浩劫。
二武法難	南北朝（西元560年）北周武帝（宇文邕）信道士張賓言，焚經毀像，令沙門還俗（但未殺僧侶）。
會昌法難	唐朝（西元845年）唐武宗（李炎）信道士趙歸真，於會昌年間下詔滅佛拆寺。
世宗法難	五代十國（西元955年）後周世宗（柴榮）因見僧侶奢華不務農事供人奉養，下詔毀佛銅像鑄錢，僧侶淪為奴役。

第十一節　中國佛教重要人物

一、古典時期佛教思想的先驅

馬鳴尊者 最初發表大乘佛教思想的人

古典時期的佛教先驅，也是佛學造論始祖，他是佛教付法眼藏的第十二祖，其論辯能力無人能及，據說連馬匹不吃馬料，也要來聆聽他的講法說道，並且引發共鳴，故稱「馬鳴」。

龍樹 大乘佛教的創始祖師

大乘顯、密二教的祖師，中觀派般若學說（空宗）的奠基者，他和弟子提婆兩人，雖未曾來到中國，但其學說思想影響著中土佛教甚鉅，大乘教義由他們的闡揚而光芒萬丈，其理論為藏傳佛教（喇嘛教）的主流思想，「三論宗」的義理支柱，「天台宗」的根源，「淨土宗」的依據。可說是各宗派的宗主祖師，他因生於樹下、得道於龍宮而得名為「龍樹」。

無著 大乘佛教瑜伽行派的祖師

大乘唯識派（有宗）的奠立者，與胞弟世親兩兄弟於小乘部派得渡，最後轉入大乘部派弘揚、傳述彌勒菩薩的思想理論，並成為偉大論師。

嚴佛調 中國第一位在家居士

漢靈帝時的清信士（在家居士），雖未正式受具足戒（出家），但其所著的「沙門十慧章句」，被譽為「佛調出經、省而不煩、全本巧妙」。

求耶跋陀羅 楞伽學派祖師

中竺人精通五因明，從海路到廣州，譯有《雜阿含經》、《楞伽經》等，對中國佛教史產生重大影響。

二 中國偉大的譯經師

安世高 漢譯佛經第一人（小乘經典為主）

他是安息國（波斯）的太子，自幼崇信佛教，將王位讓給他的叔父，然後出家修道，並在西域各國遊方弘法。因通曉漢語，於東漢桓帝年間至洛陽定居，並翻譯大量佛典，成為漢譯佛經第一人。所譯內容被喻為「義理明晰，文正允正，辯而不華，直而不野」，對中國佛教理論有重大啟蒙。

三支 大乘佛教三大譯師（天下博知，不出三支）

支讖（支婁迦讖）、支亮（支讖之弟）、支謙，以上三人合稱「三支」，其中支謙是第一位到江南弘法的高僧。

竺法護 推動佛教東土傳播的高僧

他博覽儒家經典，涉獵百家之言，精通36國語言，西晉時從敦煌到長安；後入洛陽，沿途傳譯佛典，使佛法迅速在中國流傳，被稱為「敦煌菩薩」。

康僧會 第一位融合儒、釋、道三教文化的譯經師

三國時吳國僧人，他融會「儒家的倫理、佛門的慈悲、道教的道德」思想，創建江南第一寺（建初寺），並由此寺做出發點，從事譯經及傳教授法的事業。

菩提流支 譯經元匠

北魏時（中竺人）居洛陽永寧寺，譯有《十地論》、《淨土論》，對弘揚佛法不遺餘力。

法顯 佛教的旅行者

他是第一位前往印度取經的漢僧，蒐集了大量有關僧侶戒律的經典，並予翻譯，著有《佛國記》，開啟了後代前往西方取經的熱潮。

義淨 搭船西渡求法的高僧

唐代僧人，因仰慕法顯及玄奘西行求法的聖蹟，於是南下廣州搭船泛海至印度求法。

曇無讖 傳譯《涅槃經》的大師

他善於咒術，在西域有「咒術大師」之稱，後來得到一部寫在樹皮上的《涅槃

經》，於是將其傳譯並發揚，使人們對佛教產生極大的嚮往，內心的懺悔賦予衛世行善。

三 中國四大譯師

四大譯師之前，雖有如安世高、三支（支讖、支亮、支謙）、竺法護等譯師，譯出經典數量可觀，但都是斷簡零散的內容，不成系統條目，真正發揚經典事業者為四大譯師。

鳩摩羅什 傳譯大乘「空宗」經典

他是龍樹菩薩的四傳弟子，曾在龜茲廣說大乘經典，威名遠播，姚秦時期被待以國師之禮尊奉，住長安十二年，並譯有《妙法蓮華經》（《法華經》）、百論、中論、十二門論及成實論等三十五部，以中觀般若派（大乘空宗）為主的佛教重要經典，他雖然名揚天下，卻被迫娶妻生子。

著名的弟子 僧叡、僧肇、道生、道融（四聖）

真諦 義學大師（傳譯大乘有宗經典）

南北朝時學識最淵博的外僧，在華期間譯經甚多內容以大乘瑜伽行、唯識派（大乘有宗）為主，著作者為無著，世親兩兄弟，由於譯經採用義譯方法，被稱為「義學大師」。

著名的弟子 慧愷（俱舍師）、吉藏（嘉祥大師）

玄奘 中國佛學第一人（唯識宗創始者）

唐玄宗貞觀三年，西遊印度求法，取回大量經典並翻譯（《西遊記》即以唐僧取經為題材），因其精通經、律、論三藏被尊奉為「三藏法師」，史稱「唐三藏」，被唐太宗奉為國師，是四大譯師中，譯經最多，影響中國最鉅的偉大譯師，被譽為「釋門千里之駒」（唯識宗創始者）。

著名的弟子 神昉、嘉尚、普光、窺基（四哲高足）

不空　密宗的先驅

唐代僧人，曾助唐肅宗平定安史之亂，並被賜法號「智藏」（大廣智三藏）譯有《金剛頂瑜伽經》等，與善無畏、金剛智三人合稱為「開元三大士」，並創立中國佛教宗派「大乘密宗」。

著名的弟子　一行・惠果（其弟子空海將密教傳到日本）

四　中國佛教的聖僧

摩騰與法蘭　最早來華的天竺（印度）高僧

他們兩人是漢明帝命蔡愔及秦景迎請來華的天竺大師，並建造中國第一座寺院「洛陽白馬寺」。

朱士行　中國第一僧

中國佛教史上第一個出家的僧人，亦是第一個依受戒而成的比丘，故被稱為「中國第一僧」。

淨檢　中國第一比丘尼（師太）

西晉女子仲令儀，因大悟佛理遂萌發出家之念，後經登壇受具足戒，而成為中國最早的比丘尼，此後女子出家遂成風氣。

曇柯迦羅　首創「受戒僧制度」的聖僧

三國時魏國僧侶（天竺人），他為佛教僧團（沙門）奠立了組織基礎，首創「受戒度僧制」（出家人須受此戒），後來被奉為「律宗始祖」。

鐵薩羅　佛教比丘尼戒的創立者

南朝人，原為獅子國（斯里蘭卡）的比丘尼，帶領十位比丘尼來到中國建康（南京）定規傳戒。

傳大士

法號善慧，自稱「雙林樹下當解脫善慧大士」，梁武帝曾慕名遠來，請大士講道說法，而他卻拍一下驚堂木，便說講完了，使帝愕然。

慧皎 中國佛教的史學家

南朝僧人，著有《高僧傳》，記撰四百多位僧人的生平事蹟，為佛教僧傳開創始之作。

支遁（支道林） 名僧兼名士，雙重風朵的僧人

東晉僧人，因幼有神理，聰明秀徹，好作詩文，喜好老莊，擅長字畫，創立「即色宗」，被稱為「身披袈裟的名士」。

法琳 護法沙門的先鋒

隋末亂世時，他為了維護佛教法統，不惜得罪朝廷，險些送命。唐代初立時唐太宗欲推行「興道抑佛」，因法琳據理力爭，才使佛教在唐朝大放光芒，受後代教徒敬仰。

【小常識】 中國人最喜歡的數字是「九」，不是「八」

奇數為「陽」，偶數為「陰」，而「九」是陽數最大者，故城桓皆設九門、九霄雲外、九泉地下，城門常釘縱「九」、橫「九」凸飾物。而「八」只是「發」的諧音，並非吉祥數目。

五 中國佛教的高僧

佛圖澄 中國佛教的奠基者

因以神異能力傳法，深受後趙暴君石勒皇帝的信任，因此使其開始戒殺，並建立許多佛寺、教育眾多弟子，奠定了中國佛教屹立不搖的基礎。後世稱其為「妙解深論，旁通世論，妙達精理，研測幽微」，死後只見缽杖，不見屍骨，被尊封為「大和上」。

釋道安 沙門「釋」姓之始祖（「本無宗」創立者）

道安早年父母雙亡，被送到寺院撫養，因外貌醜陋，故不為人所看重，甚至受到嘲諷，後因天資過人而成為一代高僧（佛圖澄眾多弟子中的佼佼者），創立「本無宗」（為六家七宗之首）。他主張沙門應以「釋」為姓（四河入海，無復河名，四姓出家，同稱釋氏），大師之本，起莫尊釋。並制定僧尼軌範，成為後世沙門所遵循的法典，永成定式，至今不變。

六 中國各大宗派的宗師

1 天台宗——法華宗（中國第一個佛教宗派，又稱圓教）

智顗（智者大師） 天台宗第四祖，亦是實際創立者

他雖貴為官家少爺，卻一心事佛，曾幫助隋煬帝楊廣受菩薩戒，被賜封「智者」的尊號、因長期居住於天台山，倡導圓頓教規，將南北朝時北方重禪修、南方重義理的學風融合統一，並創立中國第一個佛教宗派，號稱「天台宗」。此外，並為陳、隋兩王朝竭誠說法講道，被譽為「陳、隋兩朝帝師，國之重寶」。

慧思（南岳大師） 天台宗第三祖

提倡定慧並重的「法華安樂行」法門，注重禪法踐行，史稱「自思南渡，定慧雙修」。

灌頂（章安大師） 天台宗第五祖

一生著作甚豐，使天台宗的弘揚更加日盛，他是智顗（智者）的上首弟子（高足）。

湛然（荊溪大師） 天台中興之祖（九祖）

唐朝開元年間，天台宗漸趨衰微，他以中興本宗（天台宗）為己任，倡導「無情有性」將義理全部條理化，使天台宗再度盛行弘揚。其弟子道邃，行滿還傳於日僧最澄（日本天台宗始祖），使天台宗流傳於日本。被奉為「天台中興之祖」（九祖）。

2 華嚴宗——賢首宗／法界宗

杜順（法順） 華嚴始祖

十八歲時出家，師事因聖寺僧珍，受特定業修，後住於終南山，教化道俗，唐太宗賜其「帝心」法號。常雲遊四方，產生很多神奇傳說，其形象為「騎虎」，被喻為「神僧」。

法藏（賢首國師） 華嚴三祖

他是唐武則天的家廟和尚，與唐朝五任君王關係甚密，

172

後人稱其為「五帝門師」，地位尊榮。曾被朝廷賜「賢首」及「國一」封號，故稱「賢首國師」，華嚴宗又被稱為「賢首宗」，韓國、日本稱其為「香象大師」。

澄觀（清涼大師） 華嚴四祖

他以恢復華嚴正統為己任（是法藏的上首弟子），力破慧苑的異說，使華嚴宗盛行一時，被稱為「清涼大師」。

宗密（圭峰大師） 提倡華嚴禪

他是澄觀的弟子，倡導儒、釋、道三教合一，融合了華嚴（圓修）與禪宗（頓悟）的禪教一致論，史稱「華嚴禪」。

③ 三論宗──中觀空宗／嘉祥宗

吉藏（嘉祥大師） 頗受議論的大師

吉藏是真諦（四大譯師之一）的門徒，因住浙江嘉祥寺，被稱為「嘉祥大師」。他學識淵博，不免恃才自傲，好鬥好辯，不拘小節，並曾開設當鋪，與眾僧侶不睦，是頗受人們爭議的名僧。他倡揚八不論（不生亦不滅，不常亦不斷，不一亦不異，不來亦不出），認為這「八不」是諸佛之中心，眾靈之行處。由於他的論調有濃厚的印度原始佛教思想，較難滲入中國傳統儒家思惟。

法朗

在興皇寺大弘三論，力破「成實」異說，主張「彈他顯自」。

④ 法相宗──唯識宗／慈恩宗

窺基（慈恩大師） 三車和尚

他是將門的子弟，事師玄奘（三藏法師），他將唯識法相宗論發揚光大，因住長安慈恩寺被稱為「慈恩大師」；雖出家但未斷欲情，照常吃葷，被稱為「三車和尚」。

圓測（圓測文雅）

新羅國國王之子孫，曾向玄奘求法，深受唐武則天的信賴，晚年在西明寺傳揚唯識教義。

慧沼（淄州大師）

他解辯超群，統一了唯識宗內部對義理的分歧，與窺基及智周合稱為「唯識三祖師」。

玄門四足神

玄奘（三藏法師）門下最出色的四大弟子：神昉、嘉尚、普光、窺基。

❺ 律宗──南山宗

道宣（南山律師）

鑽研律部經，弘揚「四分律」（後來成為各宗派必修律學）即而入終南山潛心述作，此一學系被稱為「南山律宗」，成為現世律宗主流。

> 道宣

鑑真　日本律宗始祖

六度日本弘法的盲眼傳法大師，在日本奈良建造「唐招提寺」，成為日本律宗本寺。鑑真也被奉為日本律宗始祖。

> 鑑真

僧佑　佛教文史學家

提倡「法由人弘」，將所獲得的布施悉數用來興建寺院，廣蒐佛經建立「經藏」。被譽為「佛教文史學家」。

元照　律宗中興大師

弘揚戒律和淨土並重「生弘律範，生歸安養，平生所得，唯此法門」。南宋敕諡「大智律師」。

❻ 密宗──真言宗／瑜伽宗

開元三士

- **善無畏**　傳胎藏界曼荼羅密法，中竺人，奉師命來華弘教，唐玄宗奉其為「國師」，譯有《大日經》。
- **金剛智**　傳金剛界曼荼羅密法，偕其弟子不空，由海道來華弘教，譯有《金剛頂經》，擴大密宗在中國的影響力。
- **不空**　大興密宗，為中國四大譯師之一。

一行

組織密宗教理，被稱為「僧中科學家」。他自幼天資聰穎，過目不忘，曾從事天文學研究。唐玄宗賜其諡號「大慧禪師」。他融合了胎藏界、金剛界兩部密法，加注經論組織教理，促使密教更中國化（漢化）。

7 淨土宗——蓮宗／念佛宗

慧遠（正覺圓悟大師） 淨土宗始祖

東晉僧人，以弘揚彌陀淨土為最力，於廬山白蓮結社，倡導同修念佛三昧，以期能往生西方極樂世界，為中國結社念佛之始，被奉為「淨土始祖」。曾提出「沙門不敬王論」（即出家人不必向帝王跪拜），但此論調皇室貴族無法認同，故終失敗。

曇鸞（肉身菩薩）

梁武帝稱其為「肉身菩薩」，東魏靜帝稱其為「神鸞」。他提出「難行道」與「易行道」思想，奠定了淨土宗（易行道）的基礎。

道綽

曇鸞的弟子，提出「聖道門」與「淨土門」的思想，教人一心念佛的淨土修行，進一步深化淨土理論。

善導 淨土二祖

少年時就出家為沙彌，因見西方極樂圖，頗有所感，而立下夙願往生淨土。他提倡「稱名唸佛」法門（捨雜呈淨），一時之間淨土大盛，流傳迅速，影響廣遠。被奉為「淨土二祖」，台北東區有一著名寺院，就稱為「善導寺」。

延壽（永明大師） 弘揚禪淨合一（六祖）

融合禪宗及淨土宗的教理，稱為「透禪修淨」（即透過宗門禪，融攝教律的淨土行）成為目前各大寺院的基本教條。

袾宏（蓮池大師） 淨土八祖

雲棲袾宏（蓮池大師）提倡沙門修業三大要：信、願、行（執持名號一心不亂）。

智旭（蕅益大師）淨土九祖

靈峰智旭（蕅益大師）提倡唸佛三要：念他佛、念自佛、念自他佛（持戒念佛）。

徹悟（際醒大師）淨土十二祖

清乾隆年間淨土大師禪門宗匠，尚歸心淨土，主張蓮宗，遂成大叢林（以淨土為依歸）。

印光大師 淨土十三祖

民國初年人，自號「常慚愧僧」以自勵。

8 禪宗——佛心宗／達摩宗

達摩 壁觀思惟（禪宗初祖）

南北朝高僧，主張坐禪省悟，不注重經典佛理，曾在嵩山少林寺面壁思惟九年，創立禪宗，其不屈不撓的精神被人們視為不倒翁，成為現代日本及中國的吉祥偶像物。

達摩

不倒翁

慧可 斷臂求法（禪宗二祖）

隋文帝賜諡號「正宗神光普覺大師」，提倡萬法一如、即心即佛。

僧燦 信心銘（禪宗三祖）

唐玄宗賜諡號「鑑智禪師」，提倡任心逍遙的禪修（即不用求真，唯須息見）。

道信 一行三昧（禪宗四祖）

提倡隨心自在、無礙縱橫。

弘忍 東山法門（禪宗五祖）

被稱為「大滿禪師」，他一直強調「守本真心」，提倡「山林佛教」（聚徒安居生產，自給自足，深入民間）。

慧能 自證菩提（禪宗六祖）

慧能年幼喪父，老母遭孤，家境清貧，投弘忍門下隨眾作務，並無特別才識，後因作偈語「菩提本無樹，明鏡亦非台，本

慧能

來無一物，何處惹塵埃」，得到五祖弘忍的認可，超越上首弟子神秀，密受依缽，將法南傳，史稱「南宗禪」。他創立「曹溪頓教禪法」，在南方大興法事，發揚光大，法傳不絕，終於獲得禪宗正統地位，被奉為「禪宗六祖」。

神秀 北宗禪創立者

他原為五祖弘忍的大弟子，因作偈語「身是菩提樹，心如明鏡台，時時勤拂拭，勿使惹塵埃」輸給了小徒弟慧能，未能承繼正統，即開創「北宗禪」。此一派系初曾盛行於北方，並獲唐武則天大力扶持，風光一時，形成南北禪對立，勢如水火（南頓北漸），但因後繼無力，終被南方慧能取得正統地位。

法融 牛頭禪創立者

他是四祖道信旁出弟子，受認可建立「牛頭禪」（由般若入禪，弘法與身行並重），倡心境本寂、絕觀忘守。

【小常識】 韋馱天的兩種形象

韋馱天為佛教的護法神，佛經最後一頁均會印有其法像，他同時也是佛寺的守護神。一般均會以捧劍造型表示「歡迎光臨」；持劍代表「請勿進入」（修行寺院）。

捧劍表「歡迎光臨」

持劍表「請勿進入」

七　近代名僧

敬安 八指頭陀

清末高僧，民國二年圓寂於北京法源寺，享年62歲，是中華佛教總會第一任會長，被譽為「詩僧」。

月霞 近代華嚴宗大師

曾創辦華嚴大學，民國六年圓寂，享年60歲，以「教弘賢首，禪繼南宗」為己任，是近代華嚴的代表人。

印光 常慚愧僧

於南京開辦佛教慈幼院，抗日戰爭為保民族氣節，拒絕參與世俗活動，被奉為淨土宗第十三祖。

諦閒 近代天台宗高僧

在南京創辦僧師範學堂及寧波觀宗學社，專弘天台教義。

弘一 重興南山律宗的高僧

創辦南山律宗學院，提倡「念佛不忘報國，報國必須念佛」。民國三十一年圓寂，被奉為律宗第十一祖。

虛雲 現代禪宗第一巨匠

他出生於富貴人家，出家後一心向道，苦節危行，八國聯軍侵華時，曾隨帝后一行至西安，後入終南山結茅潛修參禪，創戒律學院，弘揚禪風。曾到香港弘法，據說皈依受戒者數萬人，為香港佛教奠定發展基礎，民國四十二年當選為中國佛教協會名譽會長，還當過中共政協委員，享年120歲。

太虛 擬起佛教革新運動的高僧

創中國佛教協進會，提出教理革命、教判革命、教產革命的三大主張，因此掀起了一場佛教改革運動。曾組織中國宗教徒聯誼會，據傳聞他曾當過蔣介石的風水國師，民國三十六年圓寂於上海。

圓瑛 中國佛教協會第一任會長

別號「吼堂主人」，在上海創辦著名的圓明講堂。民國七年創辦寧波佛教孤兒院，民國二十八年被上海日本憲兵以抗日罪名逮捕，民國三十四年創楞嚴學院；民國四十二年中國佛教協會在北京成立，被推選為第一任會長（虛雲禪師為名譽會長），同年圓寂於寧波天童寺，享年75歲。

【小常識】　各宗教均有救世主遁世復臨之說

猶太教：彌賽亞「以利亞」將騎火馬從天而降。

印度教：毗濕奴的第十種化身「迦爾基」將趁機現世。

伊斯蘭教：十二伊瑪目，最後一位「馬赫迪」將重返人間。

基督教：世界末日將近，耶穌基督將再次復臨救世。

佛　教：未來星宿劫，彌勒佛將下凡帶給世人喜悅安樂。

> 【小常識】　各種頭銜尊號的起源

釋：東晉釋道安提倡「四姓出家同一釋子，百川入海同一鹹味」，故沙門（僧侶）皆為「釋」姓，如：釋證嚴、釋惟覺、釋聖嚴。

聖：基督教對於傳播教義、有貢獻的人或殉教者，均尊封為聖（由教宗欽點公布），如：聖彼得、聖保羅、聖奧古斯丁。

巴：藏傳佛教對學識淵博的人或大成就者，字尾後會加「巴」，表示與眾不同的聖者，如：宗喀巴、密勒日巴、八思巴、瑪爾巴。

子：中國文學家姓氏後加「子」以示尊敬，如：孔子、孟子、莊子、老子。

天：天龍八部之天部（天宮）諸神，均以「天」來代表天部之神，如：韋駄天、毗沙門天、帝釋天、吉祥天、大梵天、辯才天。

竺：天竺（印度）來的高僧，均被冠以「竺」來區別，如：竺法護、竺法雅。

支：如果由大月氏（敦煌）來的僧人均被冠以「支」，如：支謙、支亮。

命：日本神道教諸神的後面均會加上「命」（kama），代表某某神的意思，如：玉依姬命、伊邪那岐命。

第十二節　佛像的形成

形成的背景

世尊生前反對祭祀、禁止崇拜偶像，重視自我修悟與自我覺行；其涅槃二百年後，孔雀王朝的阿育王篤信佛教，建造一座紀念塔，雕刻一些象徵物，藉以代表佛陀精神。

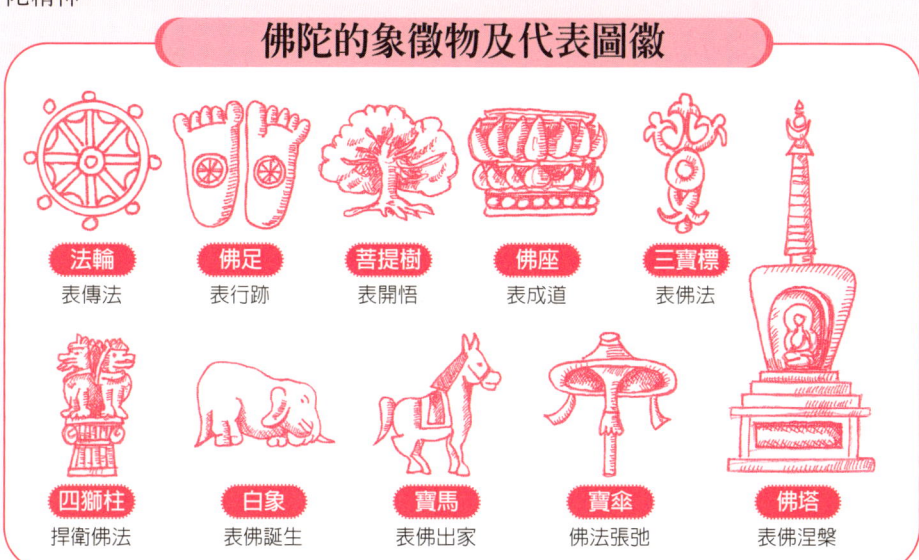

佛陀的象徵物及代表圖徽

法輪	佛足	菩提樹	佛座	三寶標
表傳法	表行跡	表開悟	表成道	表佛法

四獅柱	白象	寶馬	寶傘	佛塔
捍衛佛法	表佛誕生	表佛出家	佛法張弛	表佛涅槃

佛教

形成的起源 佛像是出現在世尊入滅五百年後的犍陀羅地區，由於弟子在佛經上繪有佛容，然後依據平面畫像雕成立體佛像；又因古代文盲甚多，知識水準甚低，無法探索佛教深奧的哲理，只好用最簡單的朝拜方式表現尊佛，並盼能得到福報的迷信作法。於是迅速在低下階級社會流傳開來。

形成的目的 古希臘神話故事與雕刻藝術微妙維肖，令人讚賞，將其視為人類重要文化資產與藝術精華來欣賞。然而佛教後世子弟把雕像當成鞏固宗教信仰，激發宗教情感的傳教手段，將佛陀的事蹟神格化，將佛陀的雕像偶像化，這完全違背世尊生前淡泊名利、看穿世俗、常樂我淨、得大自在的無畏精神。從此犍陀羅藝術受希臘傳統文化的影響下，打破宗教禁忌，雕立佛像供人奉拜，其他宗教認為「有限的圖像，用來代表無量的神」是大不敬的行為（尤其是回教），故佛教被其他宗教嘲諷為「像教」。

何謂佛像

佛像是佛教藝術的形象，也是教徒崇拜的對象。小乘佛教以世尊成道前的降魔印為主；大乘佛教以世尊得道後的無畏印為主。

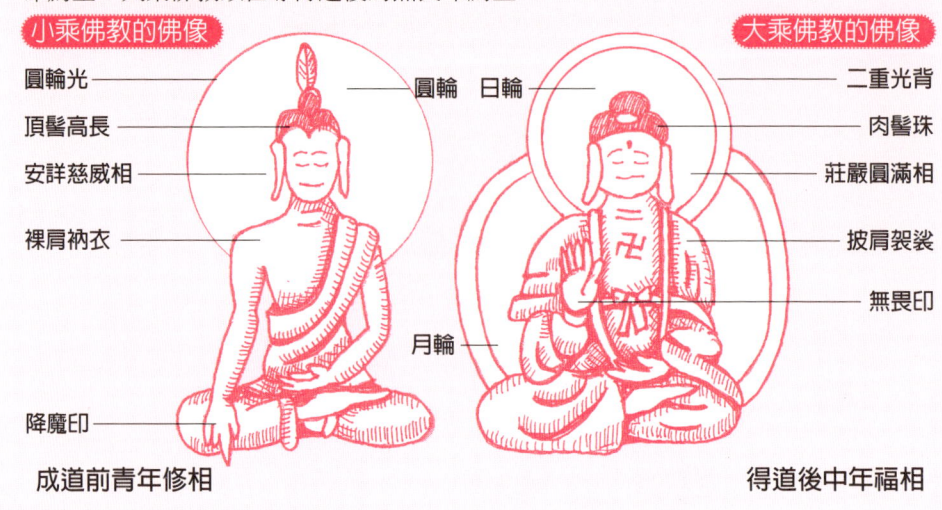

小乘佛教的佛像
- 圓輪光
- 頂髻高長
- 安詳慈威相
- 裸肩衲衣
- 圓輪
- 降魔印

成道前青年修相

大乘佛教的佛像
- 日輪
- 二重光背
- 肉髻珠
- 莊嚴圓滿相
- 披肩袈裟
- 無畏印
- 月輪

得道後中年福相

佛陀的相好

佛陀的外貌形相以「三十二相」和「八十種好」為神聖定相基準，合稱「佛陀相好」。

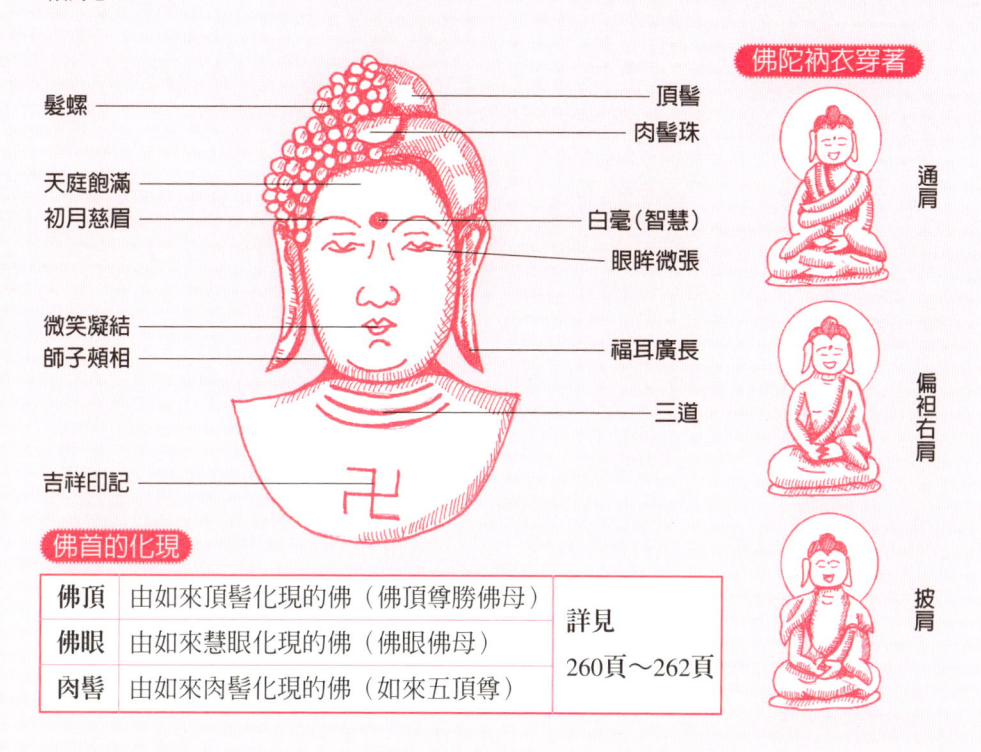

佛陀的相好圖示標註：
- 髮螺
- 天庭飽滿
- 初月慈眉
- 微笑凝結
- 師子頰相
- 吉祥印記
- 頂髻
- 肉髻珠
- 白毫（智慧）
- 眼眸微張
- 福耳廣長
- 三道

佛陀衲衣穿著：
- 通肩
- 偏袒右肩
- 披肩

佛首的化現

佛頂	由如來頂髻化現的佛（佛頂尊勝佛母）	詳見 260頁～262頁
佛眼	由如來慧眼化現的佛（佛眼佛母）	
肉髻	由如來肉髻化現的佛（如來五頂尊）	

佛像的分類

小乘佛教以釋迦牟尼佛為唯一神尊（一神論），而大乘佛教認為三世十方到處皆有神佛在教化世人，故神佛眾多（諸神論）。

佛　陀──頭頂髮髻，身著袈裟，手結印契，莊嚴出家相
菩　薩──頭戴寶冠，身著天衣，手拿聖品，慈悲在家相
護　法──頭激怒髮，身圍獸皮，手握兵器，威猛忿怒相
守護神──頭戴鎧冠，身披冑甲，手持法器，無畏攝威相

佛教

佛	菩薩	護法	守護神
莊嚴出家相	慈悲在家相	威猛忿怒相	無畏攝威相

佛像的背光 代表尊像德行光明，象徵「佛光普照」。

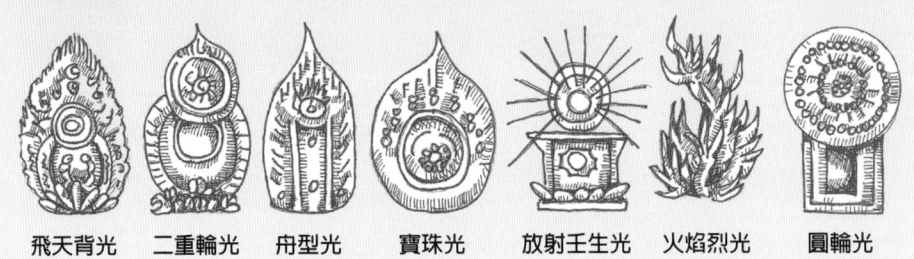

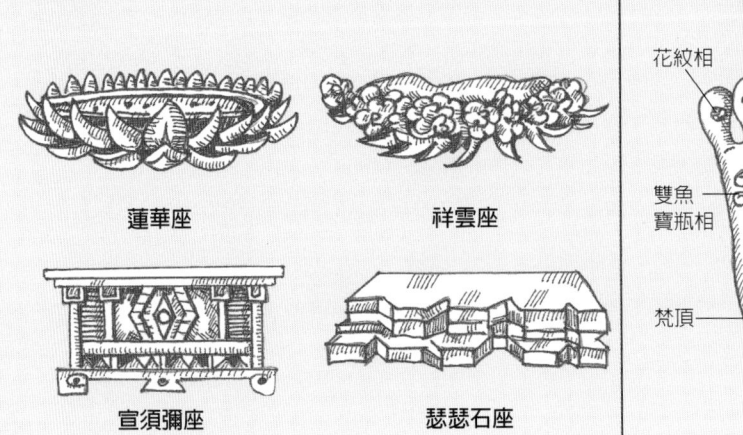

| 飛天背光 | 二重輪光 | 舟型光 | 寶珠光 | 放射壬生光 | 火焰烈光 | 圓輪光 |

各種台座 最常見的台座首推「蓮華座」。

蓮華座　　祥雲座
宣須彌座　　瑟瑟石座

佛足

- 花紋相
- 月王相
- 雙魚寶瓶相
- 金剛杵相
- 梵頂
- 法輪相

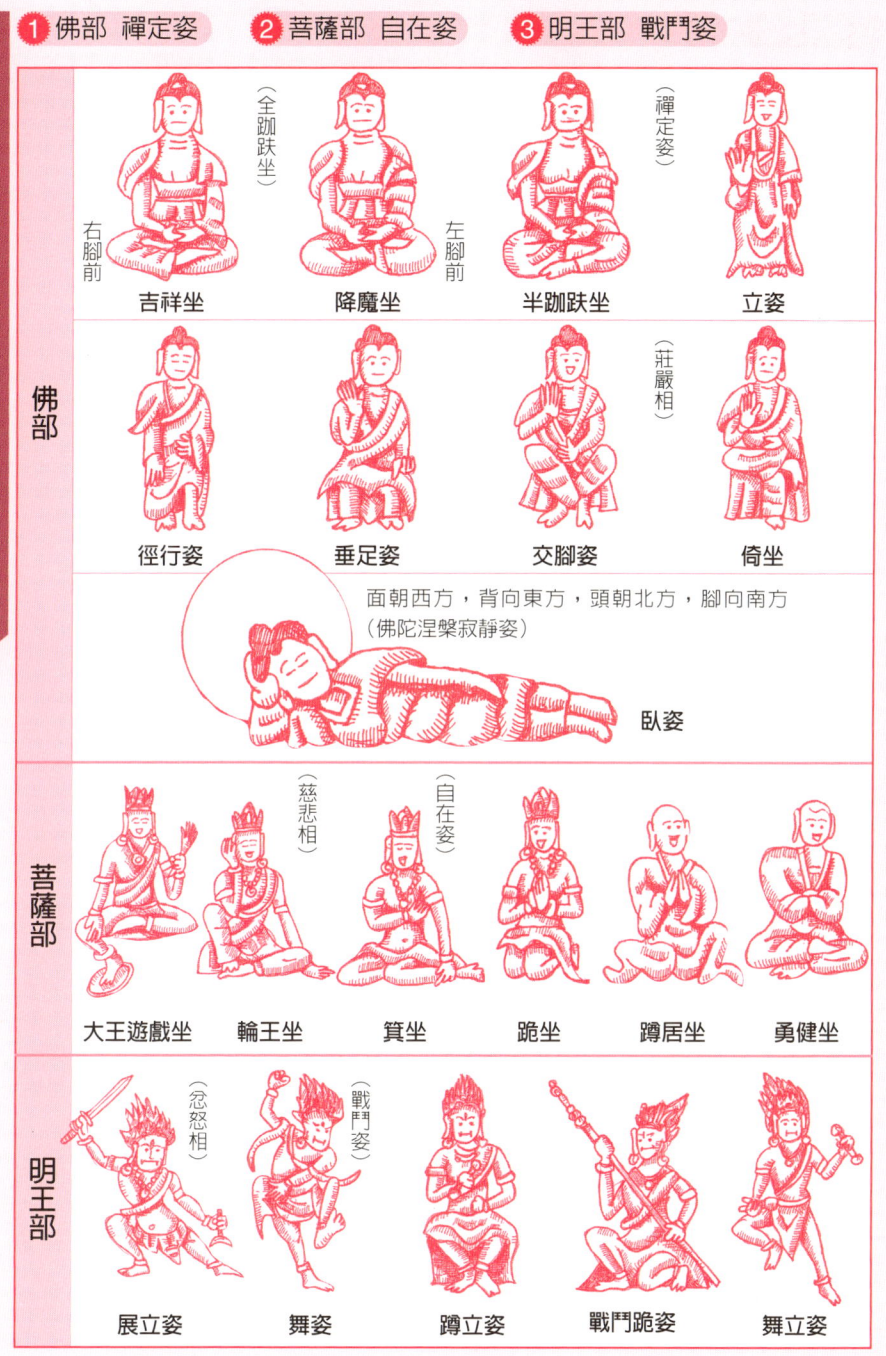

【佛像的姿勢】諸佛、菩薩、明王的三種儀態姿勢

❶ 佛部 禪定姿　　❷ 菩薩部 自在姿　　❸ 明王部 戰鬥姿

佛部

吉祥坐（右腳前）	降魔坐（左腳前）（全跏趺坐）	半跏趺坐	立姿（禪定姿）

徑行姿	垂足姿	交腳姿（莊嚴相）	倚坐

面朝西方，背向東方，頭朝北方，腳向南方
（佛陀涅槃寂靜姿）

臥姿

菩薩部

大王遊戲坐	輪王坐（慈悲相）	箕坐（自在姿）	跪坐	蹲居坐	勇健坐

明王部

展立姿（忿怒相）	舞姿（戰鬥姿）	蹲立姿	戰鬥跪姿	舞立姿

183

佛教

法器特物

尊像手持的法器，稱「持物」。持物又分吉祥物、寶物、法具、兵器、樂器、獸禽等，代表「本誓功德」或「本願道行」。

佛教八吉祥物 八瑞相

藏區寺廟、住家廣被使用的八種圖騰

❶ 吉祥結	❷ 法輪	❸ 寶瓶	❹ 法螺
又稱「無限之紐」，象徵吉祥萬福德行、佛法永恆貫徹無止無境，常被用「卐」記做為簡要標誌。	印度國徽，佛教標記，象徵佛陀說法真理的輪續，代表教法圓融傳承動力輪轉不息。	內裝寶珠聖水，插孔雀吉祥羽毛，繁生眾多寶物如意瓶；象徵財運聚集，代表對佛的禮敬。	法會時用來梵鳴吹奏的法器，象徵佛聲、佛法和佛理四處遠播、宣揚教義度眾救世。
❺ 蓮華	❻ 寶傘	❼ 勝利幢	❽ 黃金魚
蓮花出淤泥而不染，被視為開悟斷卻煩惱菩薩德行的象徵，表純淨不染。	古代遮陽蔽物的用具，象徵保護佛法使教義張弛而達護蔭眾生弘願。	古代軍旗，象徵佛法戰勝所有的邪魔外道，解脫煩惱，迎接勝利與光明。	悠游水中自在得意，超越世俗，闊達開朗，顯現自在修行道果，表豐足富裕。

七政寶 七珍
是聖轉輪王出現時圍繞在他身上的七件寶物

① 摩尼寶	② 寶馬	③ 寶象	④ 法輪	⑤⑥⑦ 三聖人
如意珠 如人所願	疾走如風 日行千里	力大無窮 揹負重任	圓融教化 發揚光大	財臣：執政理財 武將：保家衛民 王妃：聰慧賢德

兵器

① 獨股杵	② 三股杵	③ 五股杵	④ 羯摩杵

① **獨股杵** 象徵須彌山的正義法體
② **三股杵** 象徵身、語、意三密之三軌法門
③ **五股杵** 表五佛五智
④ **羯摩杵**（十字金剛杵）

金剛杵 堅固不變，代表慈悲

金剛鈴	智慧劍	寶棒	金剛鎖	套索
催破煩惱 代表智慧	催斷愚痴	催破大道惡業	繫縛安詳 催破惡患	索縛外道

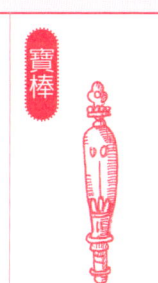

人頭杖	錫杖（示警棍）	金剛斧	金剛鉤	三叉戟
消除諸魔恐懼	迎德驅惡護法	遠離宮難	鉤滅惡魔 顯招德法	降服 三毒惡道

弓箭	刀	槍	拂塵	傍盾牌
射穿無明	降賊催惡	保護佛法 彰顯佛威	驅除穢氣	阻擋邪魔

殊勝藏物 藏傳密教特別獨有的持物

普巴杵	金剛鉞刀	嘎巴拉	頭皮鼓	金剛骷髏杖（天杖）
截斷貪執 消除恐懼	斬斷惡業 切別妄念	盛滿甘露 度盡眾生	驅逐惡煞	驅邪用

法器 法會使用的器具

寶扇	寶鏡	藥壺	托缽	寶壺
拂去煩惱 現菩提心	佛性清淨 明照萬物	消除病痛 救度眾生	盛寶納財 度眾法器	納財容福 取之不盡

如意寶	香爐	念珠	梵篋（經書）	孔雀毛（孔雀翎）
如人所意願成	清淨妙香	修行成德 永恆持久	佛經廣流 佛法無盡	消除五識煩惱 證得五智圓融

寶物 象徵吉祥財富、息災。

三寶	吉祥果	寶印	骷髏頭	萬字（雍仲）
代表佛、法、僧	息災呈祥	彰顯威德	靈體重生	代表吉祥 代表永恆

五彩雲	蓮華	拂子	楊柳	法螺
佛道速成	清淨無染	驅逐煩惱	袪病、除汙業	聞聲除障

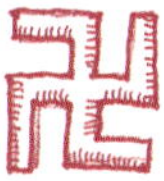

聚寶盆—油酥供品
- 絲綢（觸）
- 水果（味）
- 寶鏡（形）
- 鈸（聲）
- 海螺（聞）

六字真言大明咒
唵嘛呢叭咪吽
佛眼 

時輪金剛十字咒（朗久旺丹）

手印

佛教稱「千佛一面」，表示所有佛的形體容貌皆相同，所以很難辨識，唯一區別的方法是從手印（佛姿）及持物（佛具）內容來加以辨別。手印以空手結印，稱為「印相」，手持法器結印稱為「印契」或「結契」，無論是「印相」及「印契」，均代表尊像的義理及法界的德行。

雙手結契十度指

左手：願、力、智、智
方、慧、施、戒
右手：忍、進、禪、福

佛陀專屬獨門印相

降魔印	智拳印	法輪印
釋迦牟尼佛	大日如來	阿彌陀佛

無畏印 — 不用畏懼害怕
與願印 — 滿足眾生祈求
智拳印 — 象徵思惟 代表五智圓融
降三世印 —（金剛吽迦羅印）無法破壞追求勝利

說法印 — 手持圓圈表示解說佛理
圓滿印 — 手執衣角 覺行圓滿
轉法輪印 — 傳法說教
蓮華合掌 — 內觀靜思祈福

降魔印 — 手尖觸地 擊退群魔
施願禪印 — 禪定賜願
法界禪定印 — 禪思悟道 證得佛果
金剛合掌 — 邁向佛道菩提心

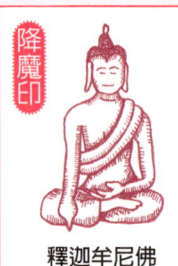

清淨印	吉祥印	甘露印	蓮華拳
執蓮展清香	賜予眾生吉祥	賜予眾生安樂	含苞清淨香

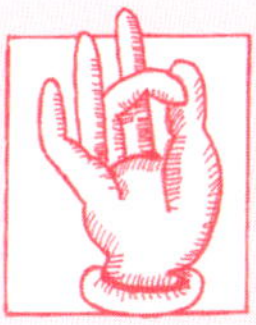

訓誡印	劍印	期尅印	金剛拳
警示嚇阻群魔	驅逐惡魔	催眠迷惑對方 降低邪魔能量	辟除惡障

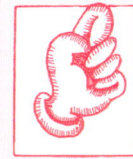

阿彌陀佛九品九生來迎印（法輪印）

上品上生	上品中生（中品上生）	上品下生（下品上生）
中品上生（上品中生）	中品中生	中品下生（下品中生）
下品上生（上品下生）	下品中生（中品下生）	下品下生

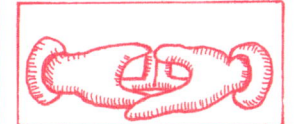

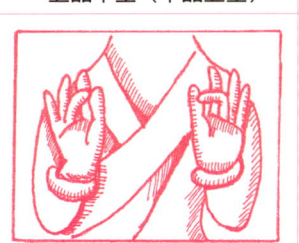

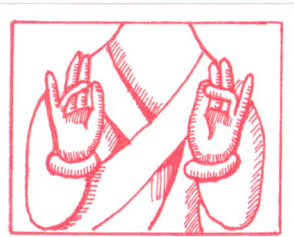

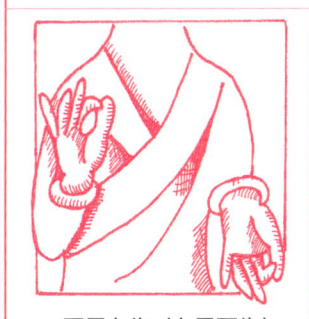

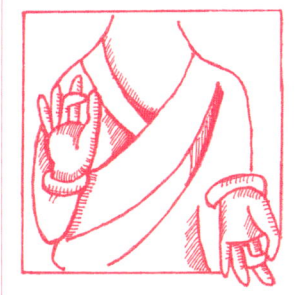

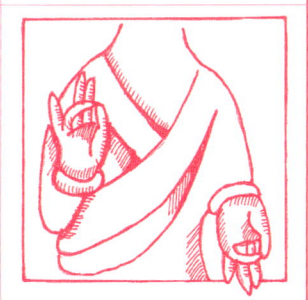

第十三節　佛部

成佛的要素 證悟成佛的三大要素：（一）**自覺**——羅漢修（二）**覺他**——菩薩修（三）**覺行圓滿**——成佛。當中，覺行圓滿是佛與菩薩最大區別處，故佛亦稱「覺者」（智者）。

一　過去七佛

- 大乘佛教認為在無限的空間和無量的時間裡，每一階段都有無數的佛在度化眾生（即三世十方諸佛的多神論）；小乘佛教只談最高果位的釋迦牟尼佛和他之前的六位祖師，即所謂的「過去七佛」（《長阿含經》卷一述）。

- 「過去七佛」即小乘佛教系統的七大祖師，又分「過去莊嚴劫」三尊佛和「現代世賢劫」四尊佛，從過去到現在，已歷經九十一大劫。七佛精進力，放光滅暗冥，各各坐樹下，於中成正覺（佛陀說法皆坐樹下，因樹木具有「往上繁枝成長、向下扎根穩固」，具有頂天立地之浩然氣概）。

劫 即為時間，佛教稱「劫」（一劫為五百年），儒教稱「世」（一世為三十年，一甲子為六十年），道教稱「塵」（一塵一千年）。

真相 過去七佛歷代祖師，除釋迦牟尼佛為真實人物外，其他純為傳說人物（虛構），影響力不大，中國或日本甚少供奉其像。

過去劫三佛

第一佛・毗婆尸佛（勝觀）
坐婆羅樹下
（度三十四萬八千人）

第二佛・尸棄佛（最上）
坐分陀利樹下
（度二十五萬人）

第三佛・毗舍婆佛（一切有）
坐娑羅樹下
（度十三萬人）

現在劫四佛

第四佛 拘樓孫佛（成就美妙）	第五佛 拘那舍佛（金寂）	第六佛 迦葉佛（飲光）	第七佛 釋迦牟尼佛（如來）
坐尸利沙樹下（度四萬人）	坐烏展婆樹下（度三萬人）	坐尼拘律樹下（度二萬人）	坐菩提樹下（轉動法輪）

過去七佛的奉位

第六佛	第四佛	第二佛	第一佛	第三佛	第五佛	第七佛
迦葉佛	拘樓孫佛	尸棄佛	毗婆尸佛	毗舍婆佛	拘那舍佛	釋迦牟尼佛

★以過去七佛為主尊供奉，僅存遼寧省義縣奉國寺。

二　五方佛

大乘密教系統的五智如來，又稱五智佛——根據密宗的理論，為大日如來的「五智」化身。

「五佛五智成身觀，得到無上正等覺。」（修行者未擁五智，永遠無法得道）

方位	佛名	教化世界	五智五等	象徵
中	毗盧遮那佛	大日如來	法界體性智（理智不二）	覺行圓滿
東	阿閦佛	妙喜世界教主	大圓鏡智（金剛智）	代表覺行
南	寶生佛	歡喜世界教主	平等性智（灌頂智）	代表福德
西	阿彌陀佛	極樂世界教主	妙觀察智（蓮華智）	代表智慧
北	不空成就佛	蓮華世界教主	成所作智（羯摩智）	代表事業

東 阿閦佛	南 寶生佛	中 毗盧遮那佛	西 阿彌陀佛	北 不空成就佛
妙喜世界	歡喜世界	大日如來	極樂世界	蓮華世界
大圓鏡智	平等性智	法界體性智	妙觀察智	成所作智

編者絮語　神靈是什麼？

萬物皆有靈，自然即是神。神無方亦無體。神使氣，氣就神，陽之精氣為「神」，陰之精氣為「靈」，附氣之神為「魂」，附形之靈為「魄」；魂與氣相通，魄與形相連，「魂」潛藏於內在精神，「魄」顯現於外觀形體。魂氣歸於天，形魄宿於地，其歸宿天地有別，形需氣而成，氣需形而知；形與氣，神與靈，一脈相通，缺一不可存。

三　三身佛

「身」即覺悟後聚積功德的佛體，三身即法身（自性身）、報身（受用身）、應身（變化身）。大乘佛教認為釋迦牟尼佛有三種不同的化身，故稱其為「三身佛」。

法身 毗盧遮那佛	報身 盧舍那佛	應身 釋迦牟尼佛

佛身	佛名	象徵
法身（自性身）	毗盧遮那佛	密宗世界中心佛（顯法成身）
		理智不二、絕對真理、法聚成體
報身（受用身）	盧舍那佛	蓮華世界教主（修成正果）
		顯示佛的智慧，法聚成體
應身（變化身）	釋迦牟尼佛	娑婆世界教主（度脫世間）
		超度世間功德，法聚成體

編者絮語　　何謂迷信──即盲目的信奉與崇拜

你對「四」有忌諱嗎？

外國人最忌諱十三（因為猶大背叛耶穌被摒除於十二門徒之外，成為「十三」），然而國人卻喜歡十三，如清代宜蘭最大行郊即稱「十三行」，農民曆上「十三劃」為大吉。如果你很忌諱「四」（死的諧音），那你最好不要去拜拜（因為外國人離別時都會說「拜拜」），而「拜」與「敗」亦為諧音，搞不好會愈「拜」愈「敗」。

四　豎三世佛

- 代表時間，「佛佛相生，更替不已」。三世即「過去」、「現在」、「未來」三世，也可說成「前世」、「今生」、「來世」。
- 佛教講求因果業報輪迴、世際遷流，在無限的空間與時間裡，皆有佛在引度眾生，於是有了「三世三千佛」之說法。三世佛是三世三千佛的代表，也是時間上的「三世三千大千世界」。

過去佛	現在佛	未來佛
過去莊嚴劫	現在世賢劫	未來星宿劫
燃燈古佛	釋迦牟尼佛	彌勒佛

五　橫三世佛

- 代表空間，「包羅萬象，宇大無窮」。橫三世佛又稱「三寶佛」，是從空間和地域範圍內主宰世界一切的佛。
- 在遠古時期宗教還未形成之際，大地最神聖的物體首推「太陽」。它象徵著「生命」與「光明」，從東而昇、由西而沒，日復一日、年復一年始終如一，故世人對

「東」、「西」方存有無比的寄託（東方）與嚮往（西方）。

東方 淨琉璃世界　「東」即生之樂域

中央 娑婆世界　「娑婆」即現實世界

西方 極樂世界　「西」即死之妙境

藥師佛　　　　釋迦牟尼佛　　　　阿彌陀佛

東方為日出之處，象徵萬物生長　　西方為日落之處，象徵萬物歸宿

六 華嚴三聖

《華嚴經》卷述，一佛二菩薩之法門（釋迦牟尼佛、文殊菩薩、普賢菩薩），合稱為「華嚴三聖」。

般若門	大智	文殊菩薩	專司智慧果
	騎青毛獅王，表智慧威猛			
法界門	大行	普賢菩薩	專司理德行
	騎六牙白象，行廣大功德			

騎六牙白象　大行　　　大智　騎青毛獅王

普賢菩薩　釋迦牟尼佛　文殊菩薩

七 東方三聖

東方淨琉璃世界三大聖尊（日月皆昇東方，以光明遍照世人獲得康樂）。

藥師佛　又稱「藥師琉璃光如來」專為眾生（活人）消災延壽，曾立下十二大願，滿足眾生一切願望，拔除眾生一切痛苦，使人起死回生，信仰者眾多，為現世利益佛。

東方三聖

月光菩薩　藥師佛　日光菩薩

日光菩薩 又稱「日曜菩薩」，為淨琉璃佛國無量菩薩中的上首菩薩，「日放千光，遍照天下，普破冥暗」。

月光菩薩 又稱「月淨菩薩」，凡持誦「月光陀羅尼咒」能除去障難與疾痛之苦，遠離各種佈畏。

八 西方三聖

西方極樂世界三大聖尊，自從淨土宗大力倡導「極樂世界清淨土，無諸惡道與眾苦」，世人已把崇拜重心移轉到阿彌陀佛與觀世音菩薩的身上（家家阿彌陀，戶戶觀世音）。信徒眾多，深受歡迎，相較之下大勢至菩薩的影響力就不大了。

阿彌陀佛 又稱「接引佛」或「無量壽佛」，專為往生者（死者）接引超度。

觀世音菩薩 大慈大悲普度眾生。

大勢至菩薩 大智慧光普照一切眾生。

西方三聖

大勢至菩薩　阿彌陀佛　觀世音

九 燃燈古佛（錠光佛）

燃燈佛古佛又稱「錠光佛」，是過去「莊嚴劫」裡三千古佛的領袖、萬萬菩薩的統帥，也是釋迦牟尼佛的啟蒙老師。小乘佛教則以「伽葉佛」作為最後一尊過去佛（非大弟子迦葉），道教尊其為「燃燈道祖」，白蓮教天地會、一貫道奉其為「真空老祖」。

燃燈古佛
- 過去莊嚴劫「錠光佛」，小乘佛教所指「伽葉佛」。
- 道教稱為「燃燈道祖」。
- 白蓮教、天地會、天道稱其為「真空老祖」。

傳燈：佛家意為接班人、繼承人，「過去莊嚴劫」主掌燃燈古佛傳燈給「現在世賢

劫」的主掌釋迦牟尼佛,再傳燈給「未來星宿劫」的主掌彌勒佛,三佛合稱「三世佛」。

龍華:意為「菁華」,亦指「未來佛(彌勒佛)」成道時的道樹(龍華樹)。
- 天上龍華日月星,地下龍華水火風,人身龍華精氣神,三才配合天地人。
- 初會龍華燃燈祖,二會龍華釋迦尊,三會龍華彌勒佛,龍華三會願相逢。

【小常識】 生與死的定義

人死後情況如何呢? 初生前之情景,即為死亡後之情境

生為寄、死為歸,生為死之源,死為生之根;未知生、焉知死,有生必有死,有始必有終;生死如同萬物聚散,生為聚、死為散,生來死往,循環不斷,連綿不息。生不帶來、死不帶去,生之不用喜,死亦毋需悲,自然之道,千古之理,無人能略過爾。不待生而存,不隨死而亡,人生如幻化,終當歸空無。

中國人對「死」的同意字

死,亡,逝,故,歿,喪,斃,猝,終,
卒,折,殞,殤,盡,絕,歸,寂,暝,
辭,崩,殂,訣,溘,戕,刎,裁,縊

十 彌勒佛(未來佛/強巴佛)

彌勒意為「慈祥」,故稱「慈氏」,梵名:曼特利耶,又名「阿逸多」,密教稱其為「強巴佛」。現居欲界「兜率天」,未來將繼承釋迦牟尼佛於「來世星宿劫」華林園龍華樹下得道成佛,並舉行三次法會來度化眾生,稱為「龍華三會」。在未成佛之前被稱為「彌勒菩薩」。

慈心三昧法門 東晉名僧釋道安是最早提倡彌勒信仰的人,清末白蓮教打著「彌勒下凡」的口號造反,雖然彌勒現僅位階為菩薩,但世人已習慣冠以「佛」來稱謂他(在佛門果位極高),其最著名的功法便是「慈心三昧」將帶給世間無限歡樂、太平融合之氣象。

布袋和尚

- 彌勒佛在中國文化融合下（漢化結果）而演變而成的人物。
- 晉朝時期浙江奉化有一個胖和尚叫做「契此」，他拿著一個布袋，笑容滿面四處化緣，語無倫次但頗為靈驗，於是引起人們的注意與討論而名噪一時。當他在岳林寺圓寂時磐石偈曰：「彌勒真彌勒，化身千百億，時時示時人，時人自不識。」這時大家才恍然大悟，原來布袋和尚是彌勒佛的化身，於是建寺安奉他，也因此一夕之間彌勒佛變成一位「喜眉樂目、笑口常開、袒胸露腹、箕踞而坐」的胖和尚（因造型逗趣，使人見之內心煩悶一掃而空，是世人最親切、最窩心的佛）。

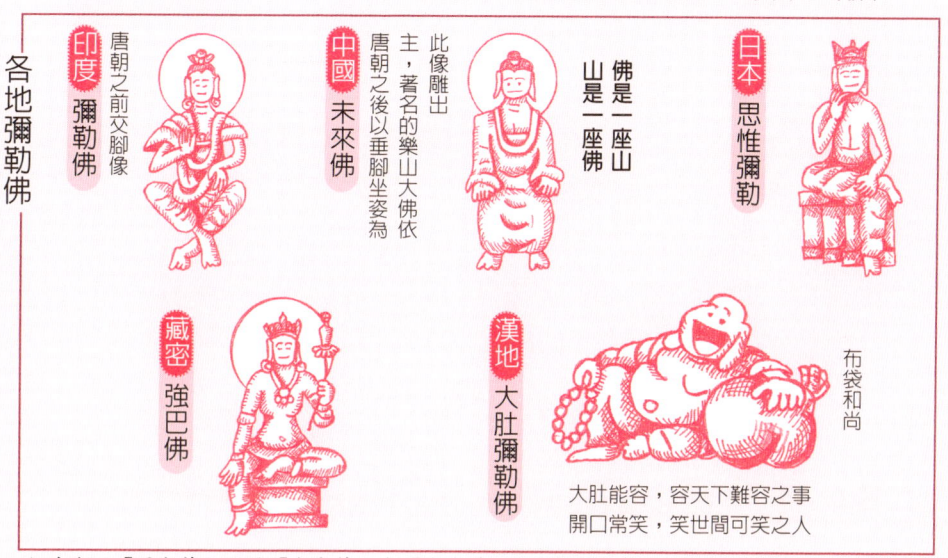

各地彌勒佛

印度 唐朝之前交腳像 彌勒佛

中國 此像雕出主，著名的樂山大佛依唐朝之後以垂腳坐姿為 未來佛

佛是一座山 山是一座佛

日本 思惟彌勒

藏密 強巴佛

漢地 大肚彌勒佛

大肚能容，容天下難容之事
開口常笑，笑世間可笑之人

布袋和尚

★ 法名：「彌勒佛」又稱「未來佛」或「當來佛」，西藏稱為「強巴佛」，目前稱其為「彌勒菩薩」或「慈氏菩薩」，另有「布袋和尚」。

各地別稱：藏密稱其為「強巴佛」；漢地以「布袋和尚」最具代表性；日本則以「思惟彌勒」為主，在未成佛之前，世人習慣以「彌勒菩薩」或「慈氏菩薩」稱之，或直接尊稱其為「彌勒佛」。

十 藥師佛（藥師琉璃光如來）

藥師意為醫生，能拔除諸病、照度暗冥，全名「藥師琉璃光如來」，簡稱藥師佛；別號「醫王善逝」或「大醫王佛」。主掌東方琉璃世界。曾立下十二大願，要救眾生身心之病痛、治無明之欲望、利樂一切有情，使不流於惡、不懼於苦，是「現世利益功德之佛」。

藥師佛信仰日漸式微 在密教世界裡，阿彌陀佛保有西方絕對地位，不曾動搖，但東方位置卻改由寶幢佛（胎藏界）及阿閦佛（金剛界）取代了藥師佛（東方淨琉璃世界教主）之地位。

阿彌陀佛信仰的興起 藥師佛雖能佑人起死回生，但人們還是意識到，再良好的醫生也無法讓人們解脫死亡的境遇，故逐漸把信仰重心移轉到能接引往生者（死者）前往西方極樂淨土的阿彌陀佛身上，這也是淨土宗大為盛行的原因。

藥師佛的護法部眾 藥師佛除有日光、月光兩大菩薩脅侍外，另有「十二藥叉」全副武裝按十二地支生肖配合十二時辰守護眾生，諸有祈願，悉令滿足。在《藥師本願功德經》裡描述有八大菩薩護持，使人消災延壽、賜求病體早日康癒。

藥師琉璃光如來

文殊菩薩　寶蓮華菩薩　大勢至菩薩　藥上菩薩　觀世音　彌勒菩薩　藥王菩薩　無盡意菩薩

十 阿彌陀佛（接引佛／無量壽佛）

阿彌陀意為「無量」（無法衡量），在密教裡代表「壽命永恆、光明無限」，被稱為「無量壽佛」或「長壽佛」；在顯教裡則專門接引念佛者往生西方極樂淨土，被稱為「接引佛」、「來迎佛」或「甘露王」。

阿彌陀佛信仰的盛行 東晉高僧慧遠大師（淨土宗創始人）倡導往生西方極樂淨土，初創時偏重觀感、教義，心思阿彌陀佛的心唸法，後來經由道綽及善導兩位大師改為「口唸」，把深奧的理論、難解的教義簡化成人人可修的口訣，大受歡迎。每日專心唸佛的信徒不計其數，此法門稱為「易行道」，因此阿彌陀佛成為佛門中人氣

最旺的佛。

阿彌陀佛的功法 相傳很久以前，有位法號叫「法藏」的比丘發下四十八弘願，救度眾生，功德圓滿而成佛。只要念其佛名，悉能得度。

念佛法門口訣：以前唸佛以豆子為記（現在改為法珠記數）。

南無阿彌陀佛：「南無」正確唸法為「納摩」，阿唸「ㄜ」音。「南無」意為皈依，「阿彌陀」意為無量，「佛」意為覺者；「南無阿彌陀佛」整體意為「皈依無可限量的覺悟者」（任何人只要具足信願竭誠如法唸佛，必有所得、有所感應）。

★此一口訣站在非迷信的角度上是具有一定的成效。它可使人摒除雜念、思想集中、攝心入靜，有益身心健康，達到修身養性的功能，也是修行的方法。

阿彌陀佛的十三名號

① 無量壽佛　② 無量光佛　③ 無邊光佛　④ 無礙光佛　⑤ 無對光佛
⑥ 焰王光佛　⑦ 清靜光佛　⑧ 歡喜光佛　⑨ 智慧光佛　⑩ 不斷光佛
⑪ 難恩光佛　⑫ 無稱光佛　⑬ 超日月光佛

法輪印（獨門印契）
阿彌陀佛

彌陀「九品九生」來迎印
來迎佛（甘露王）

日本
王劫思惟彌陀

藏密 長壽佛
無量壽佛

十二 多寶佛（大寶佛） ── 多寶塔　二佛並坐

- 相傳釋迦牟尼佛在靈鷲山講述《法華經》（《妙法蓮華經》）時，有一佛塔由地底湧出懸在空中，寶塔由七寶鑲嵌而成，稱為「七寶塔」。塔內多寶佛禪定安坐，讚美世尊的功德，並分半座給他，形成二佛並坐奇景。

- 多寶佛是法身佛（代表定學），而釋迦牟尼佛是報身佛（代表慧學），二佛冥合表「法報不二，定慧如一」。

十四 四面佛（泰國佛）

宇宙創造之神 集四大天王於一身而化現的「大梵天」，因有四面八臂，稱「四面佛」。他是婆羅門教及印度教三大主神之首，現為色界初禪天之王，又稱「大梵天王」（「梵天」為創造之神）。

大梵天的四梵行

- 「梵」意為清淨或離欲，是不生不滅、無所不能的最高實體。大梵天曾在世尊住胎時向其說法，佛門稱之為「梵天說法」。

    婆羅門教的四大梵行：慈悲、仁愛、博愛、公正。

    佛教對應的四無量心：慈、悲、喜、捨。

- 由「梵行」到「菩提行」，他願賜福一切眾生安樂，消除眾生一切災厄。

大梵天少人信仰 大梵天王創造了宇宙萬物，同時也創造了邪惡災難及瘟疫。可惜他沒有降伏止惡的本事，所以成為「萬惡的罪魁禍首」；雖被奉為宇宙最高主宰，但民間甚少有人崇拜他（認為他本事不高）。

在泰國發揚光大 近代泰國掀起崇拜「四面佛」的狂熱，大街小巷均能看到他的肖像，已成為泰國佛教的一大特色，故又稱「泰國佛」。

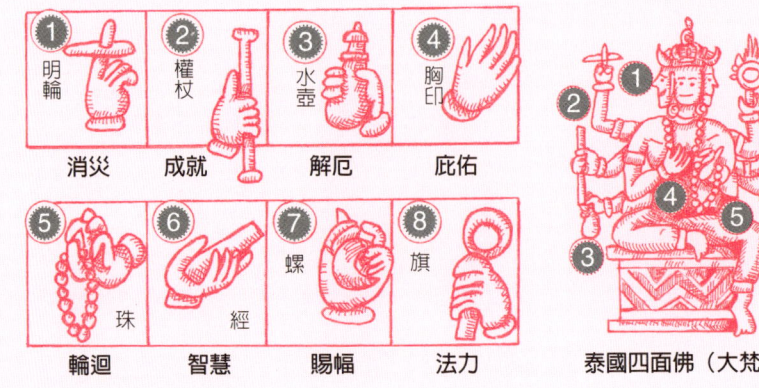

❶ 明輪	❷ 權杖	❸ 水壺	❹ 胸印
消災	成就	解厄	庇佑
❺ 珠	❻ 經	❼ 螺	❽ 旗
輪迴	智慧	賜幅	法力

泰國四面佛（大梵天）

右：健康，永保安康
左：愛情，姻緣美滿
後：財運，招財進寶
正：事業，生意興隆

第十四節　菩薩

菩薩是「菩提薩埵」的簡稱，意為「覺有情、道眾生」，也就是上求菩提（覺悟）、下化有情（眾生）。「菩薩」是以智上求菩提（自利），用悲下救眾生（利他）。菩薩在佛教裡的地位僅次於佛，是佛的繼承人，亦稱「大士」。

一、中國四大菩薩及四大聖山

四大菩薩、四大道場（聖山），被附會著佛教四大結聚（地、水、火、風），構成色法基本元素，佛門稱「四大皆空」（凡所有物皆為虛妄）。

四大道場 依地位排序為「金五台」、「銀峨嵋」、「銅普陀」、「鐵九華」。

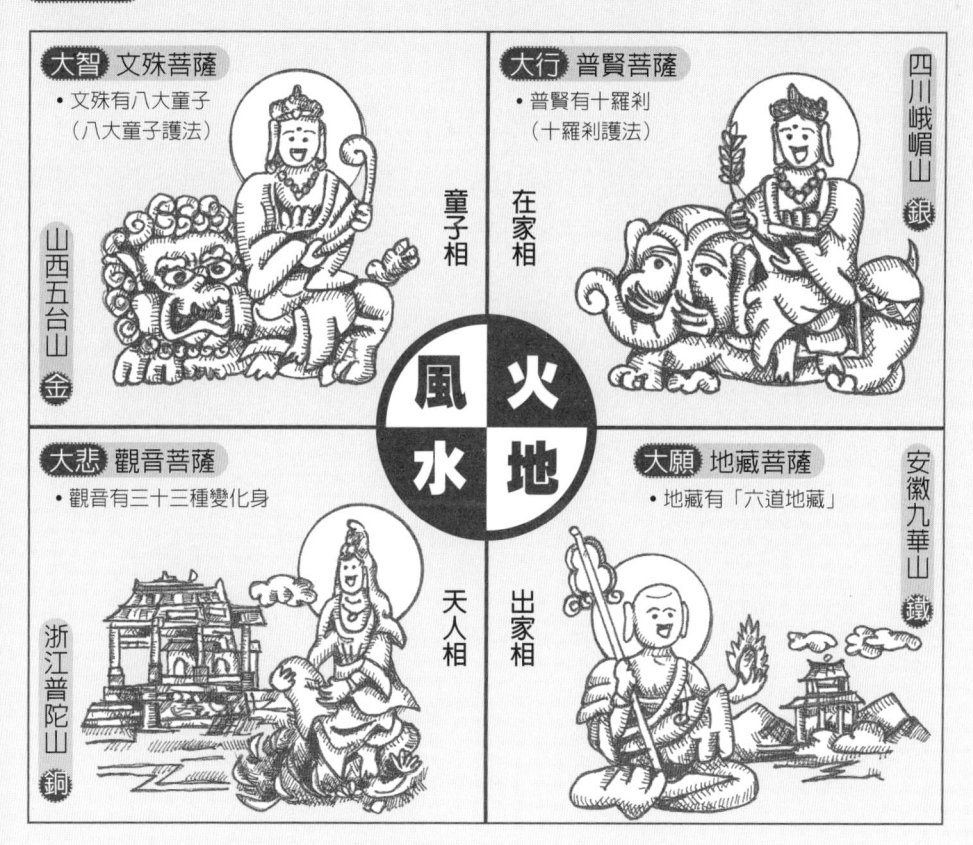

大智 文殊菩薩	大行 普賢菩薩
• 文殊有八大童子（八大童子護法） 山西五台山　金 童子相	• 普賢有十羅剎（十羅剎護法） 四川峨嵋山　銀 在家相
大悲 觀音菩薩	大願 地藏菩薩
• 觀音有三十三種變化身 浙江普陀山　銅 天人相	• 地藏有「六道地藏」 安徽九華山　鐵 出家相

中央：風、火、水、地

二、禪定八大菩薩

- 八大菩薩有六種不同版本與說法，除《藥師經》的八大菩薩（文殊、彌勒、觀世音、大勢至、寶蓮華、無盡意、藥王、藥上等菩薩）外，其中以《大妙金剛經》的內容最具代表性，他們象徵著大日如來的「正法輪身」與同屬「教令輪身」的八大明王相對應，代表「慈、悲、智、行、願、勇、功德、精進」的八種德能。

- 眾多菩薩中以「文殊菩薩」地位最顯赫，而「觀世音菩薩」則是最受尊崇與喜愛的菩薩，原因是受「淨土宗」的往生西方極樂世界觀念所影響，因阿彌陀佛是極樂世界教主，而「觀世音菩薩」正是他的主脅侍，故大受歡迎。

【禪定八大菩薩表相】（與八大明王的對應）

表相	對應	
	正法輪身	教令輪身
1 大慈	彌勒菩薩（慈氏）	大輪明王
2 大悲	觀世音菩薩（觀自在）	馬頭明王
3 大智	文殊菩薩（妙吉祥）	大威德明王
4 大行	普賢菩薩（大遍吉）	步擲明王
5 大願	地藏菩薩（地藏王）	無能勝明王
6 大勇	金剛手菩薩（大勢至）	降三世明王
7 大功德	虛空藏菩薩（五大虛空）	大笑明王
8 大精進	除蓋障菩薩（除障金剛）	不動明王

❶ 大慈　彌勒菩薩（慈氏）

❷ 大悲　觀世音菩薩（觀自在）

❸ 大智　文殊菩薩（妙吉祥）

❹ 大行　普賢菩薩（大遍吉）

❺ 大願　地藏菩薩（地藏王）

❻ 大勇　金剛手菩薩（大勢至）

❼ 大功德　虛空藏菩薩（五大虛空）

❽ 大精進　除蓋障菩薩（除障金剛）

❶ 大慈 ── 彌勒菩薩

藏名「曼特利耶」，又稱阿逸多（意為慈中所生者），又稱「慈氏菩薩」或「慈尊」。彌勒菩薩以佛四無量心之慈心為首，故稱「大慈」。其最大功德是要將慈心三昧獻給世人，到時候眾生將得到無限安樂與歡喜。

「彌勒」別名未來將成佛

他現居「兜率天」淨土裡為天人說法，未來星宿劫將在「龍華三會」後繼釋尊而成佛，又稱「未來佛」或「當來佛」。

❷ 大悲 ── 觀世音菩薩

觀世音菩薩

「觀」（即察覺），「世」（即世苦），「音」（即聞音皆得解脫）。芸芸眾生受苦受難時，只要誦唸觀世音菩薩名號，他就會義不容辭，觀其音聲前來營救。此菩薩心腸被稱為「大悲」，全名為「大慈大悲救苦救難靈感觀世音菩薩」，在唐朝時因避唐太宗李世民名諱，略去「世」字，而簡稱為「觀音」或「觀自在」（常樂我淨，得大自在）。

侍香龍女　　善財童子

世俗心目中第一大菩薩

「觀世音菩薩」在佛門諸神中信徒最多、流傳最遠、影響最盛，幾乎超越一切神祇（甚至佛陀），被視為危急苦難時的救星、慈祥高潔的聖母，尤其深受婦女信徒敬崇。（理教稱其名為「聖宗古佛」。）

她是家喻戶曉的菩薩，以「悲憫眾生，聞聲救苦」，故稱「觀世音」，與大勢至菩薩同為阿彌陀佛的左右脅侍，世稱「西方三聖」。觀世音的造形相貌繁多，有六道觀音及三十三觀音的變化身。早期印度佛教以「蓮華手觀音」為主，顯教以「聖觀音」為主，中國以「白衣觀音」為主，華南地區以「南海觀音」為主，藏密以「四臂觀音」為主，而日本以「十一面千手觀音」為主；所有觀音的綜合體，統稱「觀自在」（源於《般若心經》）。

印度	顯教	中國	華南	藏密	日本
蓮華手觀音	聖觀音	白衣觀音	南海觀音	四臂觀音	十一面千手觀音

觀世音菩薩的千變萬化身 佛殿何必深山求，處處觀音處處有

可根據世人不同的需求，示現各種化身隨時救度眾生，其親和力與感應力深植人心，最著名的有六道觀音、三十三觀音（能救度七十二種大難）。觀世音菩薩是漢化程度最深的一位菩薩，悉號：圓通（圓通寶殿就是專門供奉觀世音菩薩的殿堂），又稱為「普門大士」或「白衣大士」（中國觀音以持柳、寶瓶、著白衣為主要造型）。

觀世音菩薩的左右脅侍

善財童子 他是「福城」五百童子中最奇異的一位，出生時各種珍寶自然由地底湧出，故稱「善財」。受文殊菩薩的啓發，南行求法（共五十三參），最後在東海紫竹林拜見觀世音菩薩，而成為其左脅侍。在吳承恩《西遊記》裡被附會成紅孩兒（牛魔王與鐵扇公主的兒子），受觀世音菩薩感化收為弟子。

侍香龍女 她是娑竭羅王（中國稱為東海龍王）的女兒。在她八歲時，文殊菩薩到龍宮說法，眾蝦兵魚將無法理解其意，只有龍女通達佛法，理解三昧而成道，後來化現女童身，成為觀世音菩薩的右脅侍。故此，而有「善財童子五十三參才得道，侍香龍女一點即悟速成佛」的說法。

說法道場 浙江普陀山 清淨為心皆普陀，慈觀濟物即觀音

普陀山有「海天佛國」之稱，潮音洞前紫竹林內的觀音寺，相傳五代僧人慧諤，從五台山迎得觀音神像前往日本供奉時，在此觸礁，即留尊像建寺安奉之，稱為「不肯去觀音院」。

❸ 大智 —— 文殊菩薩

梵文為「曼殊師利」，意為「妙吉祥」，又稱「法王子」，是三世一切諸佛智慧的總

相，故稱「大智」，號稱「三世覺母」。藏密極為尊崇文殊菩薩，本體名為「阿熱巴札」（龍種王佛），與普賢菩薩同為釋迦牟尼佛的左右脅侍，世稱「華嚴三聖」。在中國，其形象以騎獅為最大特色，而藏密分為一字、五字、六字及八字文殊，其中以五字文殊（即「阿、羅、波、則、那」五字真言）最具代表性。其頭上有代表五智的五髻，故稱「五髻文殊」，是胎藏界中台八葉院的主尊。在佛門中地位顯赫，為眾菩薩之上首；騎坐青毛獅王（表智慧威猛），右手持寶劍（表智慧銳利），左手拿經卷（表智慧結晶），專司智慧辯才。

曾是釋尊的導師 本能為仁師，今及為弟子，我欲現佛身，二尊不並立

由上文就能了解文殊菩薩的地位是何等崇高，他本來是釋迦牟尼佛的老師，為了佛門大業，便屈居佛下反成為其弟子，與普賢菩薩同為釋尊的左右脅侍，世稱「華嚴三聖」。

說法道場 山西五台山

五台山是中國最大的佛教聖地，也是最早的佛教名山，佛寺最雄偉、造像最精緻，又是密教領袖的朝修地，更是歷代帝王造訪次數最多的佛山。凡此種種，五台山居「四大佛山」之首當之無愧（又稱「金五台」）。中國小說《楊家將》裡的楊五郎及《水滸傳》裡的魯智深，皆以此山為舞台。

❹ 大行 —— 普賢菩薩

梵文「三曼多跋陀羅」，意為具足無量行願（表諸佛的理德），又稱「遍吉」。普賢十大行願是「理、定、行」修行悟道必備的德能。密教認為他與金剛薩埵是同體，在中國其形象以「騎象」為最大特色。

說法道揚 四川峨嵋山

此山同時也是道教的「仙山」，相傳呂洞賓、廣成子、張三豐及《白蛇傳》裡的白素貞均在此修練成仙。金頂佛光和聖燈奇景（萬盞明燈朝普賢，啟示人生向光明）最有名氣。

普賢十大願

① 敬禮諸佛
② 稱讚如來
③ 廣修供養
④ 懺悔業障
⑤ 隨喜功德
⑥ 請轉法輪
⑦ 請佛住世
⑧ 常隨佛學
⑨ 恆順眾生
⑩ 普皆迴向

象 普賢　　獅 文殊

藏密 普賢　　藏密 文殊

普賢騎象、文殊騎獅、理智相即、行證相應
• 普賢有十羅剎女護法，文殊有八大童子護法

又稱「願王」，是「理、定、行」修行悟道必備的德能，又稱「普賢願海」。象徵無量行願，彰顯其特德為一切菩薩行德的本體，故稱「大行」。在密教中被視為與金剛薩埵同體，又稱「法身普賢王如來」（如意金剛），並列於「金、胎」兩部曼荼羅中。

❺ 大願 —— 地藏菩薩

「地藏」意為大地寶藏，是位悲願特重的菩薩，以渡盡地獄一切眾生為己願，其形象眾多，專司也有所差異。早期印度佛教認為他是釋尊十大弟子之一的目犍連（目連），號稱「神通第一」；在漢地稱為「地藏王菩薩」，是冥界之王；在日本是小孩的守護神；藏密裡則是財寶之神。

六道地藏

在《地藏本願經》裡強調願意濟渡六道眾生的無限功德，故坐鎮六道的出發口（殯儀館、火葬場、墓地的入口處常能見到地藏菩薩的尊像）。沿冥途出發的死者將接受「六道地藏菩薩」的引渡，密號「悲願金剛」。

- 天道：日光地藏
- 人道：除蓋障地藏
- 阿修羅道：持法地藏
- 畜生道：寶印地藏
- 餓鬼道：寶珠地藏
- 地獄道：檀陀地藏

地藏王菩薩

唐朝時期，新羅王（今韓國）王子金喬覺拋棄王位，單身前往安徽九華山（東南第一山，有佛國仙城之美譽），跌坐苦修成果，因酷似地藏菩薩的瑞相，且姓金，故稱「金地藏」；又因其是位新羅王子，故又稱其為「地藏王」。他與地藏菩薩最大的差異點是身穿「袈裟」，頭戴「五帝法冠」，騎坐「地㹴」（像獅，能辨善惡的靈獸）。

地藏王左右脅侍

右為閔公（九華山之主）；左為道明（閔公之子），當初他們獻山供地藏王靈修，問需多大土地，地藏王回說：「一袈裟地即可。」哪知袈裟卻覆蓋了整座九華山全境。

各地地藏

藏密

財寶地藏
在密教中，地藏菩薩被視為財寶之神，手持珍寶珠、胸掛瓔珞，華麗的裝飾特別耀眼奇異。

中國

地藏王 金喬覺
在中國，地藏王菩薩（金喬覺）被附會成地藏菩薩（目連）的轉世，正如布袋和尚（契此）被附會成彌勒菩薩一樣，純為信徒豐富的想像力與民族性（漢化）的需求。地藏王菩薩最大的特色，是頭戴五帝法冠、身披袈裟、一手持珠寶、一手持錫杖（明珠照徹天堂路，金錫鎮開地獄門）。

顯教

地藏菩薩

印度

目連地藏（幽冥教主）
為釋尊十大弟子中，神通第一的目犍連（目連），自誓：「眾生度盡，方證菩提，地獄不空，誓不成佛。」受佛陀重託授命為「幽冥教主」，統帥十殿閻君，專司度化六道輪迴眾生，以拔除各種苦難為本願，故稱「大願」（濟渡誓願）。

寺院

延命地藏（雞龜地藏）
專賜人們延年益壽的地藏菩薩，受到眾多信徒參拜，其特徵是把左腳垂於地下，右腳掌置於左腳膝蓋上的半跏趺坐姿，亦稱「雞龜地藏」，一般佛寺均以此像作為地藏本尊像。

裸形地藏

日本

孩童守護（田野之神）
在日本，地藏菩薩被視為孩童守護神，是位極受歡迎的生活化菩薩。在日本鄉間、田野、街道旁皆可看到其尊像，類似中國的「土地公」或「石敢當」。

(說法道場) 安徽九華山

九華山原名「九子山」，有九峰如蓮花，號稱「九九峰」素有「仙城佛國」之美譽，為東南第一山，是閔公父子獻地供地藏王菩薩靈修。在九華山聞名全中國的就是「肉身殿」形成「殿中有塔，塔中有缸，缸中有肉身」，開創了「肉身裝金供養」的先河風氣。

❻ 大勇──金剛手菩薩（祕密主）

藏名「恰那多傑」，屬金剛部（勇猛之力摧伏煩惱魔敵），故稱「大勇」。因手持金剛杵而得名，是大勢至菩薩的忿怒化身，與四臂觀音（仁）及文殊菩薩（智），合稱為「三族氏尊」，又稱「事部三怙主」，代表智、仁、勇三種化現。

金剛手菩薩

❼ 大功德──虛空藏菩薩（五大虛空）

藏名「阿卡莎・卡爾巴」，意為虛空內藏的母胎（福智內藏無量無邊，猶如虛空）。在密教胎藏界是曼荼羅虛空藏院裡的主尊；在金剛界則是五佛五智三昧而成的變化身，稱為「五大虛空藏」，有祈願除災獲得財富的功德，修行此法門稱為「金門鳥敏法」；在日本，此法被認為有增加記憶力的特德，故受財經管理人士偏愛。

金剛界曼荼羅五大虛空藏

方位	顏色	名號	坐騎	代表
南方	青	寶光虛空藏	馬	能滿
東方	黃	金剛虛空藏	象	福智
中間	白	法界虛空藏	獅	解脫
西方	赤	蓮華虛空藏	孔雀	施願
北方	紫	業用虛空藏	金翅鳥	無垢

❽ 大精進──除蓋障菩薩

「除蓋障」意為精進無畏，消除眾生一切罪業障礙。

虛空藏菩薩

除蓋障菩薩

三 觀音變化身

1 六道觀音

六道觀音是普化救度六道輪迴及破除三障之礙（煩惱障、業障、報障）的六種化身觀音，密教（密宗）和顯教（天台宗）各有其六道觀音。

六道三障之輪迴		密宗六道觀音	天台宗六道觀音
天道	神仙遊	如意輪觀音	大梵深遠觀音
人道	惡趣多	不空羂索觀音	天人丈夫觀音
		准胝觀音	
阿修羅道	多猜疑	十一面觀音	大光普照觀音
畜生道	獸根烈	馬頭觀音	獅子無畏觀音
餓鬼道	飢餓渴	聖觀音	大慈觀音
地獄道	苦最重	千手千眼觀音	大悲觀音

天道──如意輪觀音（大梵深遠觀音）

意為「願望圓輪」，手持珠寶，密號「持寶金剛」、「與願金剛」。六隻手各持珍寶，代表財富，能滿足眾生的祈願，作一舒適灑脫的思惟相，轉動無上妙法度眾生，於六道中是專度天界道的眾神。

人道──不空羂索觀音（天人丈夫觀音）

「不空」意為不會落空，「羂索」意為慈悲的渡索，「不空羂索」全意為：救化眾生的心願不會落空，慈悲為懷的本誓永遠堅定。密號「等引金剛」，身披鹿皮袈裟，手拿繩索有攝伏眾生的寓意，其不空羂索神變真言神咒可防地變天災，護國佑民。「準提觀音」因升格成為佛母後，由他取代，成為救度人道的六道觀音之一。

準提觀音 準提佛母或七俱胝佛母

「準提」意為心性潔淨，能除災治病、延壽、護命，密號「最勝金剛」，在《七俱胝佛母準提大明陀羅尼經》裡指稱他是「三世諸佛

如意輪觀音 天道

不空羂索觀音 人道

之母」故稱「準提佛母」或「七俱胝佛母」，誦其神
咒能除災袪病，與地藏王菩薩一樣是孩童的守護神，
尤受婦女信徒的信崇，專門救助人道眾生。因其示現
爲「佛母」之尊，故由不空羂索觀音代替其位，或
直接加入成爲「六道七觀音」。

人道 — 準提觀音

阿修羅道 —— 十一面觀音（大光普照觀音）

十一個臉面，代表修行的十個階位，最上層第十一地代表佛果，藉著眺望四面八方的臉部，時時刻刻觀察世間疾苦，其十一面觀音神咒能除一切惡心障難，密號「變異金剛」，專度阿修羅道眾生。

阿修羅道 — 十一面觀音

畜生道 —— 馬頭觀音（獅子無畏觀音）

相傳爲婆羅門教的善神「雙馬神童」所化現，在眾多觀音變化相中都浮現出和藹可親的表相，唯獨馬頭觀音示現「忿怒相」，因他專門降伏妖魔、擊毀惡趣苦惱爲本願，雖面惡但內心卻善良仁慈無比，是旅行者的守護神，又稱「馬頭明王」。因本身具有畜牲的頭，藉此專門拯救畜生道眾生。

畜生道 — 馬頭觀音

餓鬼道 —— 聖觀音（大慈觀音）

聖觀音，又稱「正觀音」，是顯教中諸多觀音的總體代表。頭戴寶冠，冠中有阿彌陀佛化像，只要祈念其名號「南無觀世音菩薩」就能逢凶化吉，遇難呈祥。觀音菩薩早期造型皆爲男性形象，嘴唇上有兩撇小鬍子，到了唐朝武則天女皇，她爲了展現雌威，硬將觀音神像由男轉女，並將自己的臉貌面相融入其中，故所有女菩薩面相均以「武則天」臉貌爲定相，因此逐漸被漢化成中國人熟悉的聖觀音，專門救濟餓鬼道眾生。

餓鬼道 — 聖觀音

地獄道 —— 千手千眼觀音（大悲觀音）

在密教中曼荼羅蓮華部是以「大悲」爲本誓，特以「大悲金剛」

地獄道 — 千手千眼觀音

佛教

為密號，千手掌心均有一眼（即千手千眼）是為因應各種祈願而生，「千手遍護眾生、千眼遍觀世人」。千手觀音被漢化成為妙善三公主（斷臂救父），其最有名氣的神咒稱為「大悲咒」，專度地獄道眾生（慈悲普濟、無量圓滿）。

❷ 三十三觀音

三十三觀音是觀世音菩薩在法界本位中隨機緣而化現的變化身，在《妙法蓮華經》（《法華經》），觀世音菩薩普門品中記載，他能示現三十三種形象體，並救度七十二種大難。

【三十三觀音示現應化身表】

專度袪病	楊柳觀音、白衣觀音、施藥觀音、延命觀音、葉衣觀音
專司神威	龍頭觀音、威德觀音、阿摩提觀音、不二觀音
專司修悟	持經觀音、德王觀音、多羅觀音、六時觀音、普慈觀音、合掌觀音、持蓮觀音、灑水觀音、水月觀音
專度火難	圓光觀音、瀧見觀音、一如觀音
專司迷途	遊戲觀音、岩戶觀音、馬郎婦觀音
專司增福	蓮臥觀音、眾寶觀音、蛤蜊觀音
專司解厄	青頸觀音、琉璃觀音
專度海難	魚籃觀音、一葉觀音、能靜觀音、阿耨觀音

★ 以上為《妙法蓮華經》觀世音普門品所記載的三十三觀音，其中白衣、葉衣、阿摩提、多羅、六時、青頸為密教觀音系統。

1. 楊柳觀音

又稱「藥王觀音」，在佛門中具有清除塵垢、調淨煩惱的象徵，專門替人消除疾病、拂煩解厄。手持淨瓶楊柳枝，幾乎取代「聖觀音」而成為佛殿標準像。

楊柳觀音

2. 龍頭觀音

以天龍身得度化，古代龍為萬獸之首聖；雲中乘龍之像，據說八七水災時曾在台海上空顯靈，威名遠播。

龍頭觀音

212

3. 持經觀音

又稱「聲聞觀音」，以聲聞身得度化，聞佛聲而教導而悟出真理。其形象坐於岩石上，手持經卷閱讀，頗受知識分子敬崇。

持經觀音

6. 白衣觀音

又稱「白住處觀音」，以比丘尼相化現，在密教胎藏界蓮華部中稱「離垢金剛」，是一切苦惱消失轉凶呈祥。祈修白衣觀音法，能息災延命並保家平安。

白衣觀音

4. 圓光觀音

象徵慈愛圓滿，光明顯赫，背後有熾盛火焰。圓光表無垢淨光，慧日破諸暗，可伏風災（無明風）、火災（煩惱焰）及刀斧之災，是犯小人與含冤者的守護神。

圓光觀音

7. 蓮臥觀音

又稱「多寶觀音」，以小王身得度化，常坐池中蓮葉上為眾生說法，是商賈富豪的守護神。

蓮臥觀音

5. 遊戲觀音

閒逸舒適的坐在五色祥雲之上，不拘時處，無滯無礙，示現遊戲自在、逍遙悠閒。迷途急難時唸其法號，即能指引明路。

遊戲觀音

8. 瀧見觀音

又稱「飛瀑觀音」，倚坐於山崖遠眺流瀑，因而得名。凡眾生遇有火難之災，唸其名號即能應聲救助，使火坑變水池。由於專濟火焰難、火災厄，成為消防隊的守護神。

瀧見觀音

213

佛教

9.施藥觀音

坐於池邊注視蓮華，以蓮荷製藥，專治病痛，普濟眾生。手持薰香，藥到病除，給予眾生健康歡樂，是藥劑師及藥房的守護神。

施藥觀音

10.魚籃觀音

以女童身得度化，腳踏鯉魚，手提魚籃，優遊於大海，專門排除羅刹惡鬼、毒龍或海怪等障礙，念彼觀音力時悉不敢害。

魚籃觀音

11.德王觀音

以梵王身得度化，因梵王乃色界之王，其德殊勝。故稱「德王」，手持柳葉坐於溪岩畔，是有德之士的保護神。

德王觀音

12.水月觀音

又稱「吉祥觀音」，以辟支佛身得度，坐於溪畔觀水中之月。此空觀冥想助人思惟寂靜，示現觀音身影，如水中之月，映現眾生心裡，是應試學子及求官爵位的守護神。

水月觀音

13.一葉觀音

又稱「南溟觀音」或「蓮葉觀音」，以宰相身得度化，乘蓮花優游漂於水面上，做深思冥想。若遇海難時唸其名號，可轉危為安。

一葉觀音

14.青頸觀音

以佛身得度化，他原為婆羅門教三大主神之一的濕婆神，本領超高，地位非凡，人們對他又敬又畏。相傳諸神攪動乳海，欲求甘露時，海中浮現毒壺將危害眾生，他大發慈悲心，將毒液吞下，因而頸部發青，故稱「青頸觀音」。他皈依佛門後，成為護法神，專助人們修行解厄，避免橫禍發生。

青頸觀音

214

15.延命觀音

延命觀音,顧名思義,即能滅除詛咒及毒藥之害而延長人們的壽命。凡受惡人譭謗或詛咒(犯小人),唸其法號即能免受其害,並能將病菌毒害清除,使人延命安康,是病患者的守護神。

延命觀音

16.威德觀音

以大將軍身得度化,因有折伏之威(左手持金剛杵)與愛護之德(右手持蓮華)兼備,故稱「威德」是人民褓姆(警察)的守護神。

威德觀音

17.眾寶觀音

以長者身得度化,悠閒彎膝盤地而坐現安穩相,若有眾生入大海求七寶(金銀、琉璃、硨磲、瑪瑙、珊瑚、琥珀、眞珠)遇羅刹海妖時唸其法號,即能脫災解危,是海中撈寶者的守護神。

眾寶觀音

18.岩戶觀音

端坐於石窟上,專驅蛇蠍毒蟲和瘴氣,亦能消除心中的貪念、嗔心、癡心、傲慢之火,是居住山野者的守護神。

岩戶觀音

19.能靜觀音

坐於岩畔遠眺海景沉思的寂靜相。若有人遇海難漂流在茫茫大海中,只要唸其法號,即能保持靜定沉思而脫離危難,是航海者及從事漁撈業者的守護神。

能靜觀音

20.阿耨觀音

「阿耨」意爲極微細(用天眼可見極微渺的事物)。兩手相交、彎膝倚坐在岩石上,遠眺海中景物,專度航海者免於風浪之險,是海業者的守護神。

阿耨觀音

21. 阿摩提觀音

又稱「無畏觀音」，以毗沙門身得度化，騎坐白獅，四周充滿火焰圓光，示現大威猛寶相。曾幫助少林武僧擊退惡匪，是莊稼村落的守護神。

阿摩提觀音

24. 多羅觀音

在密教中稱為「度母」，「多羅」意為眼眸。是觀音菩薩見蒼生耽溺於紙醉金迷中永沉六道輪迴之苦，不禁從眼眸留下淚水而化現為「多羅觀音」。

多羅觀音

22. 葉衣觀音

以帝釋天身得度化，用菩提葉為衣，盤地而坐，密號「異行金剛」。其葉衣陀羅尼神咒，功效強大，可除瘟疫，使人無疾而逸並能安鎮宅第。

葉衣觀音

25. 蛤蜊觀音

趺坐於兩扇蛤蜊殼中，因與水產有關，備受漁民尊崇。其顯現於蛤蜊中，足藉此度悟世人不要殺生，然無知者，卻盼佑其漁業豐收，可謂大錯特錯。

蛤蜊觀音

23. 琉璃觀音

又稱「高王觀音」，以自在天身得度化，手捧琉璃壺，乘一葉蓮華瓣輕漂於水面，可使行善者免於枉死之災。頸部三道刀痕，是他示現救了一個臨刑者的轉化之痕，是正義守護神。

琉璃觀音

26. 六時觀音

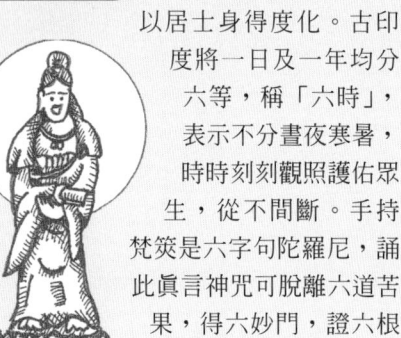

以居士身得度化。古印度將一日及一年均分六等，稱「六時」，表示不分晝夜寒暑，時時刻刻觀照護佑眾生，從不間斷。手持梵筴是六字句陀羅尼，誦此真言神咒可脫離六道苦果，得六妙門，證六根相應，是在家修行者的守護者。

六時觀音

27.合掌觀音

以婆羅門身得度化，合掌祈唸願蒼生積德行善，是失意者的守護身。

合掌觀音

28.普慈觀音

又稱「慈悲觀音」，以大自在天得度化。大自在天為三界最高神聖，其慈悲為懷，普照一切眾生，雙手牽法衣，廣遍三千大千世界，是最常見的自在觀音，立於山岳之頂，狀殊勝。

普慈觀音

29.馬郎婦觀音

以婦女身得度化，曾顯化成一美女，勸導大眾學佛、誦經背文，如最有潛移默化者，即嫁其為妻，最後由馬姓青年得願，即稱「馬郎婦」。專度淫蕩男子脫離色欲，回本善根。

馬郎婦觀音

30.一如觀音

悠閒的坐於祥雲中，專門消散雷電雹雨暴風，不分不別，稱「一如」。

一如觀音

31.不二觀音

以執金剛身得度化，兩手相叉表示本跡不二，執金剛神，是佛門的護法神。因跡身之故，佛寺前院觀音立像通常以不二觀音為主，專門淨護佛院寺庵免於外道邪法侵襲。

不二觀音

32.持蓮觀音

以孩童身得度化，雙手持蓮象徵救度誓願扎實。普陀山紫竹林觀音寺所供奉的「不肯去觀音」，即為持蓮觀音的分身像。

持蓮觀音

217

33.灑水觀音

又稱「滴水觀音」，是世人最熟悉且最常見的觀音定相，手持楊柳、淨瓶作灑甘露相，「妙法如天降，甘露熄滅煩惱焰火，性淨如廣受慈雨，滋潤眾生心地」。

灑水觀音

❸ 其他著名的觀音菩薩

送子觀音 亦稱「白衣大士」，是漢化程度最為徹底的觀音。在古時候中國人重男輕女，為了求子心切，紛紛拜起送子觀音；由於他（她）慈悲溫馨，成為育兒的聖母。

獅吼觀音 能調伏各種龍魔所生的疾病及惡法，賜予眾生幸福快樂，在過去西藏及中國，痲瘋病傳染疫區裡，家家戶戶均供奉一尊獅吼觀音。

鰲頭觀音 鰲龍原為東海地區的海怪，漁民深受其害，後來被觀音菩薩降伏，居民才能安居樂業，是專門濟度海難者。

香王觀音 是度化法界眾生的觀音，修香王菩薩法需著淨衣，半夜誦唸其真言神咒直至天明，能增益福慧、滅除災難，是惡鬼羅剎附依向善的明燈，人鬼共敬的觀音。

送子觀音

獅吼觀音

鰲頭觀音

香王觀音

第十五節　天龍八部眾護法神

原為古印度婆羅門教的重要鬼神，後來佛教成立將其吸收納為護法神（地位大大降低），守護著佛陀、佛法及善人（是佛陀發願的護持、教法的奉行與善人的守護）。

八種護法神，以天部及龍部為主體，故稱「天龍八部」。除天神外，大部分長相威猛恐怖，且敵對互鬥，如天部諸神與阿修羅長期的戰爭，迦樓羅（金翅鳥）專門吃龍（蛇）為主食，後來受佛陀感化而和解。

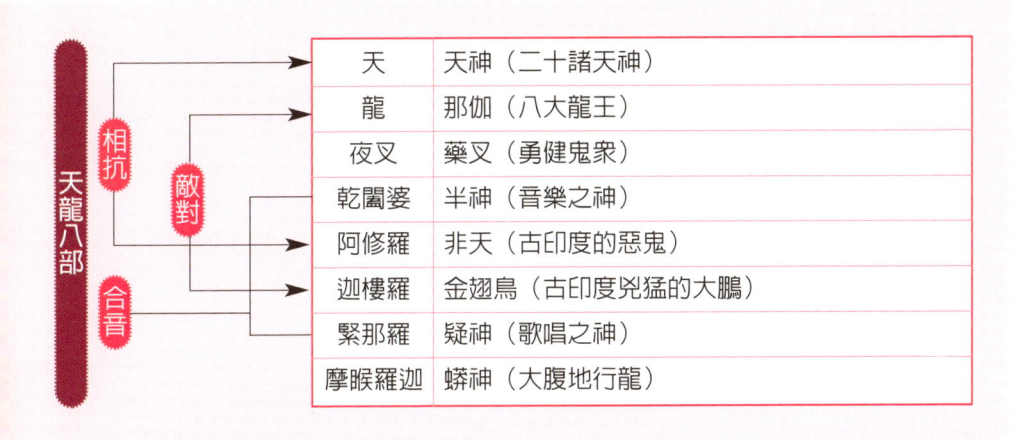

天龍八部 相抗 敵對 合音	天	天神（二十諸天神）
	龍	那伽（八大龍王）
	夜叉	藥叉（勇健鬼眾）
	乾闥婆	半神（音樂之神）
	阿修羅	非天（古印度的惡鬼）
	迦樓羅	金翅鳥（古印度兇猛的大鵬）
	緊那羅	疑神（歌唱之神）
	摩睺羅迦	蟒神（大腹地行龍）

天龍八部眾護法神

夜叉（勇健鬼）　迦樓羅（金翅鳥）　阿修羅（非天）　緊那羅（疑神）　乾闥婆（半神）　摩睺羅迦（蟒神）

❶ 天部
又分為 ①**天界**（欲界、色界、無色界）②**天神**（二十諸天）。

❸ 夜叉（勇健鬼）
又稱藥叉，與羅刹（捷疾鬼）齊名，能自由自在的往返回天地間。其他鬼眾無此本領。

❷ 龍部（那伽）
即蛇形鬼類，能興雲佈雨，海河的主宰（八大龍王）。

❹ 乾闥婆（半神）
是帝釋天王的音樂之神，以香為食物，故又稱「香神」。善者聽其音，賞心悅耳；惡者聽其音，魔音震腦。

❺ **阿修羅**（非天）
古印度的惡神，生性好鬥，猜忌心重，常與帝釋天所率領的天神眾將對抗，後受佛陀感化而誓願護持佛法。

❼ **緊那羅**（疑神）
即為「人非人」，是帝釋天王的歌唱之神，中國少林寺封他為「棍仙」（山門顯武第一人），其燒火棍法流傳至今。

❻ **迦樓羅**（金翅鳥）
是古印度毗濕奴神（維護之神）的坐騎，原為兇猛巨鳥，專以龍蛇為主食，被佛陀感化後與龍蛇化敵為友。

❽ **摩睺羅迦**（蟒神）
又稱大腹地行龍。

第一段　天龍八部眾之一「天部」（二十諸天神）

一　天界
又稱「提婆」，是指六道中的天道（為天神居住的處所）

分三界：**欲界**（6天）、**色界**（18天）、**無色界**（4天）共計28天。

無色界	四處	1	非想非非想處	空妄境地
		2	無所有處	
		3	識無邊處	
		4	空無邊處	
色界（四禪天）	四禪天	5	無雲天	捨念清淨地
		6	福生天	
		7	廣果天	
		8	無想天	
		9	無煩天	五淨妙樂地
		10	無熱天	
		11	善現天	
		12	善見天	
		13	色究淨天	
	三禪天	14	少淨天	離喜妙樂地
		15	無量淨天	
		16	淨遍天	
	二禪天	17	少光天	定生喜樂地
		18	無量光天	
		19	極光淨天	
	初禪天	20	梵眾天	離生喜樂地
		21	梵輔天	
		22	大梵天	
欲界	六欲天	23	他化自在天	五趣雜居地
		24	樂變化天	
		25	兜率天	
		26	夜摩天	
		27	忉利天（三十三天）	地居天
		28	四天王天	

空　日月星　　無極界（宇宙間）　　佛

風　雲雷電　　天界（太空間）　　神仙

火　飛禽鳥類　天行界（空居間）　鳥

水　走獸人類　塵世界（凡間）　　人獸

地　昆爬蟲魚類　地界（海陸間）　魚

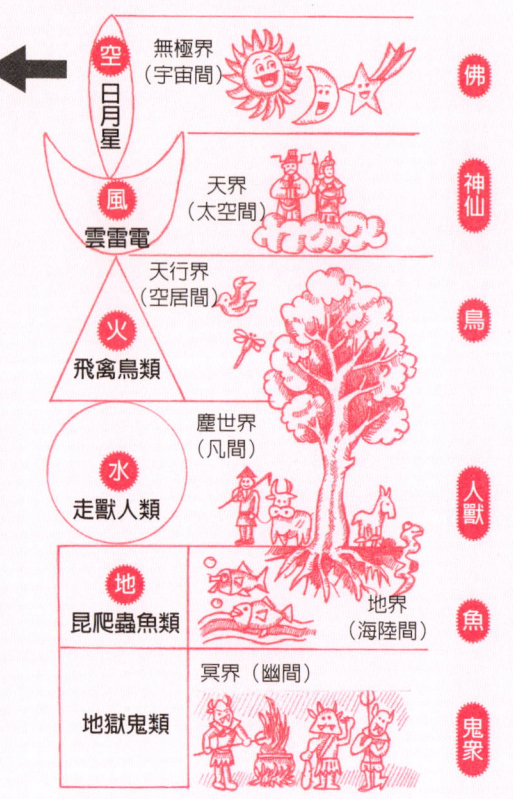

　　地獄鬼類　冥界（幽間）　　鬼眾

天界	三界28天	無色界	四處4天	一切皆空妄無的境地
		色界	四禪級18天	禪定淨化的境地
		欲界	6欲天	有淫欲及食欲的境地

二 天神

守護眾生，護持佛法的二十位天神，又稱「二十諸天」，其中有多數是印度教身分顯赫的吠陀神祇，被佛教吸收成地位不高的天神。

佛教護法二十諸天	1	大梵天：宇宙萬物創造之神		11	大功德天：（吉祥天）幸福女神
	2	帝釋天：忉利天之主（世界大王）		12	韋馱：四大天王三十二大將之首
	3	金剛密跡天：夜叉神總頭目		13	監牢地天：（地天）土地守護神
	4	北方多聞天：財源充盈	四大天王	14	菩提樹神：守護菩提樹的女神
	5	東方持國天：安居樂業		15	鬼子母天：（訶梨帝母）婦女守護神
	6	南方增長天：福德增長		16	摩利支天：光明女神
	7	西方廣目天：觀護正法		17	日宮天子：（日天）太陽神
	8	大自在天：（摩醯首羅天）		18	月宮天子：（月天）月神
	9	散脂大將：二十八部諸鬼之首		19	娑竭龍王（海洋之主）
	10	大辯才天：（妙音天）智德之神		20	閻摩羅天：冥界之主

❶ 大梵天 「婆羅賀摩」（意為清淨離垢）

為印度教中三大神明之首，是宇宙萬物的創造者，在泰國則被稱為「四面佛」，廣受敬崇。

❷ 帝釋天（因陀羅）

在印度教裡被視為雷神，在佛教裡是忉利天（三十三天）之主，也是四大天王及地居、天龍、夜叉鬼眾的統攝者。

❸ 金剛密跡天（密跡金剛）

是夜叉神的總頭目，亦是佛陀的警衛隊總指揮。從他身上又化分出兩個金剛力士，專門把守山門，民間慣稱為「哼哈二將」，在日本則稱其為「仁王」（吽阿二神將）。

哼將：（執金剛神）鄭倫，可從鼻噴出一道白光
哈將：（那羅延金剛）陳奇，可從口哈出一黃氣

哼哈二將（仁王）

④⑤⑥⑦ 四大天王（四大金剛）

四大天王（四大金剛）是佛門世界裡名氣最大的寺院守護神，居守在佛國中心須彌山四方的神將，受帝釋天的指揮，各自麾下有八大名將，共三十二將（總指揮為韋馱天）誓願守護所有眾生，鎮護天下。

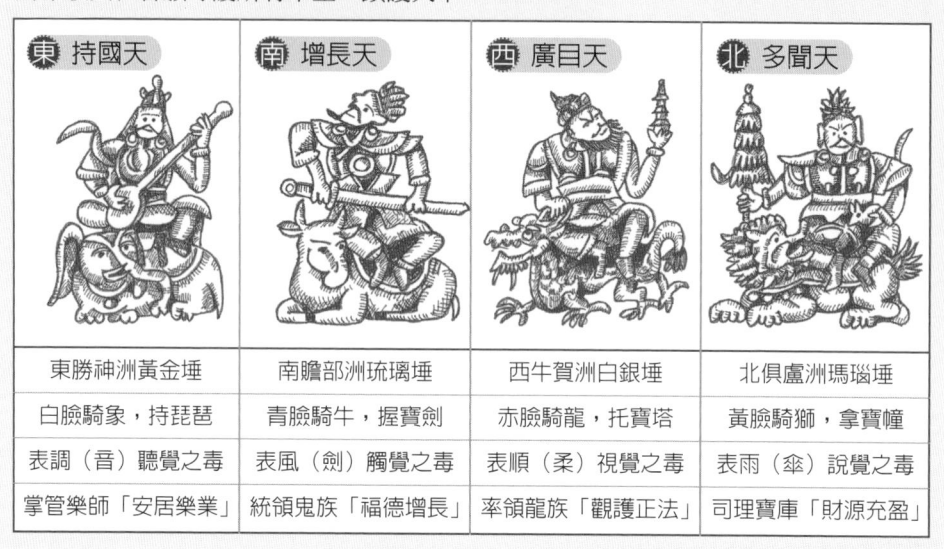

東 持國天	南 增長天	西 廣目天	北 多聞天
東勝神洲黃金埵	南瞻部洲琉璃埵	西牛賀洲白銀埵	北俱盧洲瑪瑙埵
白臉騎象，持琵琶	青臉騎牛，握寶劍	赤臉騎龍，托寶塔	黃臉騎獅，拿寶幢
表調（音）聽覺之毒	表風（劍）觸覺之毒	表順（柔）視覺之毒	表雨（傘）說覺之毒
掌管樂師「安居樂業」	統領鬼族「福德增長」	率領龍族「觀護正法」	司理寶庫「財源充盈」

- 佛國的四大天王各執寶物 ① **劍**（表「風」，意為劍風）② **琵琶**（表「調」，意為音調）③ **傘**（表「雨」，意為遮雨）④ **蛇**（表「順」，意為柔順）。四者合一，表「風調雨順」，暗示「五穀豐收、天下太平」，是正法的護持者及眾生的庇護神。

（漢化四大天王）

他們原為商朝鎮守佳夢關的「魔家四將」，因助紂為虐，抵抗周武王大軍，被姜太公（姜子牙）擺陣誅殺。死後奉太上老君之命敕封為四大天王守護佛門，司職「地、水、火、風」之相，掌管「風、調、雨、順」之權，寺院裡均會設天王殿供奉他們。

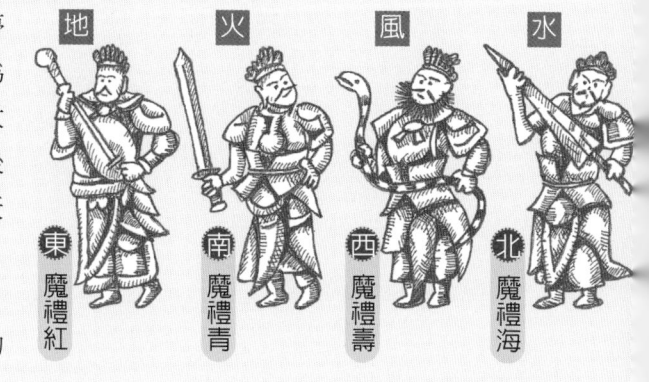

地　　火　　風　　水

東 魔禮紅　南 魔禮青　西 魔禮壽　北 魔禮海

漢化四大天王	東方	地	魔禮紅	琵琶	調（調弦）	撥動琴弦、屍橫遍野
	南方	火	魔禮青	長劍	風（劍風）	逢此利刃、四肢皆斷
	西方	風	魔禮壽	蛇	順（柔順）	毒噉世人、襲捲萬軍
	北方	水	魔禮海	混元傘	雨（雨傘）	天昏地暗、日月無光

日本四大天王

東 持國天　　南 增長天　　西 廣目天　　北 多聞天

東 白臉持國天（提陀賴吒）

「持國」意為慈悲為懷、保護眾生。手持琵琶（職「調」），用音樂喚醒眾生皈依佛門，保護眾生無諸病痛煩惱魔障，賜予「安居樂業」。

部屬 乾闥婆（半神）、毗舍闍（食血肉鬼）眾鬼。

西 赤臉廣目天（毗留博叉）

「廣目」意為隨時觀護眾生、持護正法。手持纏龍（職「順」），懲罰惡人令其受苦，激起善心，守護一切眾生遠離惡境進入善道，賜予「觀護正法」。

部屬 諸龍蛇族及富單那（臭鬼）二部鬼眾。

南 青臉增長天（毗樓勒迦）

「增長」意為增長善根、護持佛法。手持寶劍（職「風」），保護佛法不受侵犯，能折服邪惡，增加智慧、壽命，賜予「福德增長」。

部屬 鳩槃茶（冬瓜鬼）、薛荔多（餓鬼）二部鬼眾。

北 黃臉多聞天（毗沙門天）

「多聞」意為駐守道場，時常聽聞佛法。手持寶傘（職「雨」），用傘庇護眾生財富，以福德之門遍四方，能賜予無盡財源，表「財源充盈」。在印度、西藏、中國、日本均大受信奉與愛戴，為四大天王中最有名氣者，並被視為財神。

部屬 夜叉（勇健鬼）、羅剎（捷疾鬼）二部鬼眾。

風調雨順

藏密四大天王

東 持國天	南 增長天	西 廣目天	北 多聞天
斷欲刀	金鋼索	三支戟	如意棒

⑧ **摩醯首羅天（大自在天）**
是印度教三大主神之一的破壞之神，濕婆被佛教吸收成為護法天神，住於色界之頂，是三千大千世界之主。

⑨ **散脂大將（半支迦）**
意為密神，是四大天王的二十八部鬼帥之首，常巡察世間，賞善罰惡。

⑩ **大辯才天（妙音天）**
是位智財慧敏的女神，善於巧說法義，歌聲甜美。在日本則被稱為「弁才天」，是掌管現世利益的女財神。

⑪ **大功德天（吉祥天）**
又稱「摩訶室利」，長得非常漂亮。主司福德命運，象徵幸福美滿，在印度、中國、日本均廣受尊崇愛戴。

⑫ **韋馱天（韋琨）**
是四大天王三十二神將之首（統領），受佛陀親授法旨，專門保護出家人（僧侶）護持佛法。佛教各大經籍書最後頁必會印有韋馱天神像（道教則印有王靈官）。

⑬ **堅牢地天（地天）**
養育眾生，保護天地的女神，又稱「地母」。在中國道教被稱為「后土娘娘」。

14 菩提樹神
守護菩提（成道）樹的女神。

15 摩利支天
因能發出陽焰威光，所以專司除穢滅障業，是施予眾生利益的女神。

16 鬼子母天（訶梨帝母）
她原本是位專吃嬰兒的母夜叉，後來受到佛陀的感化而專司保護婦女及幼童，在日本是孕婦的守護神。

17 日宮天子（日天）
梵語「蘇利耶」，意為太陽神。

18 月宮天子（月天）
梵語「蘇摩提婆」意為太陰神。

19 娑竭龍王（龍王）
又稱「娑伽羅」，是海洋之主、蛇龍之王，在印度被視為司法神；在日本被奉為安產之神，其廟稱為「水天宮」。

20 閻摩羅王（焰摩天）
地獄冥界之主，印度稱其為死神，中國稱他為「閻羅王」。

三、天部其他重要天神護法

歡喜天（大聖天）梵名「伽涅沙」，在印度教是智慧之神，亦是愛神兼財神。他是濕婆的兒子，在印度很受敬崇。

鳩摩羅天（童子天）因其容顏如童子，故又被稱爲「童子天」，在印度教中是「戰神」。

火天 梵名「阿耆尼」，在印度教中是「火神」。

風天 梵名「瓦憂」，在印度教中是「風神」。

水天 梵名「婆羅那」，是海洋河川之神。

伎藝天 諸藝成就富樂，是學問藝能的女神，顏容端正，伎藝第一，才能超群。

荼尼吉天 飛天空行母，在日本稱爲「稻荷」，騎乘白狐，廣受日本人的敬崇。

鳩摩羅天

火天

風天

水天

伎藝天

荼尼吉天

天部諸神四大天王所率領的八部鬼將群

鳩槃荼 冬瓜鬼

夜叉 勇健鬼

羅刹 捷疾鬼

富單那 臭鬼

薜荔多 餓鬼

毘舍遍 食血肉鬼

第二段　天龍八部眾之龍部（八大龍王）

- 龍又稱為「那伽」，印度人認為「金剛眼鏡蛇」是龍神的化身，龍族的領袖，稱為「龍王」，他能興雲佈雨，令眾生熱惱消滅。龍王又有四大類別：
  ①守護天宮 ②興雲佈雨 ③統領海洋 ④伏藏山中。
- 龍王有個女兒叫侍香，人們慣稱他為「龍女」，因為她是觀世音菩薩的脅侍，故知名度超過於龍王。

難陀龍王　跋難陀龍王

龍部（八大龍王）		
難陀龍王	（歡喜龍王）	能調御風雨，為護法龍神之上首
跋難陀龍王	（賢喜龍王）	與難陀龍王是兄弟，兩人曾幫佛陀淋浴
娑伽羅龍王	（海龍王）	是古代祈雨的本尊龍神，亦稱「水天」
和修吉龍王	（九頭龍王）	常居在妙高山，全身纏繞此聖山
德叉伽龍王	（多舌龍王）	人畜見其身影即命喪，又稱「催命蟒蛇」
阿那婆達多	（阿耨達龍王）	常住雪山頂阿耨池，德行最為殊勝
摩那斯龍王	（大力龍王）	力大無窮，伏藏於高山或深海間
優婆羅龍王	（青蓮龍王）	常居於青蓮華池而得名

龍王

漢化四大龍王　中國的龍王司掌「甘霖」，故將龍王稱為「雨王」。他同時也是四海之神，故又稱「海龍王」，被尊為「九江八河之主，五湖四海之神」。

- 《封神榜》裡，龍王子被哪吒用乾坤圈擊斃並抽筋慘死。
- 《西遊記》裡，孫悟空曾經大鬧過龍宮。

東海龍王：敖光　　西海龍王：敖順　　南海龍王：敖明　　北海龍王：敖吉

編者絮語　天龍八部的矛盾

天龍八部諸神，眾鬼將的架構十分複雜且矛盾，簡單來說只有天部諸神為主流外，其他八部眾均為各天神的部下或屬將而已，地位並不高。他們之間充滿對立、戰鬥、爭執，唯一共同相似點就是均為佛陀的忠貞護法神。

★ 武俠小說家金庸將天龍八部的特色（對立、爭執、戰鬥或合作）寫成一本以武林為背景的暢銷小說。

第二十二章
日本佛教宗派的形成

日本佛教的七大階段

日本佛教從西元552年由中國經百濟傳入，期間分為底下七個階段：

第一階段 飛鳥時代（552～710 A.D.）日本佛教的萌芽期

西元552年（中國梁朝時）欽明天皇在位期間，朝廷分為蘇我氏為首的「尊佛派」和以物部氏為首的「排佛派」，後來蘇我氏獲勝並創建「向原寺」（日本第一座寺院）。到了聖德太子（推古朝時代）更大加弘揚佛教，創建了著名的四天王寺：飛鳥寺、法隆寺等，使佛教在日本奠基萌芽，聖德太子更被奉為智慧與美德之神。

此階段興起的宗派 三論宗（空宗）、成實宗、唯識宗（法相宗）、俱舍宗。

第二階段 奈良時代（710～784 A.D.）日本佛教的傳揚期

聖武天皇大力扶植佛教，並建立東大寺及奈良大佛。

此階段興起的宗派 華嚴宗、律宗。

第三階段 平安時代（784～1192 A.D.）日本佛教的大興期

桓武天皇時期，將首都遷至平安城（京都），對佛教採革命新態度，使日本佛教空前繁榮。

此階段興起的宗派 天台宗、真言宗（密宗），合稱平安二宗。

空海 真言宗宗祖　　最澄 天台宗宗祖　　鑑真 律宗宗祖

第四階段　鎌倉時代（1192～1333 A.D.）日本佛教的轉變期

鎌倉時期除各宗派有復興之勢外，新興宗派也紛紛出現，可說是日本佛教的轉變時期（教風超越教義）。

此階段興起的宗派
① 以修禪為主的禪宗：臨濟宗、曹洞宗。
② 以奉《妙法蓮華經》為唯一經典的「日蓮宗」。
③ 以往生淨土為思想：淨土宗、融通念佛宗、時宗、淨土真宗。

第五階段　室町時代（1333～1603 A.D.）日本佛教的沉寂期

此階段並無新的宗派產生，日本佛教趨於沉寂、平穩，在皇室貴族及平民中唯獨禪宗特別興盛。

第六階段　江戶時代（1603～1867 A.D.）日本佛教的停滯期

德川幕府的鎖國政策雖然保護佛教，但也多方設限，加以監控，致使日本佛教發展停滯不前。

此階段興起的宗派　黃檗宗（禪宗的另一支派）。

第七階段　明治維新後（1867 A.D.～）日本佛教的新頁

明治維新後，行「王政復古」政策，使神道思想大興而一時掀起了「排佛毀釋」運動，迫使日本佛教從修行證悟的教理，轉變為學術探索的研究發展，創造新局面。

法然　淨土宗宗祖

遊方神僧　空也

日本時宗宗祖　一遍

日蓮　日蓮宗宗祖

親鸞　淨土真宗宗祖

役小角　咒術神變宗祖

日本佛教宗派的形成

【日本佛教各宗派比較表】

宗別	時代	年代	宗派	宗祖	總本山
南都六宗	飛鳥時代	625	三論宗（空宗）	慧觀 ➡ 智藏 ➡ 道慈（三傳）	元興寺
		633	成實宗	由三論宗分離出來（小乘空宗）	—
		653	唯識宗（法相宗）	道昭（南寺傳）玄昉（北寺傳）	興福寺
		658	俱舍宗	由唯識宗分離出來（小乘有宗）	—
	奈良	753	華嚴宗	審祥	大安寺
		754	律宗	鑑真	奈良唐招提寺
平安二宗	平安	805	天台宗	最澄（傳教大師）	比叡山延曆寺
		806	真言宗（東密）	空海（弘法大師）	高野山金剛峰寺
淨土四宗	鎌倉時代	1175	淨土宗	法然（源空）	京都知恩院
		1198	融通念佛宗	良忍	平等院
		1224	淨土真宗（一向宗）	親鸞	京都本願寺
		1274	時宗	一遍（智真）	神奈川清淨光寺
新二宗	鎌倉時代	1236	真言律宗	叡尊	奈良西大寺
		1253	日蓮宗	日蓮	山梨身延山久遠寺
禪宗三宗		1191	臨濟宗	榮西	京都建仁寺
		1227	曹洞宗	道元	福井永平寺
	江戶	1654	黃檗宗	隱元	京都萬福寺

曹洞宗宗祖 道元　　黃檗宗宗祖 隱元　　臨濟宗宗祖 榮西

❓【小常識】　國際創價學會

「創價」意為創造生命最高價值。1930年創立於日本，1973年成立「國際創價學會」（SGI），將日蓮宗佛法推向全世界。創辦人為牧口常三郎與戶田聖城，以世界和平及推動文化教育為最高宗旨，強調：「利、善、美」的價值論。池田大作為榮譽會長。

第二十三章
藏傳佛教（喇嘛教）

教義：身、語、意三密

教徽

布達拉宮

藏傳佛教 西藏古稱「吐蕃」，又稱「小西天」或「雪域」，外國人稱它為「世界屋脊」或「香格里拉」，藏民自認是獼猴的子孫。佛教的金剛乘（密宗）於七世紀時傳入西藏，我們慣稱為「喇嘛教」，但此說法藏人是不領情的。「喇嘛」意為修行德行高深的上師，猶如佛教中的方丈或法師，如果有人稱佛教為「法師教」，相信是非常失禮的，故正確說法為「藏傳佛教」。西藏密教開拓兩大時期，可分為前弘期（七世紀至九世紀）、後弘期（十世紀起）。

第一節　前弘期

即七世紀至九世紀，約兩百年期間歷經九位贊普（藏王），期間又分三個階段，史稱「祖孫三尊藏王宣佛期」。

第一階段　始興佛期

西元640年第三十三任贊普（藏王）松贊干布（棄宗弄贊）完成統一大業，創立「吐蕃王朝」，在拉薩建造了布達拉宮，並先後迎娶尼泊爾的赤尊公主（白莎，又稱「尼后」）及唐朝的文成公主（甲薩，又稱「漢后」），並為她們建造了大昭寺和小昭寺，供奉她們攜帶而來的佛像、佛經等法物（佛教因此正式傳入西藏）。但此舉與當時信奉原始苯教（黑教）的蕃民發生信仰上的嚴重衝突，當他死後，王宮內的宗教信仰又重回到擅長咒術巫法的苯教手中，雖然如此但佛教已在西藏（雪域）生根萌芽。

赤尊公主　　文成公主

贊普（藏王）　松贊干布（棄宗弄贊）

231

藏傳佛教（喇嘛教）

第二階段　建樹佛期

約過一百年後，第三十七任贊普——赤松德贊（其父赤德祖丹，其母為唐朝金成公主）迎請印度密宗大師蓮華生（八神變）入藏，終於降服苯教（黑教）勢力，史稱「密法與巫術」的鬥爭，佛教得以在西藏繼續盛行。

第三階段　發揚佛期

西元820年，第四十任贊普——赤祖德贊（赤熱巴巾）大力扶植佛教並統一藏文、經文、地名，使佛教更加發揚光大。

毀法時期　藏傳佛教進入黑暗期

赤熱巴巾因大力宣揚佛教，被苯教信徒暗殺身亡，由其信奉苯教的哥哥朗達瑪接任贊普並開始實施大規模滅佛政策，在一百零八年內藏傳佛教經典、文物、僧侶等均遭受空前的迫害，史稱「滅佛毀法黑暗期」。

祖孫三尊	任別	吐蕃王朝	贊普（藏王）	年份	階段	時期
	33任	第一代	松贊干布（棄宗弄贊）	640A.D.	第一階段	始興佛期
	37任	第五代	赤松德贊	740A.D.	第二階段	建樹佛期
	40任	第八代	赤祖德贊（赤熱巴巾）	820A.D.	第三階段	發揚佛期

★祖孫三代贊普將佛教傳入西藏功不可沒，被尊稱為「祖孫三尊」或「三大法王」。

第二節　後弘期

> 即十世紀始，各教派的派門弘法期，由於朗達瑪的滅佛政策迫使僧侶紛紛逃亡他地避難，因此西藏佛教進入最黑暗的時期（毀法期），十世紀後才分兩路線將密法回傳至藏區。

佛法復燃——兩路弘法

上路弘法	阿里路線	代表人物：阿底峽大師（較主流）
下路弘法	多康路線	代表人物：喇欽、貢巴饒賽

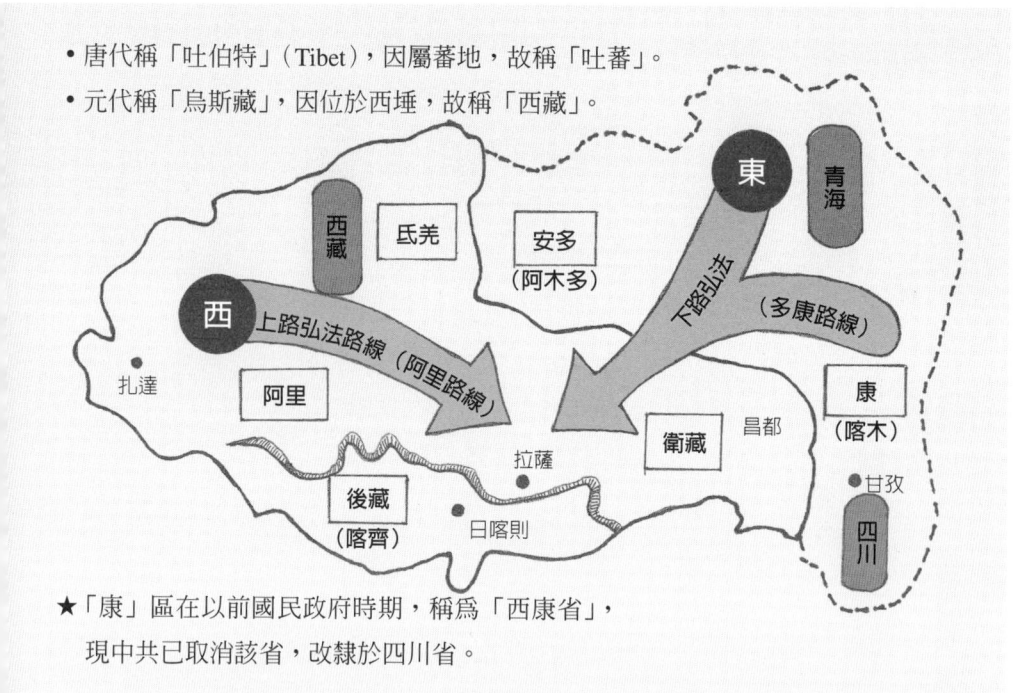

- 唐代稱「吐伯特」（Tibet），因屬蕃地，故稱「吐蕃」。
- 元代稱「烏斯藏」，因位於西垂，故稱「西藏」。

（地圖：西藏區域圖，標示西藏、氐羌、安多（阿木多）、阿里、後藏（喀齊）、日喀則、拉薩、衛藏、昌都、康（喀木）、甘孜、青海、四川；上路弘法路線（阿里路線）由西而入，下路弘法（多康路線）由東而入）

★「康」區在以前國民政府時期，稱為「西康省」，現中共已取消該省，改隸於四川省。

五大教派弘法期從八世紀始至今，藏傳佛教傳遍全世界，介紹如下：

【壹】寧瑪派…（紅教） 教義：大圓滿法

> 寧瑪意為「古老」或「循舊」，該派寺院垣牆塗以紅色，僧侶戴紅帽，穿紅袈裟，故稱「紅教」或「舊教」。

起源 八世紀吐蕃王朝第五代贊普赤松德贊即位，因年幼，大權掌控在信奉苯教（黑教）的大臣手中，因而發動第一次禁佛運動，赤松德贊成年後即邀請印度中觀派傳人寂護（靜命大師）至藏區傳法，由於苯教勢力依然強大，寂護於是又請來了密宗大師蓮華生（印度金剛乘創始人）來調伏群魔（指苯教）並在西藏建立史上第一座寺院「桑耶寺」（桑鳶寺），最後終於將苯教勢力徹底降伏並逐出西藏，才能使佛教在西藏發揚光大。

各派共祖「蓮華生」

祖師 蓮華生（八神變）

又稱「古魯仁波切」，創建西藏史上第一座寺院桑耶寺，曾用密宗法術降服苯教巫術，為藏傳佛教始祖及各宗派共祖。

藏傳佛教（喇嘛教）

創始人 素爾波切（大素爾）

三素爾家族的大家長。

教義 大圓滿法（保持純淨心，遠離塵垢，做到空虛明淨的境界）

<table>
<tr><td rowspan="7">學說 三根九乘</td><td>三根</td><td colspan="6">九乘</td></tr>
<tr><td rowspan="2">顯教共修三乘</td><td>1</td><td>聲聞乘（小乘）</td><td>2</td><td>緣覺乘（中乘）</td><td>3</td><td>菩薩乘（大乘）</td></tr>
<tr><td colspan="6">（為化身佛釋迦牟尼所說顯密二教共修）</td></tr>
<tr><td rowspan="2">外密三乘</td><td>4</td><td>所作密（事部）</td><td>5</td><td>行部密</td><td>6</td><td>瑜伽密</td></tr>
<tr><td colspan="6">（為報身佛金剛薩埵所說，屬密教內容）</td></tr>
<tr><td rowspan="2">無上內密三乘</td><td>7</td><td>大瑜伽密</td><td>8</td><td>隨類瑜伽密</td><td>9</td><td>無上瑜伽密</td></tr>
<tr><td colspan="6">（為法身佛普賢王如來所說，屬密教修持最高法）</td></tr>
</table>

<table>
<tr><td rowspan="5">三大傳承密法</td><td>三大傳承</td><td>三大密法</td></tr>
<tr><td rowspan="2">遠傳經典傳承</td><td>・無垢友的幻變密藏法</td></tr>
<tr><td>① 幻變經典傳承 ② 集經傳承 ③ 大圓滿教授傳承</td></tr>
<tr><td rowspan="2">近傳伏藏傳承</td><td>・蓮華生的迦羅金剛橛法</td></tr>
<tr><td>① 北藏「強迭」傳承 ② 南藏「索迭」傳承</td></tr>
<tr><td>甚深淨境傳承</td><td>・默那羅乞多的無上瑜伽部密法</td></tr>
</table>

寧瑪派（紅教）六大代表人物 開創寧瑪派（紅教）的連脈結法

<table>
<tr><td colspan="3">「三素爾」是素爾家族祖孫三代人物，奉蓮華生為祖師，是寧瑪創派始祖</td></tr>
<tr><td rowspan="3">三素爾</td><td>素爾波切（釋迦迴乃）</td><td>又稱大素爾，創建烏巴隆寺，故又稱「烏巴隆巴」</td></tr>
<tr><td>素爾穹（喜饒扎巴）</td><td>又稱小素爾，門徒眾多，著名的有「四柱八樑」</td></tr>
<tr><td>素爾釋迦僧格（濯浦巴）</td><td>建立濯浦寺，故又稱「濯浦巴」</td></tr>
<tr><td rowspan="3">三成就</td><td>絨卻吉桑布</td><td>以學術聞名，由他傳承的「大圓滿法」成為寧瑪派教法</td></tr>
<tr><td>隆欽饒降巴（智美沃色）</td><td>在不丹建立塔爾巴林寺，發揚「大圓滿法」</td></tr>
<tr><td>甘珠爾</td><td>在印度大吉嶺創建烏金貢桑卻林寺，傳者稱「甘珠爾活佛」</td></tr>
</table>

寧瑪派獨有殊勝的巖傳法 巖傳又稱「伏藏」，是寧瑪派（紅教）最具特色的教法，因當時（毀法期）為了躲避戰亂及外道損毀，而將經典埋藏在地底下或山巖中，等

待後世有緣人的發掘。專門挖掘伏藏的大師稱為「代敦」。

巖傳（伏藏） 又分四類：① 北藏（羌代），又稱「強迭傳承」；② 南藏（號代），又稱「索迭傳承」；③ 上部伏藏（堆代）；④ 下部伏藏（數代）。

五大巖傳導王

別類		導王
南藏		娘・尼瑪沃色
		咕汝・卓吉旺秋（法自在）
北藏		貝瑪汪嘉多傑
		札西多佳（多佳寧巴）
		蔣揚親哲旺波

寧瑪派特色

①	重密輕顯	②	自相傳承
③	教法不一	④	僧人可娶妻生子
⑤	僧侶可不住寺院		
⑥	缺乏行政宗組織		
⑦	無上瑜伽大圓滿法為紅教特有		
⑧	巖傳伏藏傳承為此派獨有		

六大寺院，兩大傳承

	寺院	創建者及傳承
1	敏珠林寺	德達林巴創建，為寧瑪派根基寺院，屬南藏傳承
2	噶陀寺	旦巴德協創建，屬南藏傳承
3	白玉寺	昆桑謝拉（吉祥獅子）創建，屬南藏傳承
4	多傑札寺	雷欽貴登（雷欽千波）創建，為北藏傳承
5	卓千寺	白瑪仁增創建
6	雪謙寺	冉江、滇佩賈參創建
一	龍欽寧體傳承	吉美林巴創立，集教傳，巖傳之大成
二	敦珠新巖傳承	敦珠仁創立，是不屬於任何寺院而獨立傳承的自由教派

噶當意為「佛語教戒」，近世已與「新噶當派」合併稱為「格魯派」。

【貳】噶當派　教義：三士道

起源 十世紀，阿底峽大師在阿里地區弘道，並傳入藏區，史稱「上路弘法」。仲敦巴拜其為師，並創建熱振寺為根本道場，逐漸形成噶當派。

祖師 阿底峽（月藏）

取號「燃燈吉祥智」，藏人尊稱他為「覺沃傑」（意為佛尊）；於托林寺著作「菩提道炬論」，成為當時密教修法的準則，亦是西藏宗教革命的催化劑。

創始人 仲敦巴（阿底峽的弟子）

創建熱振寺，雖然終身未受比丘戒（出家），故未戴僧帽，但他比任何僧人更堅持遵守佛門戒規。

藏傳佛教（喇嘛教）

阿底峽三大弟子
- 庫敦・尊哲雍仲
- 俄雷必協饒（傳承噶當子法）
- 仲敦巴（傳承噶當父法）

覺、仲、俄師徒三尊：阿底峽（覺沃傑）、仲敦巴、俄雷必協饒

教義	「三士道」即出離心、菩提心、真空見、福慧雙修的見解		
三士道	下士道（人天乘）		不求解脫世間痛苦，只求今生利樂（求自身樂）
	中士道（小乘）		只求個人解脫，並沒有普渡眾生之念（求解脫）
	上士道（大乘）		自求解脫，並願共渡眾生（求自苦利眾生）

噶當派的特色 ① 倡顯密融合；② 主張先顯後密（認為密法只能傳授給少數有根器的人）；③ 享有「純淨」教派的美譽；④ 雖有寺院集團組織，但從沒有政治野心；⑤ 現今噶當派已併入格魯派（黃教）。

三大教法派	派別	創立者	重點	主要法則
	教典派	博多哇	佛教經典的學習	說一切教典都是修行依據
				一切經論是成佛方便的宗旨
	教授派	京俄哇	師長指導的念咒	以「三士道」次第見行雙運為主
	教誡派	普穹哇	恆住五念的戒條	以「十六明點」為修法依據

★噶當七寶──以上三派加上四尊佛（釋迦、觀音、綠度母、不動明王）之合稱。

【參】薩迦派（花教）　教義：道果法（明空無執，除惡業，行善事，得正果）

「薩迦」意為灰黃土的薩迦寺，因寺院垣牆塗有紅、白、黑三色線條，故稱「花教」。紅色代表文殊菩薩，白色代表觀音菩薩，黑色代表金剛手菩薩，三菩薩合稱「三怙主」（表智、仁、勇）。

起源 十世紀昆氏家族的後裔貢卻哲布，從小智力過人，曾向大譯師卓彌學法，並廣招信徒創建薩迦寺，開始傳教，創立了「薩迦派」。

祖師 卓彌・釋迦益西

大譯師，創道果法。

創始人 昆・貢卻哲布（卓彌的弟子）

學說 學習三個次第：① 最初捨非福　② 中斷於我執　③ 後除一切見，以瑜伽中觀見解為主流。

薩迦五祖		
初祖	長子	薩欽・貢噶寧波
二祖	次子	索南則摩
三祖	三子	札巴堅贊
四祖	孫	薩班・貢噶堅贊
五祖	孫侄	八思巴（羅札堅贊）

創始人昆・貢卻哲布的長子、次子、三子、孫、孫侄等五人（均為昆氏家族）

薩班・貢噶堅贊　　元帝師 八思巴

★八思巴被元世祖尊封為「帝師」，並創造蒙古文，使薩迦派統領全藏（薩迦王朝）。

四大喇章 十四世紀時薩迦派因內部不和而分裂出四個喇章（王府）各據一方，現僅存「都卻喇章」，其餘均式微，最後被格魯派（黃教）取得政教權。

　　　細脫喇章　　拉康喇章　　仁欽崗喇章　　都卻喇章

★「都卻喇章」，又分**卓瑪**（度母）宮、**朋措**（圓滿）宮、二宮輪掌薩迦法王。

四大支派			
俄巴派	俄欽・貢噶桑布創立，以俄爾寺為中心	密教弘傳
種巴派	貢欽・貢噶南杰創立，以多吉丹寺為中心	
刹巴派	刹欽・羅賽嘉措創立，以圖丹根培寺為中心	
雅絨派	雅楚桑結和絨敦二師所創，以雅絨寺為中心	顯教弘傳

薩迦派特點 ① 薩迦派傳承一律由昆氏家族世襲，又分為血統及法位傳承。② 薩迦派曾掌握全藏政權，稱為「薩迦王朝」，雖已衰弱，但在宗教上還是有一定的影響力（是西藏政教合一的起始教派）。

【肆】噶舉派（白教） 教義：大手印（手為諸法空性智，印不越乎此空智）

> 「噶舉」意為口授傳教，僧人多穿白色衣裙，故稱「白教」。

起源 十一世紀瑪爾巴（大譯師）去印度及尼泊爾學成「大手印」等密法，返回藏區傳授給其弟子，其中愛徒密勒日巴以獨特的演唱道歌方式傳教大受歡迎，是門庭旺盛的教派，也是最早有靈童（活佛）轉世的教派。

祖師 瑪爾巴（卻吉羅追）

那若巴曾口授傳其無上密法（啓蒙瑜伽修法）。

創始人 密勒日巴

瑪爾巴最為出色的弟子，所著的《道歌集》是深受藏人喜愛的經典之作，並認為他是第一位現世成佛之人。

修法 修「拙火定」。主張從苦修開始，最高修法是無上瑜伽密，所謂「修身悟法」。由此證悟「空性」，據說學成此法，寒冬亦不用蔽衣。

瑪爾巴四大弟子	四大弟子	所傳承密法	被傳予的內容
	俄頓・曲吉多吉	傳承喜金剛母部瑜伽	被傳予講解經典教授
	楚頓・旺多吉		
	梅頓・村波	傳承集密金剛父部瑜伽	
	密勒日巴	傳承勝樂金剛無上瑜伽	被傳予修行教授

噶舉兩大派門

1. 達布噶舉：達布拉杰（岡布巴）創立，是金剛持教授語旨所傳承。➡ 主流派
2. 香巴噶舉：瓊波納結（惹瓊巴）創立，是空行母教授語旨所傳承。➡ 已式微

一 達布噶舉

達布拉杰（岡布巴）所創立，並建造岡布寺，他的四大弟子分別創立四大流派和八小支派（四大八小），成為噶舉派的主流派。

四大流派

① 噶瑪噶舉

由杜松欽巴（確吉札巴）所創立並建造噶瑪丹薩寺，是西藏第

杜松欽巴

一個轉世制度（活佛）的教派。

二小帽系

1.黑帽系（大寶法王）：由「祝欽」噶瑪拔希所創，是藏人認為僅次於蓮華生的大神通者，創建楚布寺。元朝皇帝曾賜封金邊黑帽，故稱「黑帽系」。明成祖賜予第五代傳人德銀協巴（哈立麻）「大寶法王」封號，使其歷代傳承者稱為「黑帽法王」或「大寶法王」，並成為噶舉派領袖，被尊稱為「噶瑪巴」。以楚布寺為祖寺，是西藏第一個轉世制度的傳承，現今已傳至第十七代。大寶法王只有宗教象徵，從不涉及政治鬥爭。

初祖 杜松欽巴　二祖 祝欽・噶瑪拔希（黑帽法王）　三祖 烱多吉　四祖 若貝多吉　五祖 德銀協巴（卻貝桑布）漢人稱其為「哈立麻」，受明成祖賜封為「大寶法王」，正式以此尊號傳承　十六祖 熱貝多吉，於西元1958年帶領160名僧眾至錫金，創建陸姆特克寺（成為噶舉派海外大本營）　十七祖 現今伍金赤列多吉已離開西藏向海外傳教。

祝欽・噶瑪拔希

2.紅帽系（被清乾隆帝廢除封號，因此告絕）：由札巴僧格所創立（元朝皇帝封他為「灌頂國師」並賜紅帽一頂），被尊稱為「夏瑪巴」，創建乃囊寺，此系傳到第十代祖卻朱措時，因與清廷關係緊張，最後被清乾隆皇帝沒收紅帽，因此傳承就此中斷告絕。

❷ 蔡巴噶舉

由向蔡巴（尊哲札）所創，建造蔡巴寺及貢塘寺，十二世紀時被元世祖封為「蔡巴萬戶長」而權傾一時，現已式微。

❸ 巴戎噶舉

由達瑪旺秋所創，建造巴戎寺，現已式微。

❹ 帕竹噶舉

由帕木竹巴（多吉杰布）所創，建造丹薩替寺，曾被元順祖賜封為「大司徒」。法位由朗氏家族世襲，明朝時取得衛藏政教統治權，史稱「帕竹政權」（乃東王朝）。帕竹噶舉由其八大弟子創立八小支派，史稱「勝八傳承」。

藏傳佛教（喇嘛教）

八小支派（勝八傳承）

止貢派	由仁欽貝（吉天頌恭）所創，建止貢替寺。	綽浦派	由賈擦和貢丹二人所創，建綽浦寺。
達隆派	由達隆塘巴札希貝所創，建達隆寺。	修賽派	由傑貢・楚臣僧格所創，建修賽寺。
竹巴派	由林熱白瑪多吉所創，又分為上竹巴、中竹巴、下竹巴，有「天下人一半是竹巴」之說，影響甚廣。	葉巴派	由益希孜巴所創，建葉浦寺。
雅桑派	由卻門朗（格登益西僧格）所創，建雅桑寺。	瑪倉派	由瑪倉希饒僧格所創。

★以上八支派除止貢、達隆、竹巴三派外，其餘均已式微。

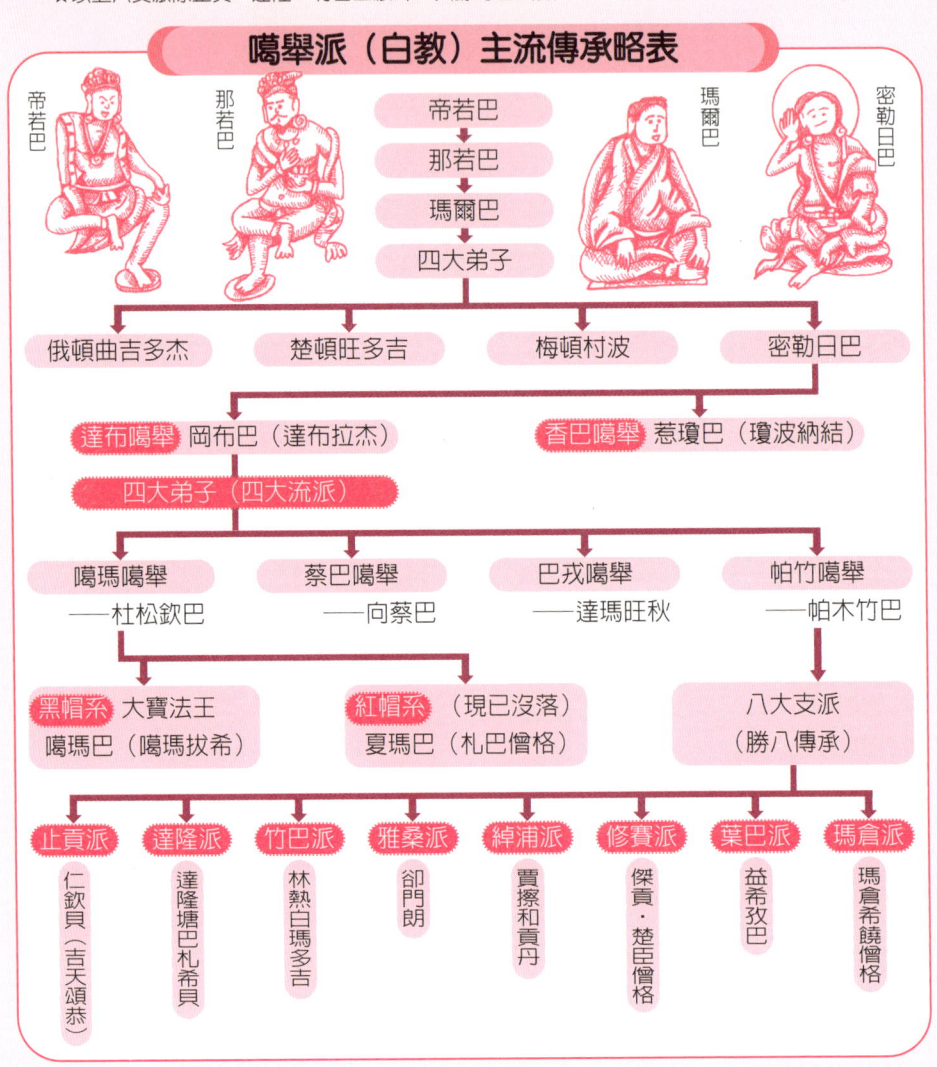

噶舉派（白教）主流傳承略表

帝若巴 → 那若巴 → 瑪爾巴 → 四大弟子

四大弟子：
- 俄頓曲吉多杰
- 楚頓旺多吉
- 梅頓村波
- 密勒日巴

達布噶舉：岡布巴（達布拉杰）
香巴噶舉：惹瓊巴（瓊波納結）

四大弟子（四大流派）：

- 噶瑪噶舉 —— 杜松欽巴
- 蔡巴噶舉 —— 向蔡巴
- 巴戎噶舉 —— 達瑪旺秋
- 帕竹噶舉 —— 帕木竹巴

黑帽系：大寶法王 噶瑪巴（噶瑪拔希）
紅帽系：（現已沒落）夏瑪巴（札巴僧格）

八大支派（勝八傳承）：
- 止貢派：仁欽貝（吉天頌恭）
- 達隆派：達隆塘巴札希貝
- 竹巴派：林熱白瑪多吉
- 雅桑派：卻門朗
- 綽浦派：賈擦和貢丹
- 修賽派：傑貢・楚臣僧格
- 葉巴派：益希孜巴
- 瑪倉派：瑪倉希饒僧格

二 香巴噶舉

由瓊波納結（惹瓊巴）所創立，以桑定寺和甲寺為中心，並在香地建了108座寺院，形成強大的地方勢力，但在十五世紀後式微。現在此派最有特色的象徵是桑定寺女活佛（西藏唯一女性寺主），據說是金剛亥母轉世，又名「多吉帕姆」；地位崇高，深受女性信眾敬仰。此派重實修，不重傳承，故影響力不大。

【伍】格魯派（黃教）　教義：緣起性空（一切事物均為虛妄）

「格魯」意為善規或善律，因僧人均穿戴黃色僧衣帽，故稱「黃教」。

起源　十五世紀宗喀巴，承襲噶當派純淨宗教思想，加強嚴守戒律及力行宗教改革，又稱「新噶當派」。多次舉行傳昭大法會（莫蘭木會）振興教法，因此勢力迅速擴大，影響力日漸擴展，終取代各教派，成為掌握全西藏政教合一的領導教派。

創始人　宗喀巴（羅桑札巴）

意為善慧，尊號「杰仁波切」，是藏人認為的第二佛陀，又稱「寶貝佛爺」，地位崇高。

師徒三尊：賈曹傑　宗喀巴　克主杰

宗喀巴八大弟子：

師尊	宗喀巴	創立黃教及甘丹寺
大弟子	賈曹傑	（達瑪仁欽）
二弟子	克主杰	第一世班禪
三弟子	杜曾・札巴堅贊	
四弟子	嘉央却吉（札西白丹），被賜封為「妙音法王」，創建哲蚌寺。	
五弟子	緯欽却吉（釋迦耶希），被賜封為「大慈法王」，創建色拉寺。	
六弟子	多敦・江白嘉措	
七弟子	杰尊・喜饒僧格（慧獅子），創建「下密院」（舉麥札倉）；其弟貢噶頓珠創建「上密院」（舉堆札倉）。此兩密院是黃教思想傳習修行的主要學院，上下密院的堪布被尊稱為「洛本」，地位崇高。	
八弟子	根敦朱巴，為第一世達賴喇嘛，創建札什倫布寺（日喀則）。	

?【小常識】　藏傳佛教四大祖師

紅教	蓮華生大師（烏金大師）	西藏密教共同祖師
白教	密勒日巴（兌巴嘎大師）	西藏密宗成就第一人
花教	貢噶堅贊（薩迦班智達）	藏密精通五因明的大學士
黃教	宗喀巴大師（寶貝佛爺）	在西藏被尊奉為第二佛陀

一、黃教六大宗主寺院（格魯派六大叢林）

拉薩三大寺院

1. **甘丹寺** 甘丹意為「兜率天」，是指未來佛彌勒菩薩的居所，為宗喀巴創建（黃教第一座寺院）。甘丹寺治台（最高住持）稱為「甘丹赤巴」，是達賴喇嘛年幼時的攝政王，地位崇高。

2. **哲蚌寺** 哲蚌意為「白色米堆」，是宗喀巴第四弟子嘉央卻杰所創建。該寺是世界上面積最廣、僧人最多的寺院，也是早期達賴喇嘛的行宮（噶丹頗章政權）二世至五世達賴在此坐床（登基）。

3. **色拉寺** 色拉意為「酸果林」，是宗喀巴第五弟子緯欽卻杰（釋迦耶希）所創建，曾被明朝皇帝賜封為「大慈法王」。該寺是黃教第二大寺。

後藏日喀則

4. **札什倫布寺** 札什倫布意為「吉祥須彌」，由宗喀巴第八弟子根敦朱巴（達賴一世）創建於後藏日喀則。該寺雖然是達賴一世所創建，但後來成為班禪的母寺——因為第二世靈童相隔十一年後才被尋獲，即遭受到札什倫布寺眾僧質疑及排擠，至二十歲成年後的達賴二世根敦嘉措憤而離開該寺，出走到哲蚌寺做為其行宮攝政，而札什倫布寺則成為「班禪」的駐錫地。

青海

5. **塔爾寺** 全名為「哀本緯巴林」，意為「十萬金身慈氏洲」（紅佛氏），是紀念創始人宗喀巴出生地而建造的寺院。該寺是達賴和班禪及其專使大臣往來京藏時下榻的聖寺。

（塔爾寺三絕）堆繡、壁畫、酥油花。

甘肅

6. **拉卜愣寺** 舊稱「札西奇寺」，由嘉木樣活佛創建。是甘南藏族最大的寺院，全寺有六大札倉（學院）：① 聞思札倉（修顯宗） ②③ 續部上下札倉（修密宗） ④ 時輪札倉（修天文、地理） ⑤ 醫學札倉（修醫藥學） ⑥ 喜金剛札倉（修法事）。

黃教四大領袖

前藏：**達賴喇嘛**（嘉華仁波切）。

後藏：**班禪上師**（班禪額爾德尼）。

內蒙：**章嘉呼圖克圖**（大慈法王轉世）駐錫地原為色拉寺，第三世時改駐錫至北京雍和宮，並成為乾隆皇帝幼時同學，成年後被賜封為國師，近代第七世因國共內戰隨國軍播遷來台圓寂於台北。

外蒙：**哲布尊丹巴**（覺囊派的領袖）最近一世曾領導外蒙獨立建國。

二 黃教兩大活佛系統——達賴與班禪

「呼畢勒罕」意為活佛轉世制度（最早靈童轉世的教派是噶舉派的噶瑪巴「大寶法王」）。黃教因嚴守教規（不娶妻生子），故需藉由轉世制度傳承教統，亦可避免家族權治利益私擅的弊端，根據宗喀巴遺囑，達賴與班禪兩者互為師長，輪流領導黃教，其中一位仍在世就應負起尋覓轉世活佛（靈童）和教養的責任。

❶ 達賴喇嘛（被視為觀世音菩薩的化身）

「達賴」意為「大海」，喇嘛意為「上師」，近代已成為全西藏宗教領袖及政治首腦，現今已轉世十四代。在西藏首府拉薩的布達拉宮設有行政組織，稱為「噶丹頗章」政權，又稱「噶廈政權」。設有噶論（內閣成員）及甘丹赤巴（甘丹寺最高治台），後者是地位僅次於達賴的黃教法主（是達賴及班禪幼年時的攝政王），達賴及班禪要向其行磕頭禮。

❷ 班禪額爾德尼（被視為無量壽佛、阿彌陀佛的化身）

「班禪」意為大學者，「額爾德尼」意為珍寶，現今已轉世十一代，駐錫地在後藏首府日喀則的札什倫布寺。屬下所統管的組織稱為「堪布會議廳」，簡稱「堪廳」（偏重於宗教性質，無政治實體）。

起源 達賴與班禪的封號，並非一開始就有如此稱呼。「達賴」溯源於第五世祖阿旺・羅桑嘉措親赴北京朝觀清順治皇帝時，被冊封為「達賴喇嘛」，從此達賴封號確立。「班禪」溯源於第五世祖羅桑益西被清康熙皇帝冊封為「班禪額爾德尼」，從此班禪封號確立。

達賴五世阿旺・羅桑嘉措與清順治皇帝

❸ 達賴與班禪的地位

剛開始格魯派（黃教）兩大活佛系統地位平等，互為師長，共同管理西藏政治宗教事務。1720年第七世達賴喇嘛格桑嘉措受清康熙皇帝賜金冊玉印，並於首府拉薩布達拉宮坐床，正式成為西藏政教合一最高領袖，地位超越「班禪」。

④ 近代達賴喇嘛與班禪的失和

原因 1921年當時第十三世達賴土登嘉措規定第九世班禪曲吉尼瑪的堪廳政府，要繳徵軍糧及獻納銀稅，雖然班禪親自請求免徵，但均遭到拒絕，於是開始失和甚至決裂。第十四世達賴丹增嘉措（現今達賴），因受中共壓迫於1959年離開西藏至印度北方組成流亡政府，而十世班禪卻吉堅贊則走親中共路線，並獲得人大委員一職，雖然兩大活佛在宗教領域上已修好，但在政治理念上還是南轅北轍。第十一世班禪，因認定問題，目前出現兩位人選。

⑤ 達賴喇嘛世譜

於首府布達拉宮（冬宮）、羅布林卡（夏宮）組成「噶廈政府」（噶丹頗章）。

第一世 根敦朱巴（宗喀巴最小的弟子）

於後藏首府日喀則（意為村莊之頂）創建札什倫布寺。➡

第二世 根敦嘉措

因受札什倫布寺眾僧質疑其法位而遭到排擠，成年後移居哲蚌寺做為其行宮（噶丹頗章政權）。➡

第三世 索南嘉措

正式採用轉世制度下確認的活佛（前二世被追認）。➡

第四世 雲丹嘉措 ➡

第五世 阿旺・羅桑嘉措

受清順治帝邀請到北京弘法並被賜封為「達賴喇嘛」，始流傳此頭銜；深受藏民敬愛，其圓寂後，靈塔被安奉於布達拉宮最高頂處。➡

第六世 倉央嘉措

此世出現三位達賴喇嘛混亂的局面，涉及到政治、宗教、民族、朝廷及地方複雜的糾結，最後藏人以倉央嘉措為正統法位。➡

第七世 格桑嘉措

因前世法定人物爭擾不休，故此世（七代）朝廷強力介入，清康熙帝賜金冊玉印並派軍隊護送格桑嘉措在西藏首府拉薩布達拉宮坐床，並以此宮號令全藏，因此地位超越班禪。➡

第八世 降巴嘉措 ➡ 第九世 隆多嘉措 ➡ 第十世 楚臣嘉措 ➡

第十一世 克珠嘉措 ➡ 第十二世 成烈嘉措 ➡

第十三世 土登嘉措

　　第十三世達賴土登嘉措於1921年因強徵軍糧及稅銀與第九世班禪失和，清亡民國初立時曾受英國慫恿意圖使西藏獨立，但沒成功。➡

第十四世 丹增嘉措

　　是現今達賴喇嘛。1959年離開西藏，於印度北方組成流亡政府，於1989年獲得諾貝爾和平獎，是西藏的精神領袖。

⑥ 班禪額爾德尼世譜

駐錫地在後藏首府日喀則的札什倫布寺，組成「堪廳政府」。

第一世 克主杰（宗喀巴第二弟子）➡ 第二世 索南秋朗 ➡

第三世 羅桑敦珠 ➡

第四世 羅桑確吉

　　是正式採用轉世制度下的活佛，前三世被追認，並開始以「札什倫布寺」作為駐錫地的班禪。➡

第五世 羅桑益西

　　受清康熙皇帝冊封為「班禪額爾德尼」，正式使用班禪的封號。➡

第六世 巴丹益西 ➡ 第七世 丹白尼瑪 ➡ 第八世 丹白旺久 ➡

第九世 曲吉尼瑪

　　1921年因軍糧、稅銀，與第十三世達賴喇嘛失和決裂。➡

第十世 卻吉堅贊

　　走親中共路線，獲人大委員一職，於1989年圓寂。➡

第十一世 未定

　　1996年出現兩位靈童，政治派（中國官方）宣布尋獲並確認堅贊諾布（確吉杰布）為第十一世班禪，而宗教派（達賴喇嘛）認為真正的轉世靈童為格登卻吉尼瑪才是正統的第十一世班禪（現已失蹤）。

❼ 格魯派（黃教）的救星──班禪四世

班禪在藏語正確的讀音為「班千」，是梵語「班智達」（意為大學士）與藏語「千波」（意為廣博宏大）的合稱。第四世班禪羅桑確吉堅贊是格魯派（黃教）最重要人物之一，若沒有他，就沒有今日的達賴喇嘛，甚至連格魯派都不會存在，他可說是黃教的大救星。雖然他身體瘦弱且長相醜陋，但卻十分謙虛。在噶瑪第司王朝藏巴汗掌權時，企圖消滅黃教並禁止達賴四世圓寂後再有轉世機會，後來因藏巴汗得了重病被他治癒，才答應可尋找達賴五世靈童，他並親自擔任幼年達賴的教師，建立達賴與班禪世世代代互為師徒（上師與弟子）的制度。當格魯派被逼到面臨瓦解危機的時刻，他暗中策劃蒙古固始汗入藏消滅藏巴汗，才使黃教轉危為安，並促使達賴喇嘛成為全西藏政教領袖；他一本謙虛之風、慈祥之概，將所有功勞推給達賴五世，自己卻退居二線，令人佩服。由於他的努力，使得藏、蒙、滿三方關係融洽，並間接促使達賴喇嘛掌管全藏政教事務，組成噶丹頗章政權，讓黃教凌躍於各大教派成為全西藏最主流的教派。

【陸】藏密其他重要教派

❶ 苯教：西藏最原始的宗教

又稱「本波教」，因教徒頭裹黑巾，俗稱「黑教」。崇拜自然事物（包括天、地、日、月、星、山、川、土、禽、獸等），可說是萬物皆有靈的泛神信仰，注重持符、念咒等幻術，聽說能喚妖使鬼事魔，儀軌神祕，有強烈的印度極祕「薩滿教」的思想。

祖師 頓巴．辛饒

意為最高巫師。

世界觀 認為世界分為天界（贊）、地界（年）、冥界（魯）。

教記 卐 苯教雍仲符（意為永恆），卍 佛教萬字符（表吉祥）。

經典《色爾尼經》（記述辛饒祖師一生的十二件大事）。

微滅 被蓮華生大師降伏後，勢力逐漸被削弱，現已趨微。

❷ 覺囊派：**教義** 他空見（自性虛空，實體不變）

由域摩彌覺多吉，第五代弟子貢邦特杰尊珠建立。十四世紀從薩迦派（花教）分生出來，十七世紀時其轉世活佛「哲布尊丹巴」（意為尊勝）與黃教合併成四大活佛，該派正式納入黃教系統，成為格魯派成員，從此絕傳。

❸ 希解派：**教義** 能寂止息（停止生死流轉，熄滅一切苦惱）

修行時常以死屍的大腿骨、頭蓋骨作法器，表無畏生死，以實踐「無常觀」的理念作為生活最高準則。

❹ 覺域派：**教義** 斷境正行（斷除自利之心，行方便智慧之道）

本派是道地的苦行派，修行人必須夜間至墳場或曠野修持定念，以斷除煩惱、求得真正解脫為最高理念。

★希解派及覺域派的祖師：該兩派均由帕丹巴桑杰創立。教徒均在荒山枯林、人跡罕至的地方行個人苦修，遠離社會生活，未建寺院傳承，純以個人領悟修持為主，故十五世紀後就開始沒落，終至失傳斷絕。

❺ 果札派

創始人索南堅贊（果札巴）徧學各派所傳一切法門。

❻ 博東派

創始人喬列南杰（博東巴）創立，現已納入黃教系統。

❼ 夏魯派

創始人布頓仁欽珠，創建夏魯寺，與薩迦派關係密切，廣弘四部密法教授。

第三節　西藏五大王朝

王朝	年代	開創者	代數
吐蕃贊普	610~842 A.D.（唐朝時）	松贊干布（棄宗弄贊）	共九代

最末代（九代）贊普（藏王）朗達瑪實施毀佛運動，藏傳佛教因此進入黑暗期，並延續約四百年的分裂、割據戰亂期。

薩迦王朝	1265~1354 A.D.（元朝時）	八思巴（元朝帝師）	共六代

元帝授封薩迦法王為「十三萬戶長」，並統領全藏所有政教權。

乃東王朝	1355~1618 A.D.（元末明初）	強曲堅贊（大司徒）	共十三代

乃東王朝又稱「帕竹政權」，是噶舉派（白教）帕竹支派所建立。元順帝時被封為「大司徒」，因而取代薩迦派統領全藏政務，1618年因內部紛爭被仁蚌巴所推翻。

噶瑪第司	1618~1642 A.D.（明末清初）	由藏巴汗所建立	僅此一代

藏巴汗建立「噶瑪第司政權」，企圖消滅格魯派（黃教），後來班禪四世策劃青海的蒙古固始汗入藏將其推翻，故僅一代（24年）。

噶丹頗章	1643 A.D.（清朝）~至今日	達賴五世所建立	至今十代

達賴五世阿旺羅桑嘉措受清朝順治皇帝之邀，親赴北京弘法，並被賜封為「達賴喇嘛」，在西藏首府拉薩布達拉宮組成「噶丹頗章」（又稱「噶廈政權」），成為全藏最高統帥。歷代達賴喇嘛靈童需經由大清皇帝欽命，故成為各教派最權威統領者，雖然現今第十四達賴喇嘛已離開西藏，在印度組成流亡政府，但其在西藏人民心目中是永遠的精神領袖。

第四節　藏傳佛教重要人物

五大教派教義及重要人物

派別	紅教寧瑪派	噶當派	花教薩迦派	白教噶舉派	黃教格魯派
意義	（古老之意）	（教誡之意）	（灰土薩迦寺）	（口授之意）	（善規之意）
起源	8世紀	10世紀	10世紀	11世紀	15世紀
祖師	蓮華生	阿底峽	卓彌大師	瑪爾巴	阿底峽
創始人	三素爾	仲敦巴	貢卻哲布	密勒日巴	宗喀巴
著重	重密輕顯	顯密圓融	重密融顯	顯密兼修	顯密互助
教義	大圓滿法（成淨離垢）	三士道（三乘法則）	道果法（明空無執）	大手印（空性成智）	緣起性空（清淨正見）
修持	三根九乘	噶當七寶	習三次第	拙火定	菩提道心
祖寺	桑耶寺	熱振寺	薩迦寺	楚布寺	甘丹寺

各教派重要人物

	寧瑪派	噶當派	薩迦派	噶舉派	格魯派
	六大代表人物	三大弟子	薩迦五祖	噶瑪傳承	八大弟子
	1.素爾波切（釋迦迥乃）	1.大弟子 庫敦尊追雍仲	1.長子 薩欽‧貢噶寧波	帝若巴	1.賈曹傑
	2.素爾穹（喜饒札巴）	2.二弟子 俄雷必協饒（大譯師）	2.次子 索南則摩	那若巴	2.克主杰（第一世班禪）
	3.濯浦巴（素爾釋迦僧格）	3.三弟子 仲敦巴（創噶當派）	3.三子 札巴堅贊	瑪爾巴	3.杜曾札巴堅贊
	4.絨卻吉桑布		4.孫 薩班‧貢噶堅贊	密勒日巴	4.嘉央卻吉（妙音法王）
	5.隆欽饒降巴（智美沃色）		5.孫姪 八思巴（羅札堅贊）	岡布巴 ↓ 四大弟子	5.緯欽卻吉（大慈法王）
	6.甘珠爾			1.杜松欽巴	6.多敦江白嘉措
				2.向蔡巴	7.杰尊喜饒僧格
				3.達瑪旺秋	
				4.帕木竹巴	8.根敦朱巴（第一世達賴）

藏帽

班霞　班智達帽　蓮華帽　黑法王帽　五佛冠　藏鎧甲　贊普帽　法帽　骷髏冠

藏傳佛教四大分支精神領袖（四大法王）

法王 是中國皇帝對藏傳佛教高僧的尊稱，領有法王之名，可享黃色寶幢蓋遮陽之特權，可說是各教派之教主（外國稱之為教皇）。

派別	紅教寧瑪派	花教薩迦派	白教噶舉派	黃教格魯派
法王	敏林赤欽 （堪欽仁波切）	薩迦崔欽 （大乘法王）	噶瑪巴 （大寶法王）	達賴喇嘛 （嘉華仁波切）
化身	地藏菩薩化身	文殊菩薩化身	大悲觀音化身	觀世音菩薩化身
傳承	經典伏藏傳承	昆氏家族世襲	轉世傳承	轉世傳承
主寺	敏珠林寺	薩迦寺	楚布寺	布達拉宮

	紅教寧瑪派	花教薩迦派	白教噶舉派	黃教格魯派
	六大寺及二傳承	都卻拉章	白教四大法子	黃教四大領袖
各教派主要傳承法王	1.敏珠林寺 （敏林赤欽）	1.卓瑪（度母宮）	1.泰錫度仁波切 （大司徒）	1.前藏 達賴喇嘛 （嘉華仁波切）
	2.白玉寺 貝瑪諾布（貝諾法王）	2.朋措（圓滿宮）兩宮輪替法王職，稱為「薩迦崔欽」（天津法王）	2.夏瑪仁波切	2.後藏 班禪上師 （額爾德尼）
	3.雪謙寺 雪謙冉江仁波切		3.嘉察仁波切	3.內蒙 章嘉呼圖克圖（大慈法王的轉世）
	4.卓千寺 卓千仁波切	三大傳承	4.蔣貢康楚仁波切	
	5.噶陀寺 五位黃金治台	1.剎巴傳承 究給企千仁波切	白教傳承	4.外蒙 哲布尊丹巴（覺囊巴的領袖）
	6.多傑札寺 達龍哲珠仁波切	2.種巴傳承 多傑滇巴仁波切	• 止貢傳承 澈贊仁波切、瓊贊仁波切兩位輪任「闡教王」	各寺傳承
	（一）隆欽寧體傳承 多珠欽仁波切	3.俄巴傳承 四大王族輪流接任「俄巴法王」	• 竹巴噶舉 竹千仁波切	• 甘丹寺法台 甘丹赤巴
	（二）敦珠巖藏傳承 敦珠仁波切	• 祿頂仁波切 • 塔澤仁波切 • 康薩仁波切 • 遍德仁坡切	• 香巴傳承 唐東杰布大師	• 塔爾寺 阿嘉仁波切 • 拉卜楞寺 嘉木樣仁波切

藏式膜拜法即「磕長頭跪拜」，也就是五體投地，雙手合十舉於頭、口、胸（表身、語、意三密）雙手雙足著地，身體往前全身撲向地面，額頭點地，口唸六字真言陀羅尼。

① ② ③ ④ ⑤ ⑥

五體投地

八大論師

印度佛教發展史上非常重要的八位高僧，其中六位（六飾）是佛教宗派的開山鼻祖，另外兩位（二勝）是佛教僧侶生活及戒律的奠定人。

學派		派別	教化佛	理論	論師
三大學派	六飾	中觀派	文殊菩薩	中觀甚深見學派	龍樹・提婆
		唯識派	彌勒菩薩	瑜伽廣大行學派	無著・世親
		理學派	金剛持	修行加持學派	陳那・法稱
二勝		制定僧侶生活及戒律的兩大著名高僧			德光・釋迦光

一、中觀派　主張盡有之空　以文殊菩薩教化之中觀甚深見學派

龍樹

❶ 龍樹

原為婆羅門教的著名學者，後來皈依佛教，是大乘佛教「中觀派宗祖」，也是密教「祕密集會聖者流」開祖。精於煉金術，阿彌陀佛曾賜予長壽，曾運用神通造訪過龍宮（背光為龍蛇），教化龍蛇並得到以「明空」思想的《般若經》，成為中觀派思想基礎，象徵文殊菩薩的教化。

❷ 提婆

相傳他是蓮花化身，為龍樹的上首弟子，亦是中觀理論的奠基者，善長巧辯，曾折服眾多外道皈依佛門。

二、唯識派　主張盡空之有　以彌勒菩薩教化之瑜伽廣大行學派

藏傳佛教（喇嘛教）

③ 無著

曾潛修小乘教義，均未能滿足及領悟，後來接受彌勒菩薩的教化，授攝五書而開創「唯識派」。

無著

④ 世親

無著的幼弟，以「理長爲宗」的態度學習佛理，曾信奉小乘、批判大乘，後來接受其兄長無著的感召及教化後，就致力於發揚大乘佛教。

三 理學派 以金剛持菩薩教化之修行加持學派

⑤ 陳那

爲佛教理論學（因明）的立派始祖，主張論理應以自我的直覺和推論爲基礎而創「理學派」。

陳那

⑥ 法稱

陳那的再傳弟子，曾是婆羅門教的狂熱教徒，受陳那感召教化而投其門下學法。

★以上六位高僧創立三大學派，被尊稱爲「六飾」。

四 「二勝」 戒規遵儀，制定僧侶生活及戒律的兩大高僧

⑦ 德光

曾追隨過世親學習大小乘之經論，詳於戒律，是「根本說一切有部律」之權威，著有《律經》等，是僧侶必讀之學論。

⑧ 釋迦光

德光之弟子，執行戒律法，使佛門弟子更了解清規。

藏密三大譯師

藏傳佛教最偉大的三大譯師，其著本影響各大教派。

仁欽桑布

① 仁欽桑布

被尊稱爲「洛欽」（大譯師）。

❷ **瑪爾巴（卻吉羅哲）**
其弟子密勒日巴，創立噶舉派（白教），傳承「大手印」。

❸ **卓彌（釋迦益西）**
其弟子貢卻哲布，創立薩迦派（花教），傳承「道果法」。

瑪爾巴

卓彌

第五節　藏密萬花筒解析

三密　身（印契）＝語（咒語）＝意（觀想）

密教三經　大日經＝金剛頂經＝蘇悉地經

密教經典四部						
下三部	一	事部	作密	息災增益	菩提心為因、大悲為根本、方便為究竟	有相瑜伽 無相瑜伽
	二	行部	修密	觀想行持		
	三	瑜伽部		修持三密		
上三部	四	無上瑜伽部		父續	幻身瑜伽（度瞋心）	和融萬法一切圓融 生起次第 圓融次第
				母續	光明瑜伽（度貪心）	
				不二續	兩者兼具（度痴心）	

天降四寶						
	1	百拜懺悔經	印度密教晚期的最重要經典	3	六字真言	唵、嘛、呢、叭、咪、吽
	2	舍利寶塔	用來供養佛的聖物	4	法教執則	密宗修習次第的一個法則

……早期印度密教傳入西藏的四件重要東西

★西藏四寶：酥油、酥油茶、糌粑、牛羊肉乾。

唐卡　檀城
藏人遊牧時，為方便攜帶並可隨時供養朝拜的神佛繪畫。

五色風馬旗　經旗
寫滿經文的五彩布旗，大多插在屋頂、山巔、風口上。**黃色**代表地，**青色**代表水，**紅色**代表火，**綠色**代表風，**白色**代表空，

五彩風馬旗

藏傳佛教（喇嘛教）

藏人認為隨風飄揚的經旗，可以把他們祈求的願望傳達到神佛的耳朵。

哈達 藏族無論婚喪喜慶或迎神拜佛，都會贈送「哈達」以表示純潔、吉祥、祈福的敬意，一般以白色哈達為主。

獻哈達

切瑪 就是五穀斗木盒，繪飾有吉祥圖案，婚禮時使用。

酸奶子 又分達雪奶酪（使用提煉過的奶製成）、俄雪奶渣（未經提煉的奶製品）、比瑪奶皮（燒奶最上層的皮）。

青稞酒 到藏族家裡必須喝完三杯酸甜的青稞酒才能進入。

轉經輪 經輪是指「祈禱輪」及「摩尼輪」，經輪分為大經輪（放在寺廟外圍讓信徒順時針繞轉祈福）和小轉經輪（藏族幾乎人手一支隨身攜帶），具有消災、祈福、轉運的法器。

轉經輪

僧職的稱謂

活佛：轉世的上師　　喇嘛：最高上師
仁波切：尊貴的大成就者　　多傑諾本：方丈（執法上師）
法王：各教派教主　　格西：佛學博士
贊普：西藏國王　　赤巴：寺院最高法台　　措欽：高僧　　堪布：住持寺主
格貴：僧長（又稱「鐵棒喇嘛」）　　翁則：經師　　祖古：法王
札巴：出家學佛的僧侶　　札倉：經學院　　坐床：就職大典

四和合圖 藏傳佛教中常見的一幅有趣構圖，大樹提供「大象」遮蔭，樹結果提供「猴子」所需，雜草提供「兔子」食物，「鳥」為土中種子施肥，此圖提醒人們「和睦相處，維持社會道德秩序」，即四獸不以大小、老幼、尊卑，要全力相互扶持。

四和合

藏密六度波羅蜜象徵聖物

1. 布施 — 象
2. 持戒 — 獅
3. 忍辱 — 獨角獸
4. 精進 — 魔羯魚
5. 禪定 — 龍
6. 智慧 — 金翅鳥

被藏人視為天界空行母的禿鷹，能將靈魂帶往西方佛國。牠是西藏天葬場的主角，也是藏人心目中的聖鳥。

西藏聖鳥

顯、密兩教之比較表

教別	顯教	密教
根基	般若乘	金剛乘
修行	悟道（頓悟）	修持（漸修）
經書	三藏經（經典）	大日經（經軌）
論典	經‧律‧戒‧論	頌‧贊‧法‧咒
主張	公開宣道弘法	口耳傳承真言密法
修持	教人修身近佛（次第修法）	以求即身成佛（真法界教法）
教法	以法為重、解經理典	以上師為重、口耳相傳
教則	為「因」地起修、嚴守戒規	為「果」地起修、隨師傳授
教派	唯識見較盛行	中觀應成派較盛行
修法	三寶物——佛、法、僧 佛（真理）、法（經典）、僧（修業）	三密身——身、語、意 身（印契）、語（密咒）、意（觀想）
佛像	慈悲莊嚴相	憤怒猙獰相
教主	釋迦牟尼佛 應身佛（佛陀）	毗盧遮那佛 法身佛（大日如來）

第六節　藏密諸神

第一段　佛部

一　五方佛（五智如來）

佛教認為大千世界在空間上無邊無際，在時間上無始無終，在區域上分為東西南北中，合稱「五方世界」。每一個世界，均有一佛在主掌教化眾生，即為「五方佛」。在密教系統裡又分為「金剛界五方佛」（代表如來智慧的成就，即佛果）及「胎藏界五方佛」（代表法界平等的理趣，即佛因）。

佛果　金剛界羯摩會五方佛

金剛意為堅固，能摧斷任何事物，代表覺悟的智慧如金剛般的堅固（表智）。

東 火	南 地	中 水	西 空	北 風
阿閦佛	寶生佛	毗盧遮那佛	阿彌陀佛	不空成就佛
妙喜世界教主	歡喜世界教主	（大日如來）	極樂世界教主	蓮華世界教主
金剛部（藍身）	寶部（黃身）	如來部（白身）	蓮華部（赤身）	羯摩部（綠身）
大象座（識）	寶馬座（受）	猛獅座（色）	孔雀座（想）	金翅鳥座（行）
大圓鏡智	平等性智	法界體性智	妙觀察智	成所作智
（金剛智）	（灌頂智）	理智不二	（蓮華智）	（羯摩智）
表覺行	表福德	覺行圓滿	表智慧	表事業

金剛界五方佛（五智如來）「五佛五智成身觀，得到無上正等覺」。五智中以大日如來的「法界體性智」最為重要，代表理智不二覺行圓滿，若修行者常持修念咒觀想禪定，而沒有以上這五種智慧來「轉識」，還是無法成佛得道的。

佛因 胎藏界中台八葉院五方佛

「胎藏」意為母胎（子宮），代表把大悲攝藏於母體培育出智慧胎體（表理）。

東	南	中	西	北
寶幢如來	**開敷華王如來**	**大日如來**	**無量壽如來**	**天鼓雷音如來**
佛道修行的出發點（顯示出菩提心）	佛道修行已開花（顯示出大悲行）	體現佛法理智不二，證得宇宙絕對真理	佛道已救濟世人（顯示出證菩提）	佛道發出如雷之聲（顯示出入涅槃）

密教金剛界、胎藏界五方佛與顯教四方教化佛比較

方位	中	東方	南方	西方	北方
金剛界	毗盧遮那佛	阿閦佛	寶生佛	阿彌陀佛	不空成就佛
胎藏界	大日如來	寶幢如來	開敷華王如來	無量壽佛	天鼓雷音如來
顯教		藥師佛	釋迦牟尼佛	阿彌陀佛	彌勒佛

★當中阿彌陀佛（無量壽佛）均居「西方」絕對地位，深受世人尊崇景仰。

二 藏密世界最高主宰 大日如來（毗盧遮那佛）

「毗盧遮那」意為光明遍照一切，密教稱為大日如來，在藏密金剛界及胎藏界曼荼羅（檀城）裡，均為實相所現的根本佛（中心最高本尊），也是密教教理的核心，象徵著法界體性，代表理智不二的絕對真理。大日如來非歷史人物（虛構），他出自於《大日經》及《金剛頂經》裡的法身佛（代表真理），而釋迦牟尼佛是應身佛（代表說法），總之在法統中，他具有不可思議的無量功德及法理智慧，是密教世界中最高權威主宰。

金剛界　胎藏界

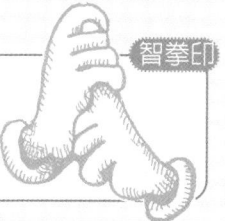

智拳印

大日如來獨門印契「智拳印」代表理智不二，生佛如一，迷悟一體，又稱為「菩提最上契」

智拳印	法界定印
五智法理圓融	禪定證得真理
表示智慧無量	表示法界寂靜
象徵佛果表智	象徵佛因表理

三　藏密本初佛

「本初佛」意為諸佛之始、諸法之源（即修證引悟的第一尊佛）。密教以大日如來為中心本尊佛，而藏密各宗派以本初佛為修法根基佛。

三大本初佛

❶ 金剛薩埵（杵上鈴下）

❷ 金剛總持（杵鈴相交）

❸ 如意金剛（空無一物）

金剛薩埵（金剛祕密主）	金剛總持（持金剛）	如意金剛（普賢王如來）
擁有悲智的本質	悲智相互結合	達到空無的境界
是大日如來的正法輪身，亦是密教傳法第二祖。	是噶舉派（白教）的本初佛，又稱「持金剛」或「執金剛」。	是寧瑪派（紅教）的本初佛，又稱普賢王如來（法身普賢）。
特徵：右手持金剛杵（表慈悲）於胸前，左手握金剛鈴（表智慧）於左膝上。	特徵：左右手各持金剛杵鈴相交於胸前，結金剛吽迦羅印（表無法破壞，永遠追求勝利）。	特徵：本尊全身裸體，雙手空無一物，手結禪定印（在金剛乘密教則以擁抱佛母的雙身人型像為主）。
象徵同時擁有慈悲與智慧的本質，杵在鈴上，表先發慈悲心再求智慧果。	象徵「智慧」與「慈悲」的結合無法擊破。	象徵悲智結合，達到空的境界。

★ 金剛杵（慈悲）、金剛鈴（智慧）是密教重要的持物，而杵一定在鈴上方，代表先發慈悲心，再求智慧果。護法神則以金剛鉞刀與嘎巴拉對應。

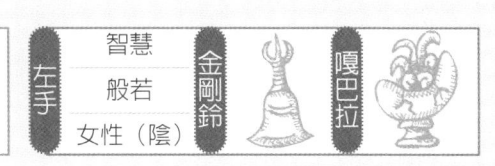

右手：慈悲／方便／男性（陽）── 金剛杵、金剛鉞刀

左手：智慧／般若／女性（陰）── 金剛鈴、嘎巴拉

四 阿閦佛

阿閦（音觸）佛，意為無嗔恚（不動怒），由於他秉持著對眾生不動怒的誓言勤修六度及斷除三毒的修願，終於在七寶樹下成佛，是密教中屬金剛界正東輪中央（東方妙喜世界教主），表示大圓鏡智（金剛智），象徵修習清靜願行。

五 寶生佛

他是南方歡喜世界教主，代表平等性智（灌頂智），象徵福德聚寶之德，有滿足眾生所求的本願。

六 不空成就佛

他是北方蓮華世界教主，代表成所作智（羯摩智），象徵能以大慈的方便，成就一切事業及圓滿眾生妙行。

七 長壽三尊佛

無量壽佛（阿彌陀佛） 意為壽命永恆，光明無限。又稱「長壽佛」，是西方極樂世界教主（不論任何經典所述，其西方地位絕不動搖）。

佛頂尊勝佛母 具有三頭八臂，能除一切煩惱，破一切惡障。

白度母 又稱「七眼度母」，是多羅觀音的化身相，在西藏廣受民眾敬仰。

八 五佛頂（五頂轉王）

佛頂 即如來的「肉髻無見頂相」，至為尊貴殊勝（表悲智圓滿，福慧雙修的特德）。

五頂佛 在一切功德中「佛智」最為尊貴，而佛智的光明轉化成五種妙德，識現為五佛頂，又稱「五頂輪王」或「如來五頂尊」。

 白傘蓋佛頂	 勝佛頂	 最勝佛頂	 除障佛頂	 光聚佛頂
（大白傘蓋佛母）	（勝頂輪王）	（一字金輪佛頂）	（高為佛頂）	（熾盛光佛頂）
如來眾相之頂	如來廣大寂靜頂	如來壽量神變頂	如來無畏神通頂	如來定慧光明頂
專破幻術降魔	專斷無明證悟涅槃	彰顯佛法之妙德	專調伏業垢惡染	專催破障礙

九 佛母 諸佛一切智能示現世間相，隨類現身之妙德

佛母的定義很多，一般是指「修成正果的智慧母」，另外「明妃」、「空行母」亦被稱為佛母。

1 佛眼佛母（佛眼尊）

由如來的慧眼所化現的佛母，藏名「勃陀路沙那」，又稱「虛空眼佛母」，密號「殊勝金剛」，於密教胎藏界曼荼羅遍知院及釋迦院之本尊，又名「一切如來寶・佛眼佛母」，是般若中道妙智示現，具有五眼，能出生「金」、「胎」兩部諸佛的功德之母。諸佛常以佛眼比喻成般若波羅蜜（智慧），而智慧是成佛的法源，故稱為佛母，是大日如來隨類現身之妙德。

【小常識】

密教認為擁有五智的修行者，雖食肉、飲酒、事女人，也可以成正覺（佛），但需由上師親自傳授灌頂才能得證，這也是密教神祕的根基點。然而顯教（正統佛教）則認為此行為違背佛理、荒謬不經，大加批判禁止。

❷ 佛頂尊勝佛母（尊勝母）

由如來髮髻所化現的佛頂佛母，密號「除魔金剛」，簡稱「尊勝母」，與無量壽佛及白度母，並稱為「長壽三尊」。他能除一切煩惱業障，化滅一切穢惡道苦，修習「尊勝佛母法門」能增壽命、長福慧、消罪業、除凶災（具平息災障之妙德），故藏民會替亡者課誦《陀羅尼經》，有助其往生西方極樂世界之功德。

佛頂尊勝佛母

❸ 大白傘蓋佛母

是一切如來頂髻放出光芒而成就的佛母，藏名「悉怛多鉢怛羅」，別號「持傘勝利女神」。手持傘蓋可迴遮一切外道邪法咒詛，具千眼千臂，法力無邊。又稱「千眼千手佛母」。白傘蓋陀羅尼修法是格魯派（黃教）重要的法門之一，是由佛頂所現大悲首楞嚴來濟渡眾生，專門彰顯淨德的怙主。

大白傘蓋佛母

❹ 準提佛母（七俱胝佛母）

「準提」意為清靜，為六道觀音之一，專度人間道，在日本亦備受敬崇。有求子治病、福壽、降雨等功德。是三世諸佛之母，在藏密裡其法相以四臂為主，密號「最勝金剛」。而顯教則以十八臂為主，稱為「準提菩薩」或「準提觀音」。

準提佛母

❺ 般若佛母（心經女神）

密號「大慧金剛」，為胎藏界五大院（忿怒院）之中尊。誓攝化渡脫眾生所表現大慈大悲的精神，屬大日如來正法輪身，手持《般若波羅蜜多心經》，又稱「心經女神」或「般若波羅蜜菩薩」。

般若佛母

❻ 大隨求佛母（隨求菩薩）

藏名「摩訶波羅胝薩落」，密號「與願金剛」，為胎藏界觀音院本尊之一。能賜眾生一切祈求，故稱為「大隨求」，在日本是孕婦求子安產

大隨求佛母

的守護神。有八臂各結八種印契及眞言，稱爲「隨求八印」，具息災滅罪功德。

❼ 祥壽五佛母（雪山五長壽天母）

是蓮華大師的五智空行母，原爲苯教的原始女神，因受到密勒日巴的感召發願接受三昧耶戒及護持一切眾生，而成爲密教「五方位祕密空行母」又稱爲「雪山五方長壽天母」。

雪山五方長壽天母

東	南	中	西	北
翠顏佛母（藍）	慧識佛母（黃）	祥壽佛母（白）	冠詠佛母（赤）	施仁佛母（綠）
掌先知（寶鏡）	掌衣田（寶盤）	掌福壽（金剛杵）	掌財寶（寶瓶）	掌農牧（稻穗）

十 本尊佛　來自性清本靜心，於世間出世最勝最尊者亦稱「金剛」

本尊佛　藏名「頁當」，亦稱「雙身佛」，在印度教裡則稱「歡喜佛」（意爲無礙）。佛像皆呈裸體狀（表脫離垢界），臉部現忿怒相，且多頭多臂或多足，表情猙獰恐怖。這是按義理中的教令法界所現化的相狀（表威猛佈畏之氣概，來催破煩惱、降妖伏魔之義）。

雙身體

雙身體　「本尊佛」的特色爲雙身像，擁抱著佛母（明妃）呈交媾狀。男尊表「方便」（慈悲），女尊表「般若」（智慧），雙體結交表「慈悲」與「智慧」的結合，象徵「法喜充滿」與「圓滿融合」，是密教中最高層次的修法境界。

本尊修法　即修行者挑選一位與自己有緣的佛尊，奉其爲「本尊佛」，並手結其印契（身），專唸其密咒（語），觀想其形象（意），讓自己與本尊佛結爲一體，融合一致，達到即身成佛的境界。

忿怒相

密教根本三尊　喇嘛（上師）、本尊佛（金剛）、空行母（佛母）是諸佛的理體化現，修空樂的三根本及一切成就的來源，修息此法

門，稱為「三密瑜伽本尊修法」。

無上瑜伽密怛特羅特別修習法門

又稱「樂空雙運」，是一種男女雙身修法，源於印度教怛特羅性力派。以「大樂思想」為道、「獲得悉地」為宗，用欲與染來調伏觀感；並透過男女的「悲智結合」去領悟空性，以欲制欲，以染而達淨。是成佛的快速捷徑，亦是無上瑜伽怛特羅最高修持法門（除非金剛上師密傳親授，否則絕不公開宣講）。

正統佛教的觀感 顯教（正統佛教）認為「淫欲」是修行者的最大障礙，佛門強調「離染入淨」是出家人必須嚴守的五大戒之一。隨著佛教的盛行，出家弟子愈來愈多，人們開始領悟到人口急速下降，此時密教金剛上師提出「心中有佛，欲染亦可調伏觀感」（如在家修居士），不再特別強調禁欲，因此密教無上瑜伽密把它視為修法最高境界、成佛最快速的法門。此一儀軌在倫理社會、健康家庭，通常把它歸類於淫穢不雅、嗤之以鼻的「旁門左道」及「胡說八道」，並視其為邪教。

無上瑜伽怛特羅（檀陀羅）密，五大本尊佛（五大金剛）

部	修習法門	表	五大金剛	擁抱明妃
父部	無上瑜伽密續，父部怛特羅本尊佛（以方便空性慈悲為主，偏重「升起次第」）	因	大威德金剛	金剛露漩佛母
			密集金剛	觸金剛佛母
母部	無上瑜伽密續，母部怛特羅本尊佛（以般若大樂智慧為主，偏重「究竟次第」）	果	勝樂金剛	金剛亥母
			吉祥喜金剛	金剛無我佛母
不二	無上瑜伽不二密續本尊佛，重「無二法門」	不二	時輪金剛	佛母一切母

❶ 父部密續 ── 大威德金剛（怖畏金剛）

藏名「閻曼德迦」，意為「怖畏」。是格魯派（黃教）修法之主要本尊佛，亦是文殊菩薩的化身，為無上瑜伽寶生部三本尊，有伏惡之勢謂「大威」，有護善之功謂「大德」，故稱「大威德怖畏金剛」。其著名的心咒為「嗡、阿、拉、巴、查、納、胝」。

大威德金剛

(特徵) 怖畏九牛頭（代表九種鎮壓閻王的契經）三十四臂、十六足（壓制閻王的十六種空相）。

(擁抱) 金剛露漩佛母（若浪瑪明妃）。

❷ 父部密續 ── 密集金剛（密聚金剛）

藏名「桑堆」，意為祕密的集合。是格魯派（黃教）上下兩密續學院的主修密法，被稱為「密續之王」，是黃教祖師宗喀巴的守護神，亦是五大金剛中唯一採金剛跏趺坐在蓮華日月輪座上（其他均採立姿）。

密集金剛

(特徵) 三頭六臂、頭戴五瓣冠（表五佛五智）。

(擁抱) 觸金剛佛母（可觸亥母）。

❸ 母部密續 ── 勝樂金剛（上樂王佛）

藏名「德巧」，是噶舉派（白教）及拉薩舉麥巴扎倉（下密院）修法之主要本尊佛，又稱為「上樂金剛」。

勝樂金剛

(特徵) 四面十二臂，每張臉三目，五頭骨作冠，身著虎皮，站在蓮華座上（表高潔無染的世界）。

(擁抱) 金剛亥母（藏名「多吉帕姆」，意為金剛母豬）。

❹ 母部密續 ── 喜金剛（歡喜金剛）

藏名「杰巴多吉」，是薩迦派（紅教）修法主要本尊佛，又稱「吉祥喜金剛」或「飲血金剛」。

喜金剛

(特徵) 八面十六臂（手托頭骨神器），胯下掛滿骷髏頭，頸部掛五十骷髏鍊圈（代表梵文五十個字母）。

(擁抱) 金剛無我佛母。

❺ 不二部密續 ── 時輪金剛（雙身王佛）

藏名「堆柯」，是寧瑪教（紅教）修法主要本尊佛，法源來自古印度的香巴拉王國，時輪代表「時光的法輪」，又稱「雙身王佛」。

特徵 四面二十四臂，頭戴人頭骨冠，身繫虎皮，腳踏妖魔（表時時刻刻制伏群魔，令其無法蠢動）。

擁抱 佛母一切母（八臂一切母）。

時輪金剛

金剛橛 —— 普巴金剛

「金剛橛」意為普巴杵，故稱「普巴金剛」，是寧瑪派（紅教）主要本尊，亦是眾護法之主尊（代表空性與智慧結合不二體性）。他是金剛薩埵的忿怒相，曾降伏大力鬼神及摧破一切魔眾。

特徵 三頭六臂，身著象皮（表降服愚痴），肩披人皮（表降服貪愛），下著虎皮（表降服瞋恨），腳踏人魔，背後生雙翼（是其最大特色）。

擁抱 雙運明妃（藏名「洛格津母」）。

普巴金剛

五大本尊佛（五大金剛）的特徵比較

部	本尊佛	面	手	足	身	持物	擁抱佛母	面	手	足	身
父續	大威德金剛	9	34	16	全部藍色	鉞刀、嘎巴拉	金剛露漩佛母	1	2	2	紅
	密集金剛	3	6	2		金剛杵、鈴	觸金剛	3	6	2	紅
母續	勝樂金剛	4	12	2		金剛杵、鈴	金剛亥母	1	2	2	紅
	喜金剛	8	16	4		嘎巴拉	金剛無我母	1	2	2	藍
不二	時輪金剛	4	24	2		金剛杵、鈴	八臂一切母	4	8	2	黃

大威德金剛
牛頭面、十六隻足

密集金剛
唯一採坐姿

勝樂金剛
佛母雙腿盤夾

喜金剛
捧十六個嘎巴拉

時輪金剛
擁抱八臂佛母

?【小常識】　本尊佛與本初佛的比較

佛父	身體	持物	屬性
本尊佛	多頭多手	皆呈雙手交握狀	慈悲、智慧、伏惡三合一
本初佛	一面雙手	各有自己的特徵	慈悲與智慧兩者並重

本尊佛

本初佛

曼荼羅的五種主要顏色

紅（火）象徵佛祖的愛與溫暖　　藍（水）象徵佛法的深奧探究

白（空）象徵幻想與靜思　　　　綠（風）象徵自然與智慧

黃（地）象徵修養與信念

佛教與基督教兩大差異圖

佛教以人為主，去追求覺悟的神；基督教以神為主，人們各自讚美體驗神的恩賜。此為兩教最大的差異點。

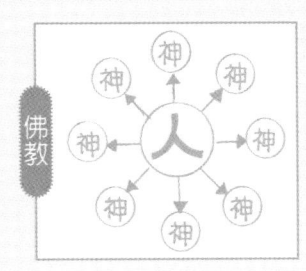

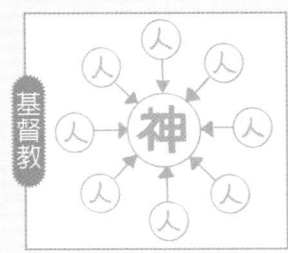

第二段　菩薩部　菩薩即「菩提薩埵」的簡稱，意為覺悟的本質。

一　禪定八大菩薩

　　八大菩薩的組合，有六種不同版本的說法，其中以《大妙金剛經》的內容最具代表性，即象徵著大日如來的正法輪身，與同屬教令輪身的八大明王相對應，代表「慈、悲、智、行、願、勇、功德、精進」八種德能。請參見第二十一章第十四節菩薩介紹。

二　西藏作密三大菩薩（事部三怙主）三族姓尊

藏名「瑞克速客貢波」，是藏密最常見的三大菩薩。此三尊佛行事業不同而會互換位置，三位一體是唐卡（檀城）繪畫取材的基礎，代表本能功德：如來部文殊菩薩代表「大智」，蓮華部四臂觀音代表「大悲」，金剛部金剛手菩薩代表「大勇」；三位合稱「三族姓尊」，意為智慧、慈悲、伏惡，簡稱智、仁、勇。

| 如來部・智慧・文殊菩薩　智 | 蓮華部・慈悲・四臂觀音　仁 | 金剛部・伏惡・金剛手　勇 |

三族姓尊又稱三士族尊

上士	四臂觀音以慈悲護持上士成就菩提心，稱大悲
中士	金剛手菩薩以力量護持中士成就戒學，稱大勇
下士	文殊菩薩以智慧護持下士成就四加行，稱大智

三　藏密六道觀音

專門普化救度六道輪迴及破除三障之礙（煩惱障、業障、報障）的六道觀音。

1. 天道（神仙遊）　如意輪觀音
2. 阿修羅道（多猜疑）　十一面觀音
3. 人道（惡趣多）　不空羂索觀音

④ 馬頭觀音 畜生道（獸根烈）

⑤ 聖觀音 餓鬼道（飢餓渴）

⑥ 千手千眼觀音 地獄道（折磨苦）

四　藏密觀音主尊

四臂觀音　六字觀音

「四臂觀音」就是持有六字真言「唵、嘛、呢、叭、咪、吽」的觀音，又稱「六字觀音」。是藏密眾多觀音的主尊，也是首位依怙尊（皈依修法的第一位本尊佛），西藏精神領袖達賴喇嘛被視為其化身，向世間傳佈慈悲佛法，是藏人最熟悉崇敬的觀音。代表大悲，與文殊菩薩（大智）、金剛手菩薩（大勇）合稱為「三族姓尊」。

水晶念珠　五方佛冠　摩尼寶石　八瓣蓮華

四臂觀音

特徵　一面四臂（表發心四願），身白如月，自性清淨無垢，頭戴五方佛冠，中央雙寶手握含一顆實現願望的摩尼寶石，左側手拈八瓣蓮華（表潔淨無染），右側手持水晶念珠（表度化六道眾生），寂靜含笑的凝視眾生。

六字真言 ── 唵、嘛、呢、叭、咪、吽

- 觀世音菩薩最具盛名的兩大真言咒語，為顯教千手觀音的「大悲咒」和密教四臂觀音的「六字真言咒」，所以又稱「六字觀音」。
- 六字真言被藏密視為一切福德智慧的根本，與一切幸福利益成就的源頭，是無上尊貴的真寶言，奉為「萬咒之首，咒中之王」。是由阿彌陀佛親傳授給

大型摩尼轉經法輪

觀音菩薩的密咒，咒語簡短但功德成就無量。「唵、嘛、呢、叭、咪、吽」意為禮敬蓮中寶，凡常誦唸者可得清淨智聚，具足六度、除病增壽、得富袪凶更能成就無上菩提，有廣大不可思議的功德與利益。在西藏到處可見到六字真言的字跡，如山岩上的字刻、路旁的石敢當、屋頂的摩尼旗、寺院的摩尼輪及人手一支的轉經輪，全部有六字真言字跡，可見其風靡盛況已達瘋狂程度，並流傳於全世界。

	意義	顏色	代表	袪離	六道	六度
唵	達成	白	智慧	除傲慢	天道	禪定波羅蜜多
嘛	財富幸福	綠	慈祥	除猜忌	阿修羅	忍辱波羅蜜多
呢	（摩尼寶）	黃	三密	除固執	人道	持戒波羅蜜多
叭	清淨神聖	藍	平等	除痴心	畜生道	般若波羅蜜多
咪	（蓮華）	紅	大樂	除貪心	餓鬼道	布施波羅蜜多
吽	如願	黑	悲心	除瞋心	地獄道	精進波羅蜜多

小轉經輪 印有六字真言的大明咒經布置於法輪筒中，依順時針方向旋轉，據說可脫離生死輪迴之苦，免於沉淪地獄而入西方極樂世界。

小轉經輪

?【小常識】 密教與顯教佛像的差異

- 密教佛像較華麗，頭戴寶冠、腕夾臂釧、胸掛瓔珞，加上耳鍊、手環、珠光寶氣。這是因為古代人民生活貧困，如此裝扮除了神佛之外無人敢妄想奢求，這也是區格人與神最直接的方法。
- 顯教佛像較樸素，沙門認為六根清淨、四大皆空是修行者的準則，故要保持莊嚴。

莊嚴相 顯教

華麗相 密教

五 度母

意為救度一切眾生的佛母（救度佛母），簡稱「度母」，「汝心勿憂悶，我誓為汝助，眾生雖無量，我願亦無量」。早期佛教持有男尊女卑的偏見，認為女性有先天

269

性的五障三從之礙,女性想成佛,唯有轉女成男,才能修得正果,於是藥師佛及阿彌陀佛都在《本願經》裡,立下要幫女性獲得轉女成男的勝願;然此時「多羅觀音」挺身而出,願為女性成就一切種智、度悟世俗煩惱,而大受讚揚。

二十一度母 多羅觀音

有名氣的度母共有二十一尊化身,總稱「二十一度母」。多羅觀音是一切度母的本尊法本(總體代表)。「多羅」意為眼眸,是觀世音菩薩見蒼生沉淪於六道輪迴之苦,不禁從眼眸裡流出淚珠,左眼淚珠化為白度母,右眼淚珠化為綠度母。藏人認為尼泊爾的赤尊公主是綠度母的化身,唐朝文成公主是白度母的化身,此兩位公主將佛教引進西藏。

較有名氣的度母:綠度母(度母之首)、白度母(七眼佛母)、紅度母(財寶女神、作明佛母)、黃度母(皺眉度母)、藍度母(髮髻度母)。

綠度母 二十一度母之首

又稱「救八難度母」,可解八種大難:水難(依戀)、火難(忿怒)、牢獄難(貪婪)、賊難(錯觀)、獅難(驕傲)、象難(無知)、蛇難(妒忌)、非人難(懷疑)。修持綠度母本尊密法,可消一切魔障,凡有所求無不實現,而且非常靈驗。

(特徵)綠膚,採一舒適踩蓮的大王遊戲座。

白度母 七眼佛母

與無量壽佛及尊勝佛母合稱「長壽三尊」,又稱「增壽救度佛母」,專度眾生痛苦、延命增壽。是藏人最崇敬的度母。

(特徵)二掌心、二足心與眉間共有五個智慧眼,加上雙眼共七眼,故稱「七眼佛母」。

紅度母 作明佛母(財寶女神)

藏名「咕里咕列」,屬財寶神,是三界自在空行母,又稱「作明佛母」。與毗那夜迦(紅象頭)及欲帝明王(紅喜王)合稱「三紅尊」

（三大赤），是薩迦派極為注重法門，其功德廣大甚深，無以比量。

(特徵) 全身通紅，手持花弓蓮箭，採一自在得意的舞立姿。

> ★ ・綠度母偏重「現世利益」，去除各種障難罪行，並且速得成就。
> ・白度母偏重「行功德」，延命增壽、息災解厄，並且速得圓祥安和。
> ・紅度母偏重「懷愛」，速得財聚萬福。

六 藏密其他知名菩薩

(獅吼觀音) 騎吼觀音

為觀音菩薩的化身，能降伏一切龍魔所生的病苦及惡法，賜予眾生幸福快樂。在過去西藏及中國痲瘋病傳染疫區裡，大部分供奉此觀音，因其具有極為威猛的力量，消滅斷絕各種瘟疫病源惡瘡等。

(大隨求菩薩) 與願金剛

大隨求（摩訶鉢羅底薩洛）表示眾生能隨己之所祈求實現圓滿，天台宗視其為「佛母」。在古時候，孕婦生產時常誦唸「大隨求陀羅尼神咒」，據說可使生產過程順利，並獲得麟子，且具有消災解厄之功效。著名的功法為「隨求八印」。

(符咒女神) 依不同功能的陀羅尼（符咒）而化現的女守護神（菩薩）。

位	中	東	西	南	北
顏色	白	藍	紅	黃	綠
神名	大隨求菩薩	大千國土菩薩	大護明菩薩	孔雀佛母	大寒林菩薩
主司	避邪、除障	避地震風災	預防疾病惡疫	治蛇毒（即愚痴）	護牲畜、農作物

(大勢至菩薩) 金剛手菩薩

藏名「摩訶那鉢」，意為以智慧光普照一切，令離三途（畜牲、餓鬼、地獄三惡道）。得無上力，與觀世音同為阿彌陀佛脅侍，合稱「西方三聖」，因名氣不大，故影響力較小。其最大特

徵是天冠上有一寶瓶，其餘身相皆如同觀音，很難區別，其忿怒相化現成「金剛手菩薩」。

毗俱胝菩薩　降伏金剛

「毗俱胝」意為皺眉，此菩薩若現大威相皺眉忿怒狀，會令諸惡魔佈心畏伏，故稱「降伏金剛」。是佛門救奉之尊勝者，擁有大威勇猛力。

妙見菩薩　妙見尊星王

「妙見」意為視力極佳，是北極星形象化現的菩薩，也是星辰曼荼羅的中心主神，稱為「尊星王」，表諸星最尊勝者，在日本極受敬崇，專治眼疾，並具有守護國土、消災卻敵、使小人不患等功德。此菩薩最大特徵為手持蓮華七斗星表掌管天上諸星，坐在五彩祥雲座上。

無盡意菩薩　無盡金剛

「無盡意」即為度眾生應盡未盡之無盡，行六度四攝妙法，一切諸法因緣果報為無盡意，一切諸法不可盡意即發菩提心，不可盡乃方便亦無盡，凡八十無盡含受一切佛法，永無止盡……

賢護菩薩　巧護金剛

「賢護」意為善守或仁賢，藏名「跋陀婆羅」，手持寶瓶表加持眾生的清淨智水，常被安奉在禪剎寺院的浴室裡，表洗淨疑悔煩垢，能潔身安體之神。

香王菩薩　香王觀音

是度化法界眾生的觀音，修香王菩薩法，需著淨衣，半夜誦唸其真言神咒直至天明，能增益福慧、滅除災難，是惡鬼羅剎附依向善的明燈。

香象菩薩　大力無畏金剛

「香象」意為諸行果滿，「香」指遍滿無礙之意，「象」指行足大力無畏之能，藏名「乾陀訶提菩薩」，密號「大力無畏金剛」。

日光・月光菩薩　藥師佛脅侍

日光、月光兩菩薩同為藥師佛的左右脅侍，合稱「東方三聖」，是東方淨琉璃世界無數菩薩群之上首。「日光」意為日光遍照（日照），「月光」意為月淨明曜（月曜），兩位菩薩本願為照耀法界俗塵，摧破生死暗冥，「日放千光、遍照天下、普破冥暗、月光清淨、自性無垢」。

香象菩薩

月光菩薩（月曜）

日光菩薩（日照）

藥王・藥上菩薩

藥王、藥上菩薩為一對兄弟，他們不僅醫術高明，還有一副菩薩心腸，經常行善，為病患施藥除病，救治眾生，同為藥師佛八大菩薩之一。藥王為兄，原名「星宿光」；藥上為弟，原名「電光明」。據《法華經》記載，他們以天寶衣纏身、灌注香油成蠟，燃燒自己供奉佛，其悲心令諸佛讚賞與敬佩而得道。

藥上菩薩

藥王菩薩

七　明王

梵名「威迪耶拉沙」，是以佛菩薩的智慧光明，摧破眾生煩惱的業障，故稱「明王」或「持明王」、「忿怒尊」。

忿怒相　「明王」是密教所特有的神祇，是將菩薩慈悲心隱藏內心，而現化出令人畏慄的忿怒相，專司屈服眾生內心魔障。

三輪身　明王被賦予如來使者的性格，成為真言行者（密宗）的守護神，按密教理論，諸佛可顯化三種輪身。

明王

273

自性輪身	身密	莊嚴相	即諸佛的本體自性身
正法輪身	語密	慈悲相	即諸佛教化眾生而顯化的菩薩身
教令輪身	意密	忿怒相	即菩薩受佛教令而化現的威猛身

一 五大明王 是五智五佛的教令輪身，又稱「五大尊」或「五忿怒」

方位	自性輪身（五智如來）	正法輪身（五大菩薩）	教令輪身（五大明王）	調解降伏	代表識意
中	大日如來	般若菩薩	不動明王	能調伏一切諸魔	蓮華頭表九識
東	阿閦佛	金剛薩埵	降三世明王	能調伏大自在天	八臂表八識
南	寶生佛	金剛藏王	軍荼利明王	能調伏五陰魔	蛇纏身表七識
西	無量壽佛	文殊菩薩	大威德明王	能調伏人魔	六足腿表六識
北	不空成就佛	金剛牙	金剛夜叉明王	能調伏地魔	五眼目表五識

❶ 不動明王 —— 不動尊・無動金剛

梵名「阿伽拉」，意為堅定不移，密號「常住金剛」。由於是大日如來的教令輪身，故為五大明王之首。他如火焰般的恐怖，堅石般的莊嚴，令惡魔邪怪畏懼，專門保護賢能善士，在密教中廣受尊崇，尤其在日本更受敬仰，幾乎每座神社均有供奉其法像。

制吒迦童子　不動明王　矜羯羅童子

本尊誓願 見我身，得菩提心；聞我名，斷惑修善；聽我說，得大智慧；知我心，即身成佛。

特徵 坐磐石上穩如泰山，背部發出把煩惱燒盡的火燄，左眼微閉，右持劍，左拿索（表斷滅煩惱索除）。

脅侍童子 左為「矜羯羅」，白膚可愛童子；右為「制吒迦」，紅膚凶悍童子。一慈一怒，另有八大童子部署護衛不動明王尊。

❷ 降三世明王 —— 勝三世明王

他是東方阿閦佛的教令輪身，能降伏過去、現在、未來三世的貪、嗔、痴三毒，

故稱「降三世明王」或「忿怒持明王」。雖以忿怒相現世，但內心蘊藏著無限的慈悲。

特徵 四面八臂，左腳踩大自在天，右腳踩著烏摩天妃，雙手小指結有獨特的降三世印契。

❸ 軍荼利明王

「軍荼利」意為甘露瓶，代表洗滌眾生之心。他是南方寶生佛的教令輪身，與八大明王之一的「大笑明王」為同體異稱，專司息災解厄。

特徵 一面八臂，頭戴骷髏冠，二條赤蛇繞腕垂胸。

❹ 金剛夜叉明王 ── 淨身明王

密號「護法金剛」，是北方不空成佛的教令輪身。他誓言噉食一切惡穢及吞盡一切欲望，又名「金剛藥叉」，專司統治惡鬼。

特徵 高大無量，遍身燃燒火焰，腳踏蓮輪座，手持鈴、杵。

❺ 大威德明王 ── 六足尊

藏名「多杰多吉」，是西方無量壽佛的教令輪身。其可怖可畏的相貌，去教令法界降伏眾魔，故又稱為「降閻魔尊」。在日本被視為祈求戰爭勝利的軍神，專司克服死亡。因有六條腿，世稱其為「六足尊」。（大威德金剛為十六足）

特徵 三面六臂六足，騎乘大白水牛。

二 八大明王 是由八大菩薩轉世化現而成的明王

①不動明王（不動尊） ②降三世明王（忿怒尊） ③大威德明王（六足尊） ④大笑明王（即軍荼利明王） ⑤馬頭明王（藏名「丹真」，專司救度六道中的畜生道，是觀世音的忿怒身） ⑥大輪明王（以「成就清淨，圓滿戒品」為本誓） ⑦無能勝明王（梵名「阿波羅爾多」，無能勝意為不可破壞，代表釋迦牟尼佛成道降魔之

275

德威）⑧步擲明王（能自由通行於六道之間，助人開悟）。

對應	明王	不動明王	降三世明王	大威德明王	大笑明王	馬頭明王	大輪明王	無能勝明王	步擲明王
	菩薩	除蓋障菩薩	金剛手菩薩	文殊菩薩	虛空藏菩薩	觀自在菩薩	彌勒菩薩	地藏菩薩	普賢菩薩

馬頭明王	無能勝明王	大輪明王	步擲明王
專度畜生道之眾	釋尊降魔成道之德	清淨圓滿戒之誓	自由通行六道之間
觀世音忿怒身	地藏菩薩忿怒身	彌勒菩薩忿怒身	普賢菩薩忿怒身

三 其他著名明王

孔雀明王 護世佛母金剛

梵名「摩訶摩瑜利」，密號「護世佛母金剛」。在眾多明王中，此尊最為殊勝特別，因一般明王均為忿怒相，只有此尊呈現莊嚴慈祥狀。因騎坐在專門啖食五毒的孔雀上而得名，是大日如來的等流身，具有攝取折服息災、祈雨、安產等本德，在日本是最古老的女明王，深受人們敬仰。

孔雀明王

烏樞沙摩明王 穢跡金剛

「烏樞沙摩」意為清除穢物與不淨，是北方羯摩部的教令輪身。有轉不淨為清淨的特德，在民間被視為掃除不淨之神（廁所守護神）。天台宗認為他與金剛夜叉明王為同體尊，在密宗裡視他為印度火神阿耆尼，別號稱為「火頭金剛」。

烏樞沙摩明王

愛染明王

愛欲貪染即淨菩提心，故稱「愛染」。是金剛薩埵的變化身，其特色為手持金剛

箭拉滿弓瞄向天空，代表煩惱即菩提（清淨體性、染清不二）。在日本是婚姻結緣的信仰神，常被聯想成西洋的愛神丘比特，但其形象恐怖多於可愛。

大元帥明王 曠野神

梵名「阿吒婆拘」，是毗沙門天的護衛，十六藥叉大將之一。以前常住曠野殘害眾生，後為佛陀所教化，成為「曠野神」。在日本被視為擁有護國、擊退外敵等功德的明王。

第三段 護法

「護法神」即護持佛法之神，通常展露出「忿怒相」（用以表示能降伏邪魔外道，嚇阻妖鬼惡煞）。雖然外貌猙獰恐怖，但內在卻都隱藏著一顆慈悲的心靈，護法專司持護修行者及保護廟寺免受外道邪氣侵擾。

特徵 面露忿怒相，頭戴五元骷髏冠，身掛頭顱鍊，及圍虎豹皮裙、象皮披風。

<table>
<tr><th colspan="2">　</th><th>護法神</th><th>專司掌職</th></tr>
<tr><td rowspan="8">八大護法（八大佈畏）</td><td></td><td>大黑天</td><td>具戰鬥、財富、冥府、廚食四種神格</td></tr>
<tr><td></td><td>大梵天</td><td>掌管白晝、護持天神世界，專司袪病</td></tr>
<tr><td></td><td>吉祥天女</td><td>解除災難，專司賜予人們智慧幸福</td></tr>
<tr><td></td><td>閻魔天</td><td>掌管地獄，專司死亡；漢地稱為閻羅王</td></tr>
<tr><td></td><td>大威德金剛</td><td>專司停止輪迴之苦，脫離六道之礙</td></tr>
<tr><td></td><td>戰神</td><td>專司戰爭時贏得最後勝利</td></tr>
<tr><td></td><td>財神護法</td><td>專司財富，能使眾生脫離貧困得福</td></tr>
<tr><td></td><td>馬頭明王</td><td>專司護壇，掌管解救畜生道之眾靈</td></tr>
</table>

一 大黑天

黑暗的護持者，為上師、本尊、護法三根本之護法神。藏名「瑪哈嘎拉」，梵名「摩訶迦羅」，具戰鬥、財富、冥府、廚食四種神格。

信仰 大黑天的信仰包羅萬象,在印度為濕婆神(三大主神之一),在蒙古為商人及帳篷的守護神;在西藏稱為瑪哈嘎拉,司戰鬥及財富之神;在中國為廚房之神;在日本為七福神之一。在各地廣為流傳深受敬仰,只是其間地位大相逕庭而已。

大黑天的各種分身 唐卡以六臂大黑天為本尊,另有二臂、四臂數十種變化身。

大黑天臂數	神號	化身	敬崇之教派
雙臂大黑天	紅棒瑪哈嘎拉	普賢如來	薩迦派(花教)
	黑袍依怙主	三怙主	噶瑪噶舉(白教)
	公保戰熱	金剛黑魯嘎	婆羅門大黑神
四臂大黑天	吉祥依怙尊	勝樂金剛	噶舉派(白教)
六臂黑瑪哈嘎拉	摩訶迦羅	十一面觀音	格魯派(黃教)
六臂白瑪哈嘎拉	如願珍寶尊	聖觀自在	香巴噶舉(白教)

雙臂大黑天

① 寶帳怙主 —— 紅棒瑪哈嘎拉

是薩迦派(花教)特別供奉的護法神,由八思巴引進此修持法門。元、明、清三朝均被視為「軍神」,是普賢王如來的忿怒相,喜金剛之不共護法。

特徵 二臂肘上橫捧——仗刀(內藏無數神兵神將),故稱「紅棒大黑天」。

② 黑袍怙主 —— 無能勝怙主

是歷代噶瑪噶舉(白教支派)大寶法王(黑帽法王),金剛事業根本護主,為金剛手菩薩的「身化」,文殊菩薩的「語化」,觀世音菩薩的「意化」,三根本化身,藏名為「哀布」,其供品主要是白米和白鹽。

特徵 右手持鉞刀(表慈悲),左手持嘎巴拉(表智慧),身穿黑袍展戰鬥姿。

③ 公保戰熱 —— 妙德飲血勝王

原為印度婆羅門大黑神,是金剛黑魯嘎所化現的公保相,為無上瑜伽怛特羅父續之護法神,又名為「妙德飲血瑪哈嘎拉」。

特徵 手持卡賓骨杖,仰天凝視。

❹ 日本大黑神 —— 七福神之一

在日本，他的造型為慈顏善目，人見人愛。專門授與世間富貴、官位爵祿之福神，頗受尊崇。

名	寶帳怙主	黑袍怙主	公保戰熱	日本大黑神
別號	紅棒大黑天	無能勝怙主	妙德飲血勝王	大黑福神
化身	普賢王如來	三怙主根本化身	金剛黑魯嘎	七福神之一
護主	薩迦派（花教）	白教大寶法王	無上瑜伽父續	民間吉祥神
專司	軍神	三根本護法	驅魔逐邪	財富官位
特徵	橫捧一杖刀	身著黑袍展立	手持卡賓骨杖仰天	手持財鎚、包袋

四臂大黑天　吉祥依怙瑪哈嘎拉

原為印度婆羅門教神靈，於十一世紀時，由大譯師仁欽桑波引進其修行儀軌，成為噶舉派（白教）主要護法。專門持護大手印者（白教修行者），是勝樂金剛的忿怒相。

六臂黑瑪哈嘎拉　摩訶迦羅

又名「疾成智」或「速作慧」，是十一面觀音的忿怒相。為格魯派（黃教）的主要護法，大昭寺及拉薩地區的守護神，唐卡常以「六臂瑪哈嘎拉」做為所有大黑天的本尊代表。

(特徵) 六臂黑臉，腳踩象頭天迦南司。

六臂白瑪哈嘎拉　白如意珍寶依怙主

又稱「如願摩尼依怙尊」，是觀自在菩薩的慈悲化現。原為香巴噶舉（白教支派）的主要護法神，後來成為薩迦派（花教）特別不共法門，是求財富、福德祿壽的財寶護法。

(特徵) 白臉六臂，雙腳踩雙象魔。

六臂白瑪哈嘎拉

二　吉祥天母

吉祥卻敵大明天母，藏名「班達拉摩」，是最殊勝的上首女護法，八大護法神中唯一女性神祇，別號「三界榮耀女王」。是格魯派（黃教）及全藏精神領袖達賴喇嘛的特別護法，和藏族青年的首席護法神，具有逢凶化吉的本事。

(特徵) 身青藍色，手持三叉戟，頭頂有孔雀傘，騎背部有眼的騾。

孔雀傘頂
騾背眼
吉祥天母

三　大梵天

白晝的護持者 —— 掌管天界眾神，專門掃除魔障

1 金甲護法

又稱「犀甲護法」，原為印度教三大主神之首，後來成為佛教護法神之一，地位大大貶低。在天界護持佛法，在人間專司祛病降災、掃蕩魔障，又稱「大梵天忿怒尊」。

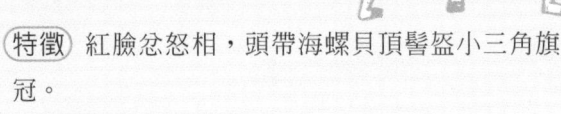

金甲護法

(特徵) 紅臉忿怒相，頭帶海螺貝頂髻盔小三角旗冠。

海螺貝頂小三角旗

2 格薩爾王

又稱「白大梵天王」，別號「珍寶伏敵將軍」。過去為蓮師的化身，現在是戰神大將，未來為勇武輪王，是西藏史詩中最完美的英雄，亦是

格薩爾王

第二佛蓮師大士調伏事業的本色。他是大梵天忿怒尊的慈悲化現，具財富祿壽等功德。

(特徵) 除白臉外，其他與大梵天同。

四 戰神

專司戰爭勝利，又稱「贊國」（即紅色夜叉護法）

1 戰神博克孜

原為蒙古地區重要的神祇，後被達賴三世索南嘉措吸收，成為藏密八大護法神之一。是戰神勇士的守護者。

(特徵) 紅臉騎戰馬，左手握一顆心臟，右手持長矛，其形象與「大梵天」相同，很容易搞混。

2 鎧甲皮衣護法

梵名「咕嚕札波」，又稱「姊妹大紅勇保護法」。「姊妹」意為蒙古武士，是藏蒙政教相依附的特質。

(特徵) 右手持利刃，左手托一顆敵人心臟，右腳踩踏一匹馬屍，左腳壓製惡鬼羅刹。

★達賴喇嘛另一位黑護法為吉祥天母。

博克孜

姊妹大紅勇保護法

五 閻魔天

專司死亡，統御六道輪迴的判官，漢人稱「閻羅王」。常保護修行者降伏心魔，是格魯派（黃教）甘丹寺治台（法主）的托住（無德者登位坐床時會被其所吃）。修持閻魔天法，可延壽息災，祈冥福時稱為「冥道法」。閻魔天掌管地獄之門，負責審判靈魂的使者，能轉十善道，故稱「成就法王」或「地藏主」。

(?) 【小常識】 為何護法神的腳均會踩踏屍體或動物？

護法神均以教令輪身化現，故呈猙獰恐怖相。他所踩踏人物或動物有兩種涵義：降伏對方、保護對方。

三大成就法王	 外修閻魔法王	 法王內得	 法王祕得
法名	外成就法王	內成就法王	祕密成就法王
別號	陽體獄帝主	法王內得	法王祕得
功德	順利修行消除災禍	去除內心各種業障	啓發心智，速達成就
特徵	牛首青臉閻妹伴其旁，腳踩牛	展立姿於惡鬼身上	牛首，腳踏猛牛

★外成就法王是三大成就法王中閻魔天的本尊。與其妹夜魔女合稱「地獄雙王」。

六　大威德金剛

專司停止六道輪迴之苦，在藏密中地位相當崇高。是無上瑜伽怛特羅父部之主尊，文殊菩薩的忿怒相，能抗致閻魔天，故又稱「閻魔敵」，別名為「閻曼德迦」。

閻曼德迦三尊

── 威羅瓦金剛（佈畏降閻魔尊）

自古以來藏地各教派中均極為推崇敬仰他，唐宋時期稱他為「佈畏降閻魔尊」，清代宮廷裡稱他為「威羅瓦金剛」，在閻曼德迦三尊之中本尊，據說他法力無邊。

特徵　多頭（牛首）、多臂、多足，擁抱金剛起屍母，腳踏六道輪迴眾生。

── 黑閻曼德迦（黑閻魔敵）

專司克服死亡，別號「黑降閻魔尊」，蒙古地區稱其為「地獄法王」。

特徵　蹲騎在牛背上。

── 紅閻曼德迦（紅閻魔敵）

專司去除貪欲愚嫉，是大威德佈畏金剛的另一種化現。

特徵　紅膚，擁抱佛母，腳踏藍人下有一頭紅牛。

佈畏降閻魔尊	黑閻魔敵	紅閻魔敵
威羅瓦金剛	黑閻曼德迦	紅閻曼德迦

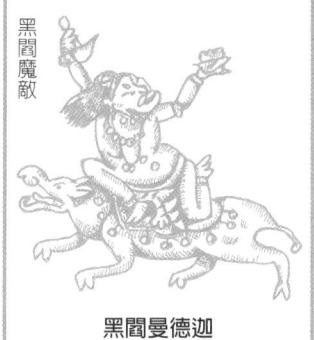

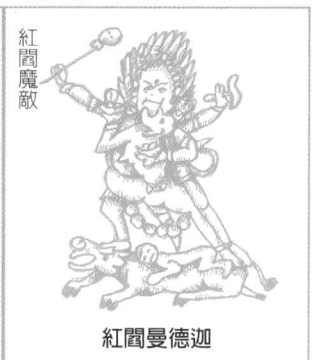

★屬父續密中之方便續，「佈畏」、「黑」、「紅」三位閻魔敵。

七 財神護法

> 專司財富，能使一切衆生脫離貧困，財源廣進

財寶天王

財寶天王 又稱「毗沙門」，梵名「毗舍摩波羅」，是四大天王中的北天王，守護著須彌山北方閻浮提洲部，是夜叉及羅刹的部主，由於時常守護道場，聽聞佛法，故又稱「多聞天」。是藏密眾財神的本尊，統稱「財寶天王」，在日本為七福神之一，能賜予眾生一切福德。

特徵 騎坐雪獅，右持勝利幢，左握吐寶鼠。

五路財神 財寶天王的五位部將，故稱「五路財神」，密號「布祿金剛」，分別為黃、白、紅、黑、綠五姓財神。

1 黃財神

五姓財神之首，藏名「藏巴拉色波」，為南方寶生佛所化現，屬密續作部修法。當釋迦牟尼佛宣講《大般若經》時，諸魔前來阻礙，高山崩塌眾生惶恐時，幸由黃財神現身庇護，而成維護衛道場的護法。他掌管天庫財寶，協助一切貧苦眾生脫離困境。 **特徵** 擁抱財源天母。

2 白財神

又稱「白寶藏王」，藏名「藏巴拉噶波」，是觀世音菩薩所化現。修息此尊法，可如願成就。 **特徵** 騎坐在碧龍背上。

❸ 紅財神

藏名「藏巴拉瑪波」，是金剛薩埵所化現，屬密續瑜伽部。

❹ 黑財神

藏名「藏巴拉納波」，很久以前金剛手將黑財神法門傳給空行母，再傳給心存善念的幸運者，故此法門是由二位上師取自殊勝寶石所得。

❺ 綠財神

藏名「藏巴拉蔣固」是金剛不動佛的應化身，屬無上瑜伽部之不二續所傳出，受釋迦牟尼佛囑咐，要為一切貧苦眾生轉大法輪。

藏密五姓財神

黃財神（五姓財神之首） 
藏巴拉色波
南方寶生佛所化現

綠財神 
藏巴拉蔣固
金剛不動佛化現

紅財神 
藏巴拉瑪波
金剛薩埵所化現

黑財神 
藏巴拉納波
金剛手菩薩所化現

白財神 
藏巴拉噶波
觀世音菩薩化現

❓【小常識】

供奉財神的最佳獻物：

三白：牛乳、乳酪、麵粉

三甜：白糖、蜂蜜、冰糖

❓【小常識】　財神的獨有持物

右手持如意寶珠，左手托握吐寶鼠。

- 如意寶珠（摩尼寶）是一種端嚴殊妙自然流露出清淨光明，普遍照耀四方，能順心所得，滿足一切隨心所願，故稱「如意摩尼寶珠」。
- 吐寶鼠（貓鼬）是一種神奇的寶獸，能源源不斷吐出寶財，是眾財神最特別獨有的持物。

如意寶珠

吐寶鼠

八　馬頭明王

專司護檀是觀世音菩薩的忿怒相，藏名「丹真」，梵名「阿耶揭利波」，密號「噉食金剛」，又稱「馬頭尊」。是六道輪迴中之畜生道之教主，能摧滅一切魔障，照破眾生暗冥，是格魯派（黃教）上、下兩密院的護檀及寧瑪派（紅教）的重要護法。因身兼護檀之職，故展尖翅膀於背部，具足神通展現法力，馬頭觀音則無翅膀。

特徵 髮髻上有一馬首，背有尖翅一對。

★馬頭明王亦為「馬頭觀音」（六道觀音之一）。

第四段　藏密各大教派事業護法神

一　寧瑪派（紅教）三大不共護法

「不共」意為獨有，屬寧瑪派（紅教）與其他教派不同的修持法門。

① 一髻佛母

藏名「阿松瑪」，為法身普賢王佛母所化現而生，屬智慧（般若）護法，護持「出世間法成就」，主空性。

特徵 一髮髻、一目、一齒、一乳。

② 金剛善

藏名「臣賴佳鳥」，密號「俱誓金剛善」，是蓮師之事業護法，又稱「事業王護法」，原名「白滿天」。蓮師入藏時奉金剛手菩薩口敕，化身為鐵匠，密護佛法，駐守貢噶雪山，護持「世間法成就」主事業，奉祀他的神殿，稱為「乃瓊」。

特徵 跨騎青毛雪獅，頭戴藏式鎧兵帽。

③ 羅睺星

藏名「喇呼拉」，又名「毗紐天」，為九曜之一，能夠自在攝入地、水、火、風、空五大地，故又稱「大遍入護法」。由金剛手菩薩及蓮師為其授記，護持密乘行者「降服法成就」主遍入。

特徵 九頭四臂龍身，全身佈滿眼睛，腹部中有一臉。

一髻佛母	俱誓金剛善	羅睺星
藏名「阿松瑪」	藏名「臣賴佳烏」	藏名「喇呼拉」
護持「出世間法成就」	護持「在世間法成就」	護持「降伏法成就」
特徵：單眼，表專注	特徵：騎獅，表威猛	特徵：多眼，表無所遁形
普賢王佛母所化，主空性	蓮師事業護法，主事業	金剛手及蓮師授記，主遍入

二、薩迦派（花教）紅三尊及特別護法神

紅三尊 又稱「三大赤」，主尊皆為紅色（表懷愛），「花教」極為敬崇。

① 毗那夜迦 ── 紅象頭天 又稱「象鼻天」，屬財神之一。原為婆羅門教之神（大聖歡喜天），專門守衛三寶、授予眾生財富福德。

（特徵）象頭臉長鼻，舞立姿踩在吐寶鼠身上。

② 咕哩咕列 ── 作明佛母 是二十一度母中的「紅度母」，屬財寶女神，又稱「三界自在空行母」。

（特徵）手持花弓之箭。

③ 欲帝明王 ── 紅喜王 藏名「若金瑪」，又稱「紅夜叉衣食財神」。

紅棒瑪哈嘎拉 二臂大黑天之「寶帳怙主」

為薩迦五祖之一，八思巴引進此修行法門，是普賢王如來的忿怒相、喜金剛之不共護法，後來成為薩迦派（花教）的特別護法神。

紅棒瑪哈嘎拉
寶帳怙主

薩迦紅三尊

毗那夜迦 — 紅象頭天
咕哩咕列 — 作明佛母
欲帝明王 — 紅喜王

三 噶舉派（白教）止貢三大護法及其他事業護法

止貢噶舉的標記

止貢噶舉（白教支派）三大護法 是由「空行母」從空中而降下尊聖的「吽」字梵文做標記。

❶ 藍色 四臂大黑天 — 吉祥依怙瑪哈嘎拉

由欽仁桑波引進此修行法門。他以前曾是世界破壞之神，被文殊及觀音菩薩降伏，成為修行觀想的對象，專門持護大手印者（白教修行者）。

❷ 白色 阿企護法

是止貢噶舉（白教支派）特別護法。

（特徵）白臉，右手持手鼓，左手握如意寶，騎坐在藍馬上。

❸ 紅色 貝哈護法

又稱「茲瑪護法」，原為西藏地區的妖怪，被蓮師降伏後，立誓護持佛法而成為雪域守護神。

止貢噶舉三大護法

四臂大黑天　　阿企護法　　貝哈護法

二臂大黑天　黑袍怙主

是歷代噶瑪噶舉（白教支派）大寶法王（噶瑪巴黑帽法王）的事業根本護法，代表著金剛手菩薩的「身化」、文殊菩薩的「語化」、觀世音菩薩的「意化」，是三族姓尊三怙主的化現。

六臂白大黑天　吉祥依怙主

是香巴噶舉派傳承的主要護法，後來也是薩迦派的共主。

黑袍怙主（二臂大黑天）

吉祥依怙主（六臂白大黑天）

四　格魯派（黃教）四大護法神

1 涅沖護法 —— 大神居士護法

專職保護佛法及寺院的重任，亦是各地著名寺院的重要護法（免於外道入侵，邪魔進犯）。色拉寺稱他為「祥德金剛」，甘丹寺稱他為「甘丹野山居士護法」，熱振寺稱他為「白氈神護法」，達隆寺稱他為「達隆居士」等，他同時也是西藏東北地區的山大神。

特徵　頭戴白氈帽，右手持金矛，左手托寶盤，騎坐雪白駿馬。

2 吉祥天母 —— 吉祥卻敵大明天母

藏名「班達拉姆」，是達賴喇嘛的特別護法（又稱黑護法），另有紅護法（鎧甲護法）。

3 閻魔天 —— 成就法王

藏名「曲佳」又稱「地藏主」，是格魯派（黃教）甘丹寺法主（最高住持）的托住護法神。

4 六臂黑瑪哈嘎拉 —— 疾成智／速作慧、摩訶迦羅

是大昭寺及拉薩地區的守護神，亦是眾多大黑天的主要代表。

涅沖護法	吉祥天母	閻魔天	六臂黑瑪嘎拉
大神居士護法	吉祥卻敵大明天母	成就法王	摩訶迦羅

五 藏密各大宗派共同護法神　蓮師總攝

蓮華生大師簡稱「蓮師」，本名「白馬穹乃」，尊號「烏金大師」又稱「八神變」。是印度（天竺）金剛乘的創始人，藏密寧瑪派（紅教）鼻祖，亦是藏密各大宗派的共同祖師。藏人尊稱他為「咕嚕仁波切」，是藏人心目中第二佛陀。

蓮華生大師

（入藏弘法）他於七世紀時應藏王赤松德贊之邀，從印度入藏攝服苯教勢力，開始傳揚佛法，並建造了全藏第一座寺院（桑耶寺）開創藏傳佛教，在藏區地位崇高。

（特徵）頭戴班智達帽，右持金剛杵，左托嘎巴拉，腋夾骷髏杖。

（普巴忿怒蓮師）藏名「咕札格拉亞」，是忿怒蓮師與普巴金剛合二為一的化身，屬無上瑜伽父續本尊法門。

普巴忿怒蓮師

（特徵）左手握有一隻十八足鐵毒蠍子，下身有三稜鐵杵板刺進邪魔的心臟（表降服）。

（忿怒蓮師金剛鎧甲）十萬金剛鎧甲

屬寧瑪派（紅教）嚴傳極密法本尊，專司啃食三界邪毒。

忿怒蓮師金剛鎧甲

（特徵）騎坐九頭鐵豬身上。

289

蓮師的八大神變 蓮師入藏時為了降服邪魔外道（指「苯教」）勢力，宣說自己具有千變萬化的自在神力，於是幻化出有名的八種變化身從事弘法聖業，施展神通降伏惡魔。這就是民間流傳的八種神變，簡稱「八神變」，包括：

① **釋迦師子**
「蓮師」生於印度皇室，早年出家，創立金剛乘（密乘），法號「釋迦師子」，是藏密祖師。

② **貝瑪桑巴哇**
未入藏前的蓮師（金剛乘高僧）。

③ **蓮花王**
又稱「蓮師貝瑪蔣波」，是蓮師入藏後與外道（苯教）激辯強論經理時的化現。

④ **海生金剛**
又稱「寶部蓮師骨鬘尊」，主攝福德財運，是開創西藏密宗密法的寶雄，擁抱著「益喜嘉摺佛母」，又稱「雙身蓮華師」。

⑤ **日光上師**
又稱「白光上師」或「太陽光上師」，曾赴屍陀林（墳場）勸戒迷悟修行者返回璀璨正途的陽光大道上。

⑥ **愛慧上師**
賜愛及智慧給眾生，是早期藏人學者崇敬的對象。他右持奎婁法鼓，左托珍果盤。

⑦ **獅子吼聲上師**
藏名「咕嚕札波」。以義正嚴詞的變經解論攝服異教徒（苯教），聲如獅子吼，嚇退一切邪見。展現忿怒的戰鬥姿，踩在異教徒身上，身後有一隻綠毛白獅。

8 多傑佐勒

又稱「忿怒蓮師」，屬寧瑪派（紅教）嚴傳法門，曾降服危害佛法的邪魔障礙。特徵是展立姿在猛虎身上。

多傑佐勒

第五段 藏密女護法神 —— 空行母（金剛瑜伽女）

「空行母」藏名「卡雀瑪」，梵名「荼尼吉」，指飛翔在天空的瑜伽女，專食死者心臟鮮血，後為佛陀感化，專司維護佛法的女護法神。是諸佛理的化現，修空樂三根本及一切成就的本源。

三大空行母是藏密非常重要的三位人面「金剛瑜伽母」。

1 那若空行母／卡雀佛母

是噶舉派（白教）遠祖「那若巴」所傳承的無上密乘之本尊，故稱「那若空行」，在那若空行淨土裡，聖眾均具有智慧且能自由騰空飛翔。

那若空行母

2 金剛亥母／多吉帕姆

是噶舉派（白教）女性尊之首，亦是始祖密勒日巴的祕密本尊，也是無上瑜伽密勝樂金剛的明妃。她代表眾生大癡的體性，其身紅光熾熱體，表懷愛攝受眾生。

金剛亥母

【小常識】 覺宇派的三大護法神

護國飲血：是大黑天（摩訶迦羅）的分身之一。

羅睺羅：即羅睺星。

金剛鎧甲：即為忿怒蓮師十萬金剛鎧甲神。

護國飲血　　羅睺羅　　金剛鎧甲

③ 虛空瑜伽女

是寧瑪派（紅教）極為重視的「騰空跳躍金剛女」，專司幫助修行者圓寂（死亡）時能將身體化為虹光。

(特徵) 右手執金剛刀，左手持盛滿鮮血的嘎巴拉，左肩斜倚骷髏天人杖。

(主徒三頭空行母) 又稱（獸面空行母），其中以獅面空行母為主尊，另有熊面空行母、虎面空行母或羯摩魚空行母。

(獅面空行母) 藏名「先東瑪」，原為苯教神祇，傳聞被蓮華生大師降服，成為其得力助手。專司解除藏區兵禍、疾疫、天災、水旱之毒，是寧瑪派（紅教）修持法門的殊勝本尊，亦是所有獸面空行母之代表。

(屍陀林主) 是西藏天葬場的主神，亦是本尊空行母的護法神。男女骷髏合跳死亡之舞，只見骨架，無皮肉，形象恐怖，象徵「人生的終結」。

(瑪吉拉尊) 拉瑪尊

是西藏第一位女性大成就者（約宋朝時期），因額頭上有一條很深的凹痕，故又被稱為「三眼阿尊」。她被認為是蓮師的佛母「耶樹措嘉」所化身，也是般若佛母的轉世，和藏密希解派、覺宇派之祖師帕丹巴桑結再傳弟子。該派教義強調斷滅我執，去除貪、嗔、痴三毒，為了圓滿修行成

虛空瑜伽女

獅面空行母

屍陀林主

？【小常識】　專司死亡三大護法神

護法	代表	象徵
閻魔天	地獄的生死判官	判定生死
閻曼德迦	死亡的終結者	克服死亡
吉祥天母	引領光明，逢凶化吉	死裡逃生

就，常到寒林（墓地墳場）觀想修持冥念，此修行法門是「瑪吉拉」修行果地最大特點。另外她全身赤裸（表無垢）亦是另一項顯著特色。

蓮師擁抱的佛母（瑪吉拉）

財源天母 財續母

藏名為「軍瑪淑」，梵名「巴素達拉」，為瑜伽派密續佛部尊。專司六道輪迴中的人道，是五路財神之佛母，掌世間財富福德。

特徵 左手持稻穗（表財源）。

財源天母

神聖光明母 金豬光明母

她擁有金剛座師六法（六種消除業障的方法），坐在金豬群座上，手持經篋是她最大特色。

神聖光明母

【小常識】 八大寒林、八大屍林或八大墓地

在漢地（中國）習俗裡，死亡後有十八層地獄來懲罰惡靈，而在藏傳佛教則以「八大寒林」作為代表。它象徵死亡帶來的恐懼，所以修行者常到寒林內來修練，唯有克服死亡與恐懼，才可獲得解脫。

八大寒林	方位	守護神	屬性	坐騎	持物
大猛寒林	東方	帝釋天	諸山天鬼之首	象	金剛杵
枯骨寒林	東南	火神	諸火神仙之首	山羊	長杖
金剛焰寒林	南方	閻魔王	地獄冥王	牛	骷髏杖
稠叢寒林	西南	羅刹王	羅刹吸血鬼之首	踩屍	長劍
狂笑寒林	西方	水神	河海龍王之首	魔羯魚	長蛇
上祥寒林	西北	風神	所有風神之首	長角鹿	人頭杖
幽暗寒林	北方	夜叉王	夜叉鬼眾之首	千里馬	蒙鼠
啾啾寒林	東北	鬼魅王	名方魔眾之首	牛	三叉戟

八大寒林（八大屍林）

訶利帝母　鬼子母

早期鬼子母常噉食幼兒，後為佛陀度化，誓言保護幼童，於是成為幼兒的守護神。

蘇卡悉地尊　蘇卡悉佛母

傳予喜金剛灌頂及蘇卡六法，使人長壽。她是香巴噶舉的重要傳承尊。

訶利帝母

蘇卡悉地尊

【猜猜我是誰】以下人物，你能辨識出他們是誰嗎？

密宗神祕的地方，就是神像臉型姿勢相同，但是不同的膚色、持物、腳踩物或不同的教派，其法像就有不同名稱，很難辨別。

① ② ③ ④

解答：① 多聞手長髮　② 獅子吼的護上師　③ 空行母　④ 黑煙怖主

第二十四章
道教

教義：清淨、自然、無為之教

何謂道教

「道」為德之本體，「德」為道之本性，「道德」為教之本旨，是謂道教。

道教廟宇

道教的思想與信念

道教的思想為「尊天敬祖，妙玄行道」，以清淨為法、自然為宗、無為（不妄為）為教。其信念融合了「儒、釋（佛）、道」三教合一為基礎。

三教合一

儒家	強調「人性」之道（即仁愛），稱作「聖賢士」
釋家	強調「修行」之道（即慈悲），稱作「佛菩薩」
道家	強調「自然」之道（即道德），稱作「神仙祖」

道教的神團

道教的玄學是一個龐大且複雜的萬有神靈論、結構系統，由天神、地仙、人聖、陰司所組合而成，以神仙群為中心，祭拜論為基礎，分為天界（天庭）、明界（世界）、幽界（陰間）三界，共三十六洞天，七十二福地。天外天稱為「無極」，天內天稱為「太極」，天內地稱「皇極」。

老子

教徽
太極

內涵陰陽，代表從對立中求平衡，相聚而成和諧、互動、互依、互助、互補。

道教五大經典

道德經	老子（太上老君），無為而治，萬物皆由道生
南華經	莊子（南華真人），天地萬物與我合一
陰符經	黃帝（軒轅大帝），觀天之道，執天之行
文始經	尹喜（關尹人），真空之道，陰陽之妙
黃庭經	李弘元（後聖真人），外丹功始祖

以老子為教主，以莊子為祖師的「老莊思想」

第一節　道教的宗派 ── 二宗五派

一　二宗　北宗 全真道　南宗 正一道（天師道）

北宗　全真道　以山東為中心（著名廟宇：白雲觀）
教義：清淨無為，修行積德（吃素）

全真道重要派門

武當派	承師：張三豐
太一派	祖師：蕭抱珍
真大派	祖師：劉德仁
新天師派	祖師：寇謙之
淨明（忠孝）派	祖師：許遜

全真道五祖

始祖	**東華帝君**	李凝陽（李鐵拐）
二祖	**正陽帝君**	鍾離權（漢鍾離）
三祖	**孚佑帝君**	呂洞賓（呂仙祖）
四祖	**純佑帝君**	劉海蟾（海蟾子）
五祖	**重陽帝君**	王重陽（全真教主）

【全真道北派門七大真人】

遇仙派	祖師：馬鈺（丹陽子），號「無為真人」
隨山派	祖師：劉處玄（長生子），號「明德真人」
龍門派	祖師：丘處機（長春子），號「丘真人」
南無派	祖師：譚處端（長真子），號「蘊德真人」
崳山派	祖師：王處一（王陽子），號「普度真人」
清淨派	祖師：孫不二（孫仙姑），號「清淨散人」
華山派	祖師：郝大通（廣寧子），號「太古真人」

……全真道教主王重陽的七大弟子

全真道南派門的五大真人　全真道分南、北二大派門，北派門由王重陽創立，強調「修命」；南派門由張伯端創立，主張「修性」。

全真道南派門	南派五大真人	杏林真人	石泰（翠玄）
		紫賢真人	薛道光（紫賢）
		泥丸真人	陳楠（泥丸），著有《翠虛經》
		紫青真人	白玉蟾（海瓊子），著有《詩文全集》
		鶴林祖師	彭耜（鶴林），開細林正宗

└─由張伯端（紫陽真人）創立，著有《悟真經》，封號「禪仙」

南宗 正一道
以江西龍虎山為中心
教義：符籙咒術，驅病壓煞（吃葷）

創始人 張道陵（張天師） 故「正一道」又稱「天師道」。

台灣道教此派系統信眾最多，道士大多不住在廟宇，常在自家設壇祈禳。可吃葷，結婚生子。

派別	三山符籙派	龍虎山派（天師派）	張盛（張道陵曾孫）創立
		茅山派（上清派）	魏華存創立（第九代陶弘景將其發揚光大）
		閣皂山派（靈寶派）	葛玄（葛仙翁）創立

★ 台灣較著名的派門：三奶派、神霄派、法主公派、老君派、姜太公派、瑜伽派。

二 五派 積善派 經典派 符籙派 占驗派 丹鼎派

派別	修法	內容	宗別
積善派	修德行（倫理）	布善行仁，淨化心靈	全真道（吃素）
經典派	修知力（學儀）	推究教理，研考教義	
符籙派	修神道（符咒）	齋醮祈禳，鎮災招福	正一道（吃葷）
占驗派	修方術（法術）	推衍五行，趨吉避凶	
丹鼎派	修仙道（息煉）	修命攝生，煉丹胎息	煉丹士

【小常識】 道教四大天師

道教四大天師				
南宗	正一道	張天師	張道陵，道教創始人，正一道宗主
		小仙翁	葛洪（抱朴子）道教神學奠基人
北宗	全真道	許真君	許遜，淨明道教主，被奉為中國醫神
		長春真人	丘處機，北宗龍門派創始人

第二節　道教學術兩大派士

> 道教學術分道士和術士兩大派士

一 道士　學道、修道、行道之士

火居道士　在家修，可娶妻吃葷（台灣居多）。

紅頭司公　又稱「大法仔」，專門度生（陽派）為民間祈福補運，俗稱「謝平安」。

烏頭司公　又稱「法司」，專門度死（陰派）為亡靈超渡祭葬，俗稱「做功德」。

法官　擅長巫法，持符誦咒驅邪治病。

法仔　主持祈禳法會，祭醮儀軌。

- 「紅頭法仔」──遵徐甲真人為教主
- 「烏頭法仔」──遵普庵祖師為教主

童乩　又稱「巫覡」。神明附身，替天行道。

尪姨　亡靈媒介，招魂牽亡靈。

二 術士 方術之士

- 八卦 占卜師 •紫微、米卦、解籤
- 五行 算命師 •趨福避禍、袪凶呈吉
- 面觀 看相師 •觀相、摸骨、點痣
- 干支 擇日師 •良辰吉時、改運
- 方位 堪輿師 •風水地理、解厄
- 符籙 淨明師 •收驚、袪邪、壓煞

第三節　道教諸神眾仙

一 民俗諸神

1 玉皇大帝 ── 昊天大帝／天公

玉帝是華夏諸神眾仙的統帥，奉祀玉帝的神殿稱「靈霄寶殿」，道教家庭均會在門廳上方吊掛「天公爐」，代表對玉帝的敬崇。

普化天尊　　玉皇大帝　　太乙真人

玉帝的左右脅侍　左脅侍：**太乙真人** ── 太乙尋聲救苦天尊
　　　　　　　　右脅侍：**普化天尊** ── 九天應元雷聲普化天尊

2 三清大帝 ── 三寶大帝

盤古開天地，一氣化三清。

玉清宮 （聖境）	天寶 （洞真）	無形「元始天尊」 （大羅天）
太清宮 （仙境）	神寶 （洞神）	梵形「道德天尊」 （太上老君）
上清宮 （真境）	靈寶 （洞玄）	無始「靈寶天尊」 （通天教主）

道德天尊　　元始天尊　　靈貴天尊
（太上老君）　（大羅天）　（通天教主）

元始天尊（大羅天）
　　道教南宗正一派所尊奉的第一大神，地位超越玉皇大帝（先天無極界統領，是萬物之原始，天下至尊）。

道德天尊（太上老君）
　　道教的鼻祖，春秋時代思想家李耳（老子），又稱「太上李老君」（無極至尊），著有《道德經》，故稱「道德天尊」。

靈寶天尊（通天教主）
　　在《封神榜》小說中，他是一位助紂為虐的「魔教教主」，專擺設誅仙陣殘殺眾仙將，後被收服成為仙班領袖，號「通天教主」，在民間很少單獨被祀奉。

❸ 三官大帝 ── 三元大帝／三界公

天官	紫微宮 上元	始陽九氣（賜福）	紫微大帝 堯帝（盡仁） 愛民如子
地官	北都宮 中元	清虛七氣（赦罪）	清虛大帝 舜帝（盡孝） 孝順父母
水官	青華宮 下元	晨浩五氣（解厄）	洞陰大帝 禹帝（盡義） 治水墾地

義　仁　孝

洞陰大帝　　紫微大帝　　清虛大帝
禹帝　　　　堯帝　　　　舜帝
水官　　　　天官　　　　地官

❹ 北極 玄天上帝 ── 真武大帝／上帝公

　　奉祀玄天上帝的廟稱為「北極殿」。他是明、清兩朝皇帝祭祀道教的最高神祇（道教北宗全真道所奉的第一大神），又稱玄武大帝或真武大帝，台灣稱其為「上帝公」或「北極玄天上帝」。其特徵為左腳踩龜，右腳踏蛇（是為了贖罪還願，自己剖腹淨體，胃腸橫流終至成道，「胃成為龜，腸變成蛇」），是屠宰業的祖師，也是小孩的守護神，全真道武當派所奉祀的最高主宰神。

北極 玄天上帝

蛇　龜

❺ 關聖帝君 —— 恩主公／文衡聖君

三國時代蜀漢的關羽（關公）是華人世界最家喻戶曉的神明，因他的忠肝義膽、允文允武所以神號也特別多，有「關帝爺」、「協天大帝」、「伏魔大帝」、「文衡帝君」、「山西夫子」、「關聖帝君」等，救度範圍也幾乎全能，從消災解厄、除瘟疫、司命祿、保科舉、察冥司、誅妖邪、護老少、助商賈、衛寺院等，名至實歸的萬能之神。在清朝時，朝廷有計畫的扶持關公信仰，繼而取代民間對抗金名將岳飛的尊奉，因此成為華人社會的主神。

周倉　關公　關平

❻ 王母娘娘 —— 瑤池金母／西王母

天界最高女神（玉皇大帝的夫人）。她是西華至真妙氣所生化，又稱「西王母」，掌陰靈之氣與生育萬物之母，吃了王母娘娘所賜的蟠桃（仙桃），可長生不老。在台灣，西王母的信仰分為二系，一是「勝安宮」系，二是「慈惠堂」系。

西王母

❼ 木公老祖 —— 東華帝君／東王公

「木公」為東華至真之氣所化生，又稱「東王公」。在無極混元三聖天中常與西王母搭檔，共同疊侍無極至尊（玄玄上人），總稱「混元三聖天」，俗稱「東王公」（木公）、「西王母」（金母）。

上元夫人

❽ 上元夫人 —— 三天真王母

天界第二大女神，統帥天庭十方玉女，常與西王母一起出現巡遊仙界。

女媧娘娘

❾ 女媧娘娘 —— 地母

他是華夏（漢人）之母，其神蹟為造人、傳承、補天。她也是傘業及繡補業的始神，其形象為人面蛇身。

女媧造人補天

301

⑩ 九天玄女 —— 九天娘娘／連理媽

玄女是中國古代神話的女神，為王母娘娘的徒女，常扶持幫助應命英雄擊退強敵，是香燭業的始祖神。九天玄女亦稱「連理媽」（有大媽至九媽等九尊神）。

【小常識】 儒、釋、道教各派別至尊

佛教			
顯教	釋迦牟尼佛	淨土宗	阿彌陀佛
密教	大日如來	華嚴宗	毗盧遮那佛

道教			
道統	玉皇大帝	正一道	元始天尊
全真道	太上老君	武當道	玄天上帝

儒教	敬天尊祖	羅教	彌勒佛
理教	聖宗古佛	道院	至聖先祖

一貫道	明明上帝	軒轅教	黃帝
白蓮教	無生老母	摩尼教	摩尼光佛

平埔族	阿立祖	天德教	無形古佛	慈惠堂、勝安宮	瑤池金母（王母娘娘）

二 自然神祇

宇宙部 自然神祇之一

① 斗姆元君 —— 斗姥娘娘

「斗姆」即為天上眾多星辰斗極之母，「女媧」是人類之母，而「斗姆」為宇宙星辰之母，所以地位非凡，統領浩瀚宇宙眾星將。其特徵為三眼四頭八臂，在佛教裡被稱為「摩利支天」。

② 太陽星君（日神）—— 太陰星君（月娘）

太陽星君（日神） 面貌極為醜陋，不願讓人瞧見，若有人直視他，就會目眩眼花。

太陰星君（月娘） 被賦予柔美祥和的女神，喜歡人們仰望讚頌，有人稱其為「嫦娥」。

3 五斗星君

五方斗位星君各掌人間生死、貧富、禍福吉凶。

- 五斗星君為古代重要祭祀神。

南斗	東斗	西斗	北斗	中斗
注生	護命	護身	注死	保命

南斗　東斗　西斗　北斗

4 太白金星

李長庚，在遠古時期是戰神，而近代則成為慈善之神，是和平的使者，在天界則是最有分量的調解者。

5 月下老人 —— 媒神

掌婚姻，專門幫未婚男女牽紅線。

6 南極仙翁 —— 壽星

掌命理，又稱「南斗星君」，身旁常有鶴或鹿等吉祥物相伴。南極仙翁被視為壽星，其官號全名為「勾陳上官南極長生大帝」。

南極仙翁

普化天尊

雷部　自然神祇之二

雷被人們視為正義的化身，亦是古代人們最敬畏的神祇，尤其是惡人最怕被「五雷轟頂」或「電打雷劈」。「電」閃耀貫穿天地，「雷」威震驚攝萬物。

1 普化天尊 —— 九天應元雷聲普化天尊

聞仲（聞太師）是雷部眾天將的總司令（統帥），也是玉皇大帝的護衛神，專掌興雲佈雷、誅妖降魔。在《封神演義》中他是妖界魔頭軍師，後被封為「仙將」。

2 雷公 —— 五雷元帥 江赫沖（江天君）

人們附會雷公能代天執行刑罰，擊殺罪惡的懲惡之神，主持正義替天行道。《封神榜》裡稱其為「雷震子」。

雷公　電母

303

③ 電母 —— 金光聖母 秀文英

當雷公要打雷時，通常由雷母先閃電照亮世間，讓善惡分明，再由雷公電劈罪惡者。電母又稱「閃電神」。

④ 雷王 —— 威德昭顯王 陳文玉

雷王住廣東雷州半島上，因而得其名。

⑤ 雷神　豐隆、謝仙

⑥ 雷速鬼 —— 律令

他是雷部的傳令，跑速為眾仙、神將、鬼魅之中最快。

> **【小常識】** 符咒上的「急急如律令」，代表什麼意思？
>
> 雷部中跑步速度最快的小鬼叫「律令」，「急急如律令」不是一種命令，而是指傳達速度要飛迅快速如「律令」。

雨部　自然神祇之三

古代人們務農，最仰望的就是「風調雨順，五穀豐收」，但又怕雨多成災、雨少成旱，所以對雨神、風伯的崇拜不在話下，故有「龍興雨、鳳生風」之傳語。

① 四海龍王

龍掌雨，故龍王成為「雨王」。龍王同時也是「四海之神」。

東海龍王：敖光　　**南海龍王**：敖明　　**西海龍王**：敖順　　**北海龍王**：敖吉

龍王

② 雨師 —— 赤松子（黃大仙）

中國東南沿海一帶普遍敬祀的區域神。隨著華僑足跡走向海外，成為僑民的守護神，在香港更是香火鼎盛。

③ 雨神 —— 屏翳　　④ 雨仙 —— 商羊神鳥

赤松子

【小常識】　龍九子

龍生九子似龍非龍，各有所好，各展所長，避邪除魔，永保安寧。

1	饕餮	立於鼎蓋	6	蚣蝮	立於橋柱
2	睚眥	刀劍吞口	7	螭吻	殿脊獸頭
3	椒圖	立於門首	8	蒲牢	鐘上獸鈕
4	狻猊	立於香爐	9	狴犴	獄門獅頭
5	贔屭	碑下龜負			

風部　自然神祇之四

中國的地方民俗均把風神與鳥神幻想在一起（因鳥拍翅可生風，而鳥又利用風來飛翔於天空）。「風」與「鳳」亦同音，故世人將鳳視為風（鳳鳥乘風，歌舞昇平）。

① 風神 —— 飛廉　② 風伯 —— 方天君　③ 風師 —— 箕伯

風伯

火部　自然神祇之五

在古代，火能照明黑夜、嚇退猛獸，取暖驅寒，煮食烤肉，受益無窮。

① 火君 —— 火德真君（火王爺）羅宣

② 火祖 —— 炎帝　　　③ 火神 —— 祝融（回祿）

④ 灶神 —— 司命真君

張單（灶君公）雖是掌管廚房的小神，但卻深入每個家庭裡，故最了解百姓善惡功過。每年臘月二十三日，灶神返回天庭述職，報告一年來的民間考核結果，受到人們的敬畏。灶神也因此成為家神，常與土地公同受奉祀（上天言好事，下界降吉祥）。在儒教裡，灶神同時也是五大恩主公之一。

火神

灶神

【小常識】　五行（金、木、水、火、土）的比較

火 →生 土 →生 金 →生 水 →生 木 →生 火

火燼成土　土裡藏金　金熔成水　水可灌木　木可生火

火（猛烈）剋⚡溶金
土（厚重）剋⚡擋水
金（堅固）剋⚡伐木
水（輕柔）剋⚡滅火
木（根深）剋⚡扎土

（五行相生相剋圖：火、土、金、水、木　剋）

305

三　學問諸神

❶ 文昌帝君

又稱「文曲星」，專司功名利祿，為學子守護神。民間通常習慣以五大文昌帝君來共同奉祀，其中以「梓潼帝君」為總代表，其左右侍童稱為「天聾」、「地啞」。

五大文昌帝君		
梓潼帝君	張亞子	公正無私，文教貢獻頗多
文衡帝君	關雲長	允文允武，五德兼備，又稱「山西夫子」
朱衣神君	朱熹	文學出眾，百年樹人，又稱「紫陽夫子」
孚佑帝君	呂洞賓	道骨仙風，稟性聰敏，又稱「純陽夫子」
魁斗星君	大魁夫子	高中掄元，獨佔鰲頭，又稱「大魁夫子」

❷ 魁星 —— 魁斗星君

北斗七星第一星。鬼腳踢北斗，表「魁甲」（狀元別稱），象徵高中掄元，獨佔魁頭，求得功名。

❸ 韓文公 —— 昌黎公

韓愈。他是宗法表率，奉祀之廟稱為「昌黎祠」。

四 航海諸神

中國東南沿海及華僑，幾乎均奉祀媽祖，另有水仙尊王、玄天上帝、倪府聖王（總趕公）等信仰。

1 天上聖母 —— 媽祖

林默娘生於福建湄州，是中國東南沿海影響最大、知名度最高的海上女神，其廟宇遍佈全球。媽祖清朝時被皇帝敕封為天后，故奉祀之廟宇通稱為「天后宮」。台灣媽祖廟均為福建地區的分香，源流來自湄州的稱為「湄州媽」；來自同安的稱「銀同媽」；來自泉州的稱「溫州媽」。

護法 千里眼（眼觀四面）、順風耳（耳聽八方）。

2 水仙尊王

水仙尊王為大禹、伍子胥、屈原、王勃、李白的合稱，民間視為「水神」。是早期移民來台渡海的守護神，後來才慢慢由媽祖逐漸取而代之。據說在海上遭遇海難時，只要船員披散頭髮，手拿筷子做出划船動作，就能平安，俗稱「划水仙」。

水仙尊王	大禹	水官	治水有功	王勃	波神	南海溺水
	屈原	江神	投江保節	李白	酒仙	水中撈月
	伍子胥	潮神	屍浮河中			

3 倪府聖王 —— 總趕公

掌管海上船舶安全的神。

4 水德真君 —— 水王爺

古代三大水神之一，掌管民間飲水、農作雨水等，是與水資源有直接相關的神，故受到當時農業社會百姓的崇拜。

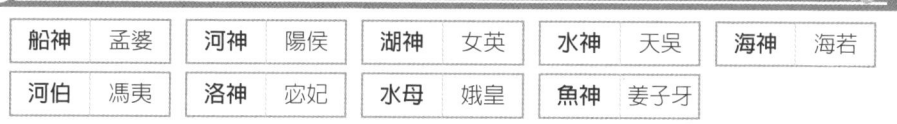

【小常識】

船神	孟婆	河神	陽侯	湖神	女英	水神	天吳	海神	海若
河伯	馮夷	洛神	宓妃	水母	娥皇	魚神	姜子牙		

五 醫藥諸神

① 保生大帝 —— 大道公／妙道真君

宋代吳本（吳眞人），因醫術高明，護佑民眾保命延生，消災賜福，因而受到民間敬崇。奉祀的廟宇被稱爲「慈濟宮」，有虎爺護廟。

② 清水祖師 —— 祖師爺／蓬萊祖師／昭應普濟大師

宋代陳應（麻章上人），施醫濟人，是安溪一帶的保護神。凡逢災難來臨時，會落鼻顯兆，故又稱「落鼻祖師」或「烏面祖師」。祖師廟附近環境通稱「清水巖」。

③ 感天大帝 —— 慈濟真君

許遜（許眞人）精通醫術，有中國「藥神」之稱，神功妙德，淨明大法，爲「淨明道忠孝宗」的開山祖師。

④ 天醫真人 —— 痘神

郭璞（景純）著有《青囊祕行》，專治痘（天花）、疹（麻疹），稱「痘神」。

⑤ 神農大帝 —— 藥王大帝

炎帝又稱「五穀大帝」，他親嚐百草治眾生。

⑥ 藥王 —— 靈貺公

邳彤，古代中藥行業主祀的守護神。

⑦ 華陀仙醫

中醫師的祖師爺，曾幫關公（關雲長）刮骨療傷。

⑧ 神醫

孫思邈，著有《千金方》（爲漢藥祕方的指標書籍）。

⑨ 醫聖 —— 扁鵲（靈應侯）　　**⑩ 藥聖 —— 韋善俊**

六 育兒生產諸神

古代科技不發達，對孕婦生產過程常抱著又驚又喜的態度，尤其是能生出麟子，可謂母以子為貴，地位將大大提升。故不少孕婦皆要虔誠祈求神明護佑，順產生子。

重要的生育之神　碧霞元君　賜胎　　註生娘娘　保胎　　金花夫人　送子
　　　　　　　　臨水夫人　順產　　七娘媽　護嬰

1 碧霞元君 —— 天仙聖母／泰山娘娘

中國古代北方最重要的生育佑兒之神，俗稱「子孫娘娘」。她是東嶽大帝的女兒，故又稱為「泰山娘娘」。她在中國的北方信徒眾多，影響力非常久遠，可比美南方媽祖信仰的狂熱潮，故民間將兩位神祇信仰的流傳盛況稱為「北碧霞、南媽祖」。

碧霞元君

2 註生娘娘 —— 大仙姑

註生娘娘（大仙姑）又稱「雲霄」，是生育之神，尤對祈求子嗣或不孕特別靈驗。她有十二產婆（鳥母）左右脅侍，看護保胎，是其最大特色。

三仙姑　大仙姑「雲霄」，二仙姑「瓊霄」，三仙姑「碧霄」，為西王母的徒弟。手中持有混元金斗（人類投胎前的產盆），受到民間婦女崇拜。

二仙姑　大仙姑　三仙姑
瓊霄　　雲霄　　碧霄

3 金花娘娘 —— 送子娘娘

金花娘娘是廣東地區舊時民間普遍供祀的女神，香火鼎盛。有二十奶娘當其助手，參拜者皆會在各奶娘神前各插一炷香，最後一炷香獻給抱著童子的送子娘娘。

4 臨水夫人 —— 順天聖母／催生娘娘

陳靖姑，是孕婦分娩時的助產守護神，專司安胎、順產。陳靖姑收妖是中國著名的民間神話故事（帶劍斬殺三條毒蛇為民除害），又名「順懿夫人」或「大奶夫人」。

金花娘娘

臨水夫人

三奶夫人 即為大奶陳靖姑、二奶林紗娘、三奶李三娘的合稱。台灣道教教派正一道（天師道）中的「三奶派」，為一主流廣大的教派。

5 七娘媽 —— 七星娘娘（織女）

「七娘媽」即是中國美麗傳說中的「織女」。每年七夕日即七娘媽生日，當日她將與牛郎相會於鵲橋（中國情人節）。她是嬰童的守護神，體弱多病的小孩童常寄附給七娘媽當義子，保護至十六歲成年禮後，才算真正長大成人。

七娘媽

七 除瘟之神

除瘟之神最著名的有代天巡狩（王爺公），另有青山王及五福大帝。

代天巡狩 王爺公

王爺古代稱為「千歲」，著名的代天巡狩，共有五姓王爺：李府、池府、吳府、朱府、范府，合稱「五府千歲」。

五府千歲：李府千歲（李大亮）文武雙全
　　　　　池府千歲（池夢彪）用兵如神
　　　　　吳府千歲（吳孝寬）觀星望斗
　　　　　朱府千歲（朱叔裕）明辨是非
　　　　　范府千歲（范承業）精通醫術

五府千歲專司除瘟解厄。祭祀王爺的儀式，稱為「王醮」；燒王船是祭典的最高潮，代表將瘟疫災厄送走，俗稱「王船祭」。奉祀的廟宇稱為「代天府」。

代天巡狩 李府千歲

王船祭

八 驅邪之神

1 中壇元帥 —— 太子爺

李哪吒是李靖的第三子，俗稱「三太子」（大羅仙），手持乾坤圈，腳踏風火輪，全身為蓮花化身。在《封神榜》及《西遊記》中均為要角，為五營天兵神將的總司令，武藝高強、法力無邊，專司驅邪消災解厄祈福。

中壇元帥（太子爺）

❷ 二郎神 —— 清源妙道真君

楊戩在《封神榜》及《西遊記》中相當活躍，三眼能觀千里，手持長戟，威風凜凜。旁有一隻「哮天犬」隨行，眾妖魔鬼怪聞之喪膽，連孫悟空也曾吃盡該神犬的苦頭。

❸ 法主公 —— 都天聖君

張自觀又稱「張公法主」，他能斬妖除蛇，法力超倫。台灣道士（司公）家裡均會奉祀法主公為祖師神。

九 八仙 —— 八仙過海，各展神通

「八仙」是中國民間信仰中，最受歡迎的吉祥神祇。雖然他們的神位不高（被稱為伴神或半仙），但民間常在結婚喜慶時，大門口正上方披掛上「八仙綵」吉祥布簾，以示好彩頭。

❶ 漢鍾離 —— 鍾離權（和谷子）

八仙之首。在終南山正陽洞修煉成仙，又稱「正陽子」，神號「正陽帝君」。

❷ 李鐵拐 —— 李洪水

有足疾，持鐵拐而行，故稱「李鐵拐」。是古代「丐幫幫會」總幫主（守護神），也是道教全真派宗主。

❸ 呂洞賓 —— 呂岩（純陽子）

在廬山遇火龍真人，學得天循劍法而成仙，是儒、釋、道重要的仙祖。神號特別多，有「孚佑帝君」、「呂仙祖」、「妙道天尊」、「呂恩主公」等，傳奇故事亦不少。

❹ 張果老 —— 張果

騎白驢，有長生祕法及假死遁走術，封號為「通玄先生」。

❺ 曹國舅 —— 曹友

宋太后之弟，故稱「國舅」。他本性善良仁慈，棄官捐財，濟貧救世，最後得道成仙。

311

⑥ 藍采和 ── 陳陶

稚童臉，常穿藍色破衫，光腳，故稱「藍采和」。在長安賣花，酒醉後騎乘一隻白鶴西飛而成仙。

⑦ 韓湘子 ── 韓清夫

韓愈的姪子，落魄不羈，雲遊四方，行俠好義，屍解而成道。

⑧ 何仙姑 ── 何瓊

八仙中唯一女性，食桃不飢而成仙。手持荷花，表示不染塵世恩怨情仇，能轉禍成福。

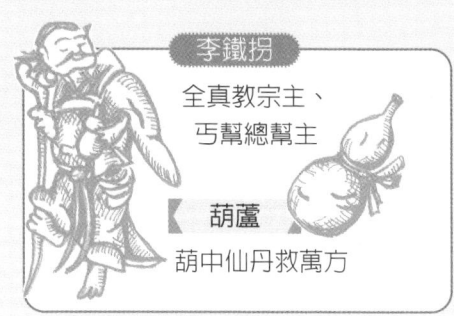

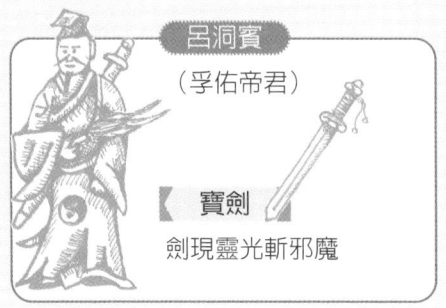

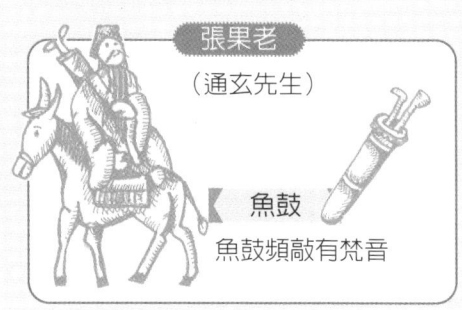

八仙過海・各顯神通

漢鍾離	李鐵拐
（正陽帝君）	全真教宗主、丐幫總幫主
寶扇	葫蘆
輕搖小扇樂陶然	葫中仙丹救萬方

呂洞賓	張果老
（孚佑帝君）	（通玄先生）
寶劍	魚鼓
劍現靈光斬邪魔	魚鼓頻敲有梵音

曹國舅（宋朝大國舅）
陰陽板　玉版和聲萬籟清

藍朵和（神顚赤腳大仙）
花籃　花籃內蓄無凡品

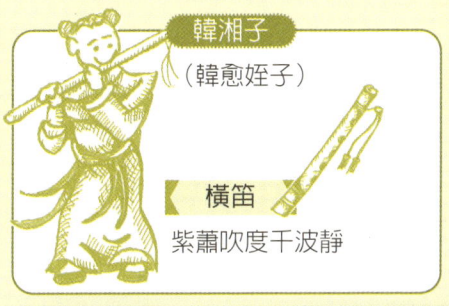

韓湘子（韓愈姪子）
橫笛　紫簫吹度千波靜

何仙姑　八仙中唯一女性
荷花　手執荷花不染塵

【小常識】 各行業代表之神

陶神	陶玉（寧封子／五嶽丈人）	瓷神	童賓	窯神	雷祥	獄神	皋陶
床神	周文王	廁神	紫姑	蠶神	嫘祖	染布神	梅葛二聖（梅福、葛洪）
蝗神	劉猛（驅蝗之神）	花神	女夷	食神	易牙	酒神	杜康
酒仙	儀狄	茶神	陸羽	筆神	蒙怡	字神	倉頡	匠神	魯班
樂神	伶倫	詩仙	李白	詩聖	杜甫	月神	嫦娥	雪神	青女
霜神	滕天	嬰神	項托	壽神	麻姑	畫神	王維	草神	李時珍

✚ 民間俗神

1 德天大帝 —— 大帝爺（大師公）

春秋時人林放。爲孔子七十二弟子之一，又稱「敵天大帝」，專佑旅途平安。

2 岳武穆王

宋朝岳飛。在明朝時，是道教主神之一，清朝時改由關公取而代之。

岳飛

313

❸ 護國尊王 —— 顯濟靈王 謝安　　❹ 九天聖帝 —— 李牧

❺ 飛將軍 —— 李廣　　❻ 三忠公 —— 宋朝文天祥、張世傑、陸秀夫

❼ 汾陽王 —— 郭令公 —— 唐朝郭子儀

❽ 四知公 —— 關西夫子

楊震（楊氏宗祖）。「天知、地知、你知、我知」合稱為「四知」。

❾ 諸葛武侯 —— 臥龍生

孔明。被唐昭宗封為「武靈王」，是漢末謀略家。

❿ 開山聖侯 —— 大伯爺

王光（介子椎）。事母至孝，為人公正，是古代發誓辯解的「公親神」。

⓫ 田都元帥 —— 相公爺

雷海青。是南管樂的祖師，專長音樂、演戲（他是野台戲開演前所祭祀的神祇）。

⓬ 西秦王爺 —— 黎園祖師

唐朝李隆基（唐明皇）。又稱「老郎神」，是北管樂的祖師爺。戲班後台均會奉祀「黎園神」，戲曲演員則稱為「黎園弟子」。

十 祖師元神

❶ 華夏元神 —— 軒轅大帝

黃帝。相傳為中華民族的始祖。姓「姬」，又稱「有熊氏」，是軒轅教的主神，其妻為嫘祖。

❷ 神農大帝 —— 五穀大帝

炎帝（仙帝爺）。地位崇高，自古中華民族自稱為「炎黃子孫」（即炎帝與黃帝的後代）。炎帝姓「姜」，教民耕種，親嚐百草，始有醫藥；故稱「神農氏」或「五穀王」（五穀大帝）及「開天炎帝」等。

③ 伏羲大帝 —— 八卦祖師

太昊，姓「風」，相傳八卦是他所發明。他還作書契，以結繩為政，始有中華文化傳承，與黃帝、炎帝合稱為「三皇」。

④ 古玄祖師 —— 廣成子　是黃帝問道的老師。

⑤ 開天大帝 —— 盤谷　盤古開天，萬物始祖。

⑥ 黃老術之祖 —— 安期生（千歲公）

⑦ 房中術之祖 —— 容成子　他能棄老返童。

⑧ 玄學始祖 —— 鬼谷子

王詡。其徒弟孫臏與龐涓為「兵法家」，蘇秦、張儀為「縱橫家」。

⑨ 易學始祖 —— 扶搖子

陳摶（圖南）。又稱「希夷真人」，睡功天下第一奇。

⑩ 麻衣道人 —— 相士爺	⑪ 至聖先師 —— 孔子（孔丘）
⑫ 創字先師 —— 倉頡	⑬ 巧聖先師 —— 魯班
⑭ 神畫祖師 —— 吳道子	⑮ 造筆祖師 —— 蒙恬
⑯ 蔡侯祖師 —— 蔡倫（造紙）	⑰ 堪輿祖師 —— 楊筠松
⑱ 太極真祖 —— 劉安	

⑲ 太極仙翁 —— 葛玄（古代神仙之首，道教宗主）

十二　道教真人

「真人」指對道學有成就的聖人。

① 道教三大論師 —— 葛洪、陶弘景、寇謙之

道教三大論師	小葛仙翁	晉，**葛洪**（抱朴子）、葛玄（太極仙翁）之孫 • 道教神學奠基人，著作《神仙觀》
	華陽真人	南朝，**陶弘景**，茅山派第九代傳人 • 道教理論家，著作《真靈位業觀》
	太平真君	北魏，**寇謙之**，新天師道教主 • 道教改革家，著作《仙界觀》

❷ 清虛真人 —— 王褒 著作《洞玄經》。

❸ 龍火真人 —— 魏伯陽 著作《龍虎經》，又稱《丹經王》。

❹ 陰陽真人 —— 郭璞 著作《山海經》，妙於曆算、風水

❺ 洞玄真人 —— 張三豐
創太極拳，修煉於武當山，創立武當派。因不修邊幅，又稱「張邋遢」，「南武當，北少林；一道一僧，顯赫武林」。

❻ 薩真人 —— 薩守堅 雲遊四方，遍濟救度。道學弟子眾多，傳奇故事亦不少，神號「崇思眞君」。

❼ 重陽真人 —— 王重陽 全眞道教主，其七大弟子將全眞道推向道教重要的主流教派。

❽ 長春真人 —— 丘處機（丘真人）
是全眞道龍門派的祖師爺，曾受成吉思汗拜爲國師，其一語止殺（一句話讓萬人免死），永遠受到後世歌頌。北京「白雲觀」是紀念他的道場。

❾ 太公望 —— 姜太公 爲《封神榜》中的主角，專司鎭邪壓煞。民間流傳「太公在此，百無禁忌」。

❿ 達觀真人 —— 林靈素 道教方術祖師。

⓫ 張天師 —— 張道陵
道教創始人，也是南宗正一道（天師道）的教主。擅長持符誦咒，法術高深。他最利害的一點是奉老子（太上老君）爲道教元祖，以《道德經》爲傳承道統，使道教向外發展有所內涵。其繼承傳人延續幾千年，目前正統道宗傳主，人在台灣。

⓬ 黃大仙 —— 赤松子
黃初平，浙江金華人，能「叱石成羊」，是香江（香港）第一神。香港的黃大仙廟中外馳名，香火鼎盛，所祈求範圍極廣，可說是位「全能之神」。

⑬ 三茅真君 —— 茅山派三位祖師爺（佑聖真君）
茅盈、茅固、茅衷三兄弟創立「茅山派」（茅山符咒，出了名的靈驗）。

十三　道教護法神 —— 靈官／恩主公

靈官 保護道觀的元帥稱為「靈官」，道教請神作法儀式，均會祀請靈官坐鎮壓煞，道教經典最後一頁必會印製上靈官圖像（大部分為王靈官）。

五大靈官				
	王靈官	隆恩真君	王善	雷部誅邪神將
	關靈官	伏魔大帝	關雲長	天界將帥之尊
	馬靈官	華光真君	馬華光	火部兵馬大帥
	趙靈官	玄壇元帥	趙公明	武財神寒丹爺
	溫靈官	威靈元帥	溫瓊	冥界鬼將之首

恩主公 主持鸞堂的人，所奉祀的救世主。奉祀恩主公的教派以「儒教」為主。

五大恩主公

隆恩真君：王善（王靈官）　　**孚佑帝君**：呂洞賓（呂仙祖）
關聖帝君：關雲長（關公）　　**臥龍聖祖**：孔明（諸葛侯）
司命真君：張單（灶神）

十四　地方守護神

① 漳州 —— 開漳聖王（威惠聖王／廣濟王）
陳元光（永華）有輔順、輔義、輔顯、輔信四部將軍脅侍，為漳州地方神及陳氏的保護神。

② 泉州 —— 廣澤尊王（保安尊王／聖王公）
郭洪福，其特徵為童稚臉，一腳打坐（因十六歲成道，垂足而逝）。

③ 惠安 ── 靈安尊王（青山王）

張滾，專司除瘟疫，台北艋舺最大盛事，即迎青山王的民俗祭典。

④ 安溪 ── 廣惠尊王（顯應大師／王公）

黃水車，專司賜雨祈福，安溪人又稱他為「普濟祖師」。

⑤ 福州 ── 五福大帝（五顯大帝／五靈公）

至福州應考的五位書生，因治癒當地的瘟疫，而被視為「瘟神」。其最大特徵為黑色符令旗，據說可避邪、除疫、轉運。

⑥ 潮州 ── 三山國王

旅居各地客家莊的守護神。「三山」是指明山、巾山、獨山，三位山神。

三山國王	巾山	大王	連傑（清化）	威德報王
	明山	二王	趙軒（助政）	明肅寧王
	獨山	三王	喬俊（惠威）	弘應豐王

⑦ 安平 ── 開台聖王（國姓爺）

鄭成功，明末時轉戰台灣，驅逐荷蘭人。他開墾台江，建設台海，亦稱「延平郡王」。

⑧ 光州 ── 三大農業守護神

保儀尊王	尪公	許遠（專司驅蟲保苗）
保儀大夫	大使公／英濟王	張巡（除蝗害）
雷虎大將	武安尊王	雷萬春（騎虎王）

⑨ 汀州 ── 定光古佛 鄭自嚴

十五 中國門神

為了安家鎮宅，不論是民宅或官邸或寺廟之門，皆有貼、繪門神的習俗，且歷史悠久，象徵安居樂業。

❶ 中國最早的門神，為黃帝的衛士

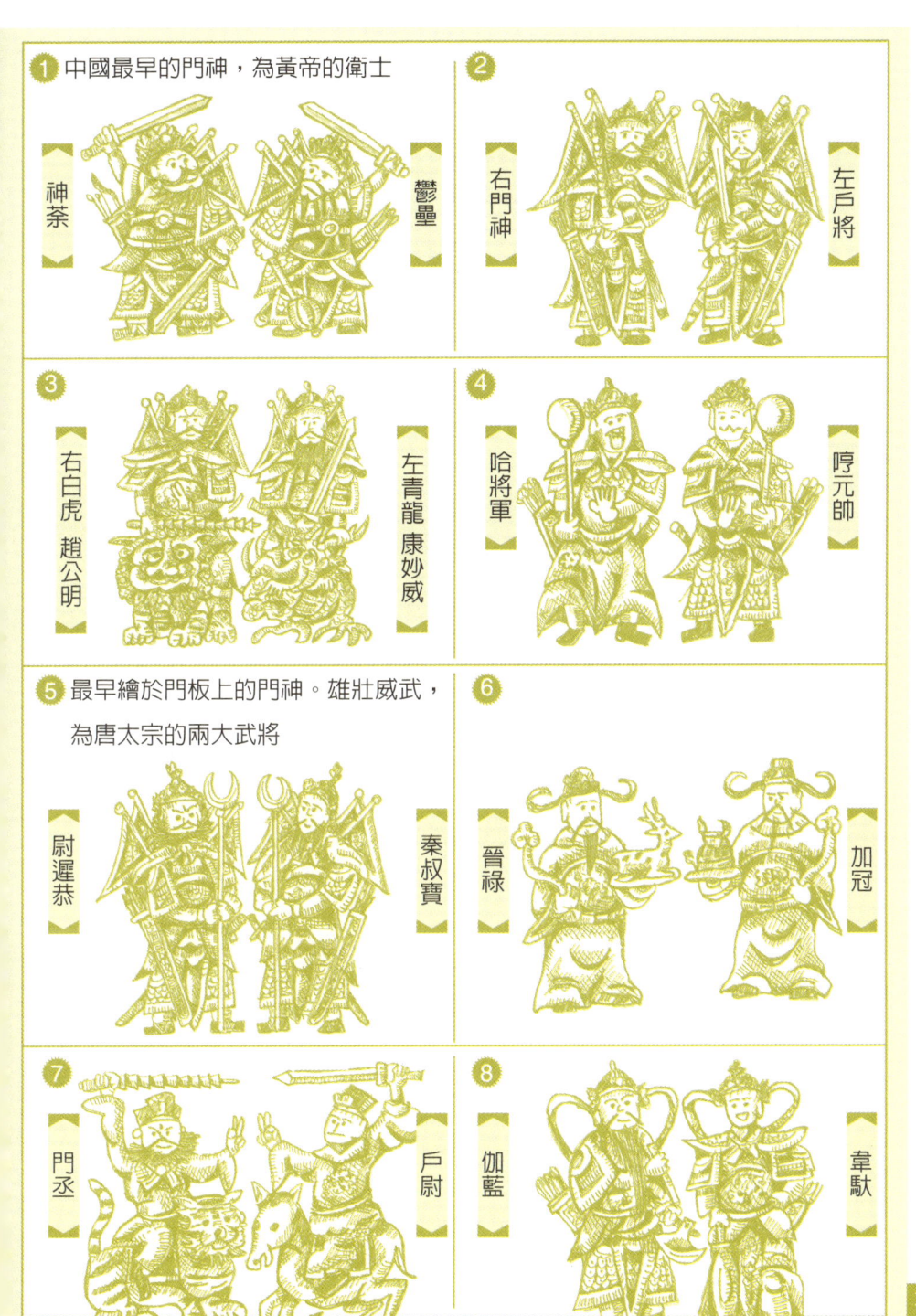

神荼　鬱壘

❷ 右門神　左戶將

❸ 右白虎 趙公明　左青龍 康妙威

❹ 哈將軍　哼元帥

❺ 最早繪於門板上的門神。雄壯威武，為唐太宗的兩大武將

尉遲恭　秦叔寶

❻ 晉祿　加冠

❼ 門丞　戶尉

❽ 伽藍　韋馱

十六 中國財神

① 武財神 —— 玄壇元帥／寒丹爺 趙公明

騎黑虎,手持硬鞭,受張天師之命守護玄壇,故稱「玄壇元帥」或「黑虎元帥」,常濟助貧弱,主持正義。相傳他非常怕冷,因此在上元(元月十五)遊境時,民眾常以爆竹投其身供他取暖,俗稱「炮轟寒丹爺」(炸寒丹)。

② 文財神 —— 陶朱公 范蠡(少伯)

棄官從商,精於理財,福運亨通、金玉滿堂,對功名利祿看穿淡薄,廣發錢財、救濟貧困及行善之人,被民間封為文財神。

③ 五路財神

中國農曆新年(元月初一),商家通常會張貼五路財神吉祥畫,來祈求財運亨通、廣進錢利。五路財神為:玄壇元帥 —— 趙光明,招寶天尊 —— 蕭升,納珍天尊 —— 曹寶,招財使者 —— 陳九公,利市仙官 —— 姚少司。

④ 托塔天王 —— 降魔元帥／毗沙門天

李靖(哪吒之父)手持寶塔,被封為「降魔元帥」,為玉皇大帝的重臣。他會成為財神,主要是佛、道合一的結果。李天王被附會成佛教的四大天王之一的毗沙門天(多聞天),他是佛國最重要的理財之神,故成為著名的財神。

⑤ 海蟾子 —— 劉海蟾

劉操,道號「海蟾子」,故稱「劉海蟾」。「劉海戲金蟾,步步釣金錢」,劉海與金蟾是中國傳統年畫中的吉祥圖像。

(**三腳金蟾**) 癩蛤蟆是種令人噁心的動物,但三腳金蟾卻是讓人喜愛,相傳牠能咬錢給主人,故成為聚財象徵物。其最大特色有: ① 三隻

腳 ② 全身金色 ③ 背後有七星陣 ④ 紅眼 ⑤ 腳踩七枚古銅錢 ⑥ 口含錢幣（一定要古錢）。

⑥ 福祿壽三星 ── 三仙拱月

台灣廟宇前殿，如果屋脊上方立有三仙像，就是代表這間廟宇是葷廟（有殺生祭祀禮）。

三仙	福神	天官賜福	石崇（家財萬貫）
	祿神	加官晉祿	張仙（百子千孫）
	壽神	長命安健	彭祖（歲壽八百）

祿　福　壽

三仙拱月

十七　幽界眾神

幽界又稱「冥府」或「陰間」。

① 地藏王菩薩 ── 幽冥教主

金喬覺，為新羅王子，於九華山修行成道，被釋尊封為「冥界教主」，是冥府（陰間）最高主宰主神。騎乘一隻專門除惡的「地獍」，由閔公及道明左右相侍。

地藏王菩薩

地獍

② 東嶽大帝 ── 泰山府君

東嶽即泰山（為中國五嶽之首）地位崇高，故又稱「泰山府君」。他是道教冥府的最高中央主神，有陰司十六太保部將護衛，其第三子為「至聖炳靈公」，小女兒為北方第一女神「碧霞元君」。

③ 酆都大帝 ── 炎帝

酆都古稱「地府」或「鬼城」，管轄十殿閻王、陰曹各部，是地獄的最高中央神。

④ 城隍爺 ── 威靈公

城市土地的守護神，負責陰間司法，常出巡暗訪，收妖除魔，懲惡勸善。儀仗隊陣頭前高舉「肅靜」、「迴避」，由八家將開道。其陰曹司法糾察隊組織龐大，個個大有來頭。

⑤ 閻羅王 ── 夜摩神

十八層地獄冥主，牛頭馬面左右相侍。

⑥ 伏魔公 —— 鬼王

鍾馗，行遍天下，斬妖除魔，因他喜食鬼，故被稱為「鬼王」。受到民間的敬崇，人們過年過節時，常將他的畫像張貼於門前，以求驅魔鎮邪，闔家平安。鍾馗嫁妹的故事，亦家喻戶曉。

鍾馗　崔府君

⑦ 護國顯應公 —— 崔府君

崔子玉，為陰曹首席判官，掌人間善惡禍福，南宋時代靖康之變曾以「泥馬渡康王」，被敕封為「齊聖廣佑王」。

馬面　牛頭　　賞善　罰惡　　日遊　夜巡　　白無常
黑無常

八家將　七星步踏四門

四將軍	捉拿	范將軍	刑罰	甘將軍
		謝將軍		柳將軍
四帝君	拷問	春 何將軍	夏 張將軍	
		秋 徐將軍	冬 曹將軍	

武判官 龐元志　文判官 康子典

黑無常	白無常
八爺	七爺
范無救	謝必安
天下太平	一見大吉

八家將

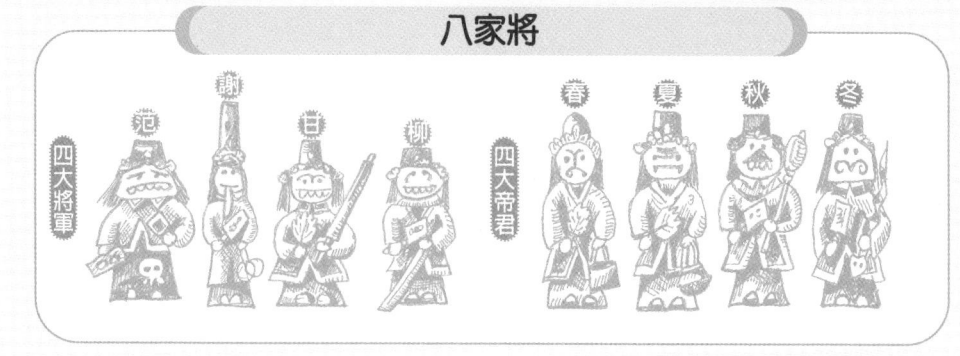

四大將軍　謝　范　白　柳
四大帝君　春　夏　秋　冬

⑧ 城隍陰曹六部司及陰帥鬼將群

六部司 陰陽司、功德司、速報司、糾察司、賞善司、罰惡司

⑨ 十殿閻王 ── 陰曹府君

又稱「十八層地獄主」。人死後，都會先到陰陽界（鬼門關）交簿廳報到，後由陰差將亡魂押解，走過奈何橋到達第一殿宣判委案。生前行善者，由賞善司保送西方極樂世界（天堂）；生前使惡者，則由罰惡司陰卒丟入奈何橋下蛇坑，接受十八層地獄之苦，並按其在世間上的罪惡情節，受到不同的殘酷刑罰，最後到第十殿核級轉胎六道。

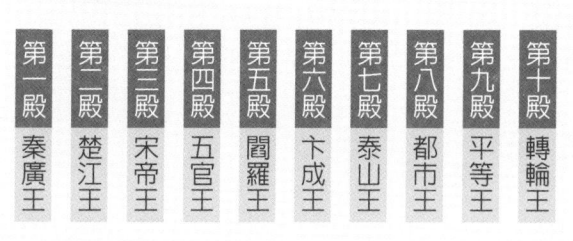

第一殿	第二殿	第三殿	第四殿	第五殿	第六殿	第七殿	第八殿	第九殿	第十殿
秦廣王	楚江王	宋帝王	五官王	閻羅王	卞成王	泰山王	都市王	平等王	轉輪王

陰曹地府

十八層地獄

第一層 割舌地獄	說謊、欺詐、拐騙
第二層 剪刀地獄	人口販子
第三層 吊鐵樹地獄	挑撥是非
第四層 孽鏡台地獄	陷害別人
第五層 落蒸地獄	誣告
第六層 銅柱地獄	殺人放火
第七層 劍山地獄	殺生不仁
第八層 寒冰地獄	通姦淫蕩
第九層 油鼎地獄	掠佔錢財
第十層 牛坑地獄	欺侮動物
第十一層 石壓地獄	不慈凶狠
第十二層 舂臼地獄	糟蹋糧食
第十三層 落磨地獄	小偷搶盜
第十四層 浸血池地獄	不孝不義（池頭夫人、血河將軍為浸血池之主）
第十五層 枉死城地獄	自殺
第十六層 木碡地獄	盜墓掘墳
第十七層 火山地獄	貪汙
第十八層 刀鋸地獄	暴匪惡徒

★第十八層地獄是所有地獄中最黑暗、最恐怖的一座，又稱「阿鼻地獄」。

道教

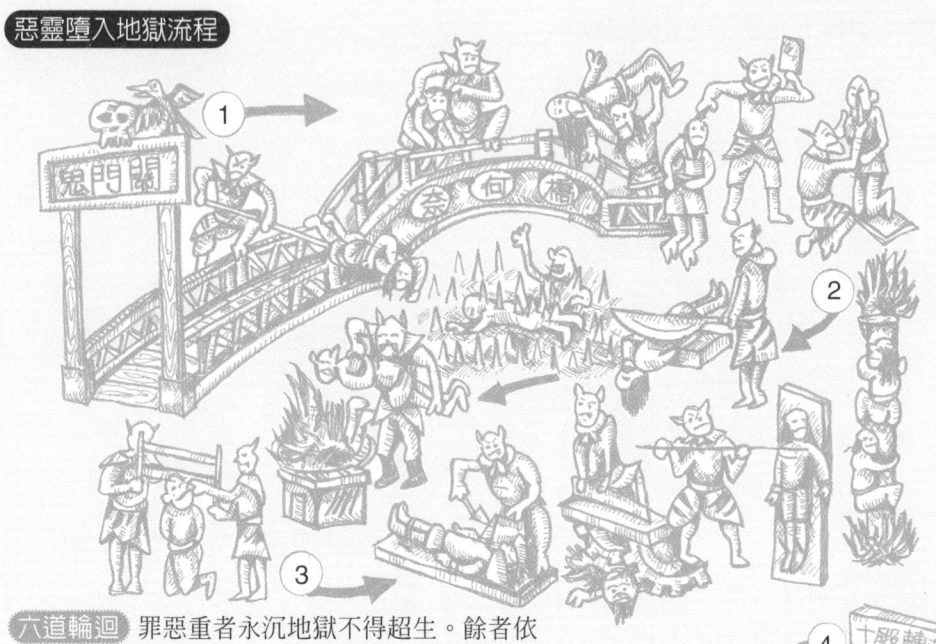

惡靈墮入地獄流程

六道輪迴 罪惡重者永沉地獄不得超生。餘者依其善惡，喝下迷魂湯，即能投胎轉世到六種不同等級的未來。

孟婆湯 專供鬼魂喝「迷魂湯」，忘記前生，投胎轉世，又稱「孟婆湯」。

【小常識】 做七

中國人認為死後七七四十九天會託生，故要「做七」來報答父母之恩。道教除了做七外，另要做旬、做百日、對年、做三年。
① 頭七 ── 孤哀子負責
② 二七 ── 媳婦負責
③ 三七 ── 出嫁女兒負責
④ 四七 ── 姪女負責
⑤ 五七 ── 出嫁孫女負責
⑥ 六七 ── 出嫁姪孫女負責
⑦ 滿七 ── 孤哀子負責
　　　（從死亡到轉世，需歷時三年）

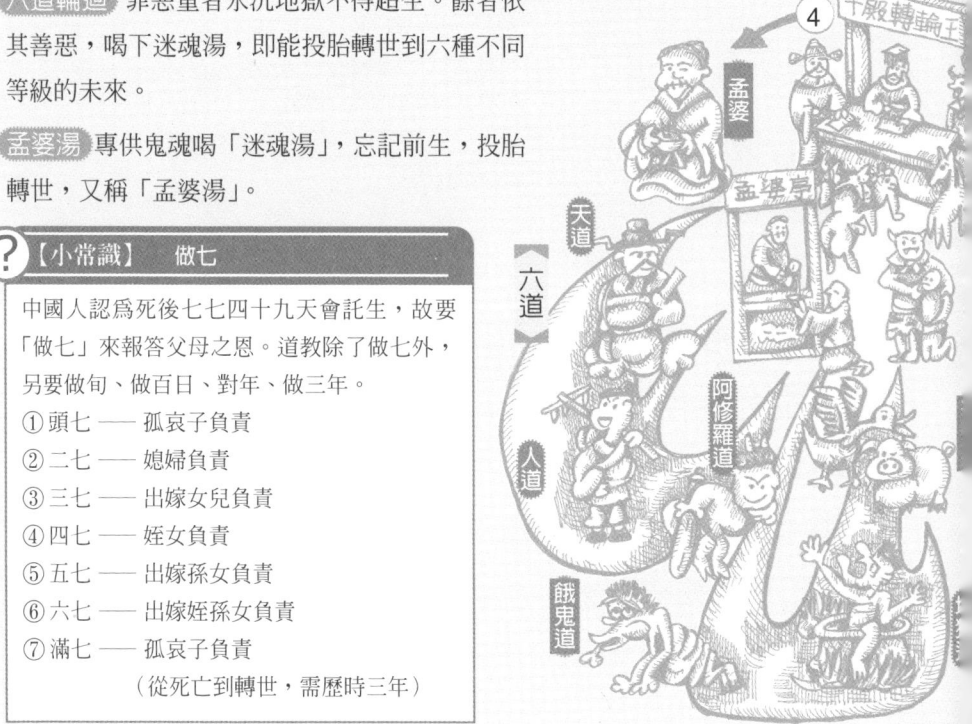

十八　陰神

即孤魂亡靈。中國人有入土為安的思想（全屍下葬），如遇有枯骨殘骸，均會代其安葬享冥。

① 義民爺　義勇公　褒忠公
清代客家子弟，保鄉衛民、赴義捐軀的義民。

② 有應公　萬善公　大眾爺　萬應公　萬姓公　大有公
無主屍骨集體合葬的萬人塚（如著名的十八王公）。

③ 大墓公　金斗公　百姓公　安土公　聖公媽
無主枯骨。

④ 將軍爺　大王公　恩烈公　大營公
死於戰爭的軍人。

⑤ 普渡公　靈應公　老大公　大基公
死於保郊械鬥。

華南墓碑

十九　土地神

大地的守護神。

① 地基子 ── 宅基神　保護居家。

② 境主公 ── 廟神　保護廟院。

③ 福德正神 ── 土地公

張福德，為鄉里的守護神，是中國民間最廣泛信仰的家神。專司五穀豐收，人畜興旺，是最典型的地方神明。

土地公　土地婆
福德正神　后土

【小常識】　捉鬼大師 ── 鍾馗（斬妖、鎮宅、除邪、驅凶）

人怕鬼，鬼最怕鍾馗。唐玄宗請吳道子畫鍾馗像，讓百姓貼於家門口，據說可驅邪避凶，廣為流傳。「鍾馗捉鬼」、「鍾馗斬妖」、「鍾馗出行」均顯示出其本事；「鍾馗嫁妹」（嫁魅），意為禮送出門，達到驅鬼之願。

牙祭 古代買賣交易時間，規定在每月朔日（初二）及望日（十六），集合一次互換商品貨物，稱為「互市」。為了祈求生意興隆，都會先祭拜土地公，以示尊敬此地守護神，並祈賜大發利市；等所有交易結束後，再宴請夥計及幫傭，酬謝大家的辛勞，此稱為「牙祭」。每年農曆二月初二為「頭牙日」，十二月十六日為「尾牙日」，當天會盛大舉行宴客，俗稱「打牙祭」。現今已成為公司行號的年度重要聚會。

4 后土娘娘 —— 地母

后土娘娘在古代為總管土地的大神（天上有天公，地下有地母，合稱「皇天后土」）。她能與玉皇大帝上下對應，可見她的地位非凡。她同時也是古代皇帝敬天祭地時所朝拜的四方大神，道教稱「三清四御」。

四御神 昊天金闕玉皇大帝、中天紫微北極太皇大帝、勾陳上宮南極長生大帝、承天救法后土。

【小常識】　人們對「鳳凰」的誤解

龍為神靈之精，鳳乃百鳥之王。「鳳」為雄，「凰」為雌。「鳳凰雙飛」代表恩愛夫妻，好事成雙，然而我們常用「龍鳳配」來形容「男女配」，這是錯誤的說法，應當說成「龍鳳呈祥，鳳凰雙飛」。

【小常識】　道教死亡（往生）後的流程

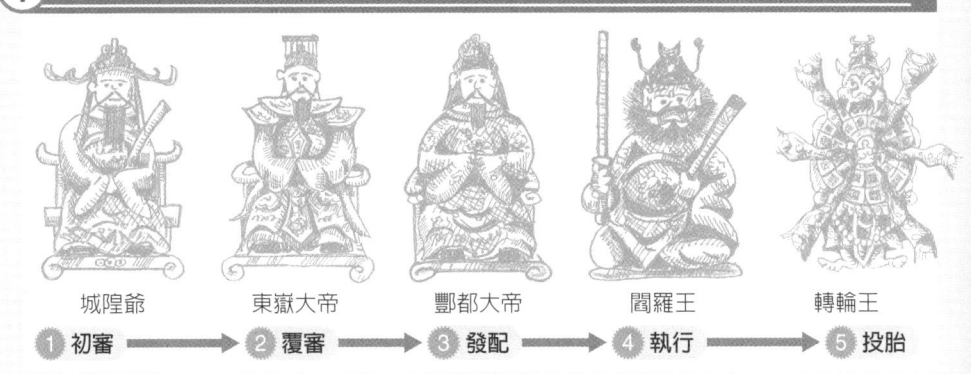

城隍爺	東嶽大帝	酆都大帝	閻羅王	轉輪王
❶ 初審	❷ 覆審	❸ 發配	❹ 執行	❺ 投胎

【小常識】 拜拜的禮儀及禁忌須知

一 廟宇的規模

依大小可分為宮、廟、殿（上帝公）、壇（官廟）、祠（文廟）、觀（道觀）、堂（素廟）。

二 廟宇的佈局

單殿（口型）、雙殿（日型）、多殿（目型）。

- 前殿（三川殿）、主殿（正殿）、後殿（祀殿）、旁殿、支殿。
- 各殿屋頂正脊中央飾物，通常會以雙龍護珠、雙龍護塔、雙龍拜三仙為主，如果前殿（三川殿）屋頂正脊飾物為福、祿、壽三仙像，即表示此廟為葷廟（祭祀典禮以牲口作供品）。

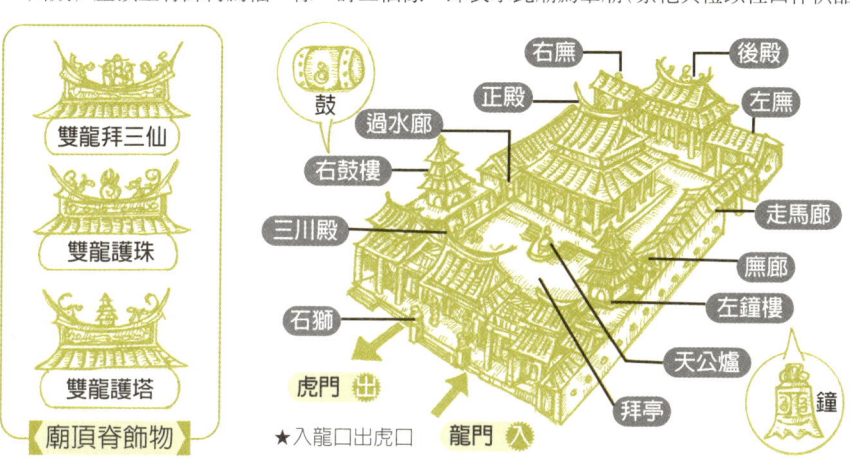

雙龍拜三仙
雙龍護珠
雙龍護塔
廟頂脊飾物

鼓
右廡
後殿
正殿
左廡
過水廊
右鼓樓
走馬廊
三川殿
廡廊
左鐘樓
石獅
天公爐
虎門 出
鐘
拜亭
龍門 入
★入龍口出虎口

三 廟宇的配置

①中國人對左右方位有強烈的區隔感，常認為左尊右卑、左陽右陰、左文右武、左鐘右鼓、左青龍右白虎等。

②龍怕臭，虎怕吵（故廟所大多設在右方虎位，而販賣香火供品的商家大部設在左方龍位，以避開上述忌諱）。

③左鐘右鼓（寺廟以暮鼓晨鐘，來通知作息）。

例外 一般人皆知左青龍、右白虎的道理，然而在高雄春秋閣蓮池潭的龍虎塔則剛好相反，「虎在左，龍在右」。因為左邊是山，右邊為潭，故採自然定律，虎靠山，龍近水（免於虎困水，龍困山）。

高雄蓮池潭
相反
虎左龍右

327

四 護廟石獅

　　佛寺的石獅均呈威猛端坐相，而廟宇的石獅均為仰首對笑逗趣狀。台灣沿續華南獅造型，其特徵為鼻大（好鼻獅）、嘴大（含球）、仰首騰坐，左獅為雄，腳踏寶球，拉銅錢線；右獅為雌，腳戲幼獅玩耍。

五 拜拜的種類

　　方式繁多，主要分為三種：跪叩拜（三跪九叩）、徒手拜（合掌）以及持香拜。

六 拜拜的禮儀

　　道教的禮儀不多，禁忌可不少。

① 熄滅香火不可用嘴吹熄或用手煽熄，正確的方式是要用上下揮動，自然熄火（自然風熄）。
② 掉落在地面之香，不可撿起再用（已汙損）。
③ 插香時男生用左手，女生用右手來插。
④ 拜拜時，香頭要超過眼睛（香港人則習慣將香頭超過頭頂）。
⑤ 祭桌祀台左置金罄，右放木魚，中間為淨爐，主香爐高度不得超過神明腰部。

七 拜拜的順序

　　先從廟亭天公先拜（朝外）➡ 正殿主神➡ 左邊挾神➡ 右邊挾神➡ 後殿從祀神➡ 支殿。

八 拜拜的祭品供物

① 四果：通常指的是四時水果，而不是四種水果。忌用蕃石榴（芭樂）、蕃茄，以上因多子不消化，食後排泄落地仍可發芽，被視為不潔之物，故有人稱芭樂為「狗屎拔拉」。
② 三牲：豬、雞（全雞）、魚（含鱗）。忌用無鱗之魚、如鰻魚、鱔魚等（因其尾巴細小，如同絕後），又有無鱗不稱魚之說。

總結 道教應算是全世界宗教中，神明最多、最繁雜的宗教之一。凡是像日、月、星、雲、風、火、雷、電、山、海、樹、石、豬、狗、貓、牛等皆可成為膜拜對象，然而，道教也可說是全世界宗教中禮儀最簡單的宗教，信徒無須去瞭解經儀典冊，也不必固定時間去禮拜聽示，只要覺得自己高興或不如意時，即可到廟宇燒香拜神，求心安；怎樣拜，如何拜，也沒有一個準則（心誠歡喜就好）。

第二十五章
中國民間宗教

何謂民間宗教
　　即流傳於民間，而被政府查禁的宗教組織，又稱「祕密宗教」。

中國三大民間宗教　摩尼教、白雲宗、白蓮教
　　宋代時期，此三教被朝廷以壞亂正法、妖妄惑眾、佯修善事、僧俗難辨、合黨連群、男女混居、夜聚曉散、喫菜事魔等罪名，被依附成旁門左道、大逆異端的邪教，而被大加撻伐查禁，因而消失殆盡。

禁絕原因 古代歷朝當權者，深知民間宗教具有創造預言和煽動造反的強大威力，對政治是一股潛在的威脅，對社會則是動盪不安的禍源，故加以限制取締，甚至不惜鎮壓屠殺。

祕密流傳 因當時勞動階層為社會基本群眾，世世代代深受封建統治者的剝削欺壓，因而幻想藉助神靈的庇護，得到精神解脫。對廣大貧苦的農工群眾，深具吸引力，故逐漸轉為地下化祕密宗教組織團體，得以繼續流傳擴展。

教派林立繁雜 民間宗教被嚴禁後，信士以「化七萬之緇流，修十六之妙觀」為信條開始流傳於鄉村城鎮間，並「隨方勸化，傳教授徒，廣集道友，大開法施」，因在民間歷久彌新的經營，拉幫結派，故演變成支派林立、組織繁雜的宗會團體。

民間宗教的主要信仰

1 真空家鄉
　　即豐樂安居的淨土生活，又稱「千年福國」。

2 無生老母

即最高權威至尊的天帝,又稱「無極老祖」。

3 三乘教法／三期末劫
- 上乘青陽劫 燃燈佛掌天盤
- 中乘紅陽劫 釋迦牟尼佛掌天盤
- 下乘白陽劫 彌勒佛掌天盤

4 三陽劫變

紅陽劫盡,白陽當興,彌勒下凡,明王出世。

5 三教合一

即儒、釋、道三教(三教之說,其義一同)。道冠儒履釋袈裟,儒門釋戶道相通,紅蓮白藕織荷葉,三教原本是一家。

第一節　中國三大民間宗教

一 摩尼教(明教或明尊教)　教義 明暗二元論。

起源 創立於西元240年,唐朝武則天年間傳入中國,史稱「明教」。十世紀後開始式微,現已完全絕跡。

創始人 摩尼(波斯人)　**教主** 摩尼光佛(大明尊)

經典 《摩尼經》

信念 吸收祆教思想為基礎,同樣傳揚善、惡二元論(即光明與黑暗的對立),因常幫助窮人,故對貧困勞苦的民眾相當有吸引力。

教規 吃素、禁酒、禁欲及幫助窮人,教徒穿白衣、戴白冠。

葬祀 死者必須裸葬(表示生不帶來,死不帶去)。

敬語 又稱「勸念」(清淨光明,大力智慧,無上至真,摩尼光佛)。

二 白雲宗（白雲教） 教義 三教合一。

創始人 宋・孔清覺（孔子第五十二代後裔）

起源 原為佛教華嚴宗支派，創立於杭州靈隱寺後山的白雲庵，故稱「白雲宗」。

教規 不事葷酒，不娶妻小，躬耕自給為宗旨（因被正統佛教宗派斥其為離經叛道，被歸附為邪偽教派），信徒被稱為「道民」。

三 白蓮教 教義 悟自性彌陀，達唯心淨土。

創始人 宋・茅子元，乳名：佛來，號：萬事休，法名：慈照（曾被宋高宗賜封號為「白蓮導師慈照宗祖」而風光一時）。

起源 原為佛教淨土宗，以西方淨土白蓮池為理想歸宿，故稱「白蓮教」。

教規 戒殺、忌葷酒、茹素念佛，被稱「白蓮菜」；信徒不必剃髮，在家修行，可娶妻生子，過著半僧半俗的在家出家信士，俗稱「白衣」，另被稱為「普化在家清信士」。

四大信念 自信、自行、自修、自度（信徒以「普、覺、妙、道」為定名輩分）

白蓮教兩大信仰中心 發祥地：廬山東林寺。宗基地：昆山淀山湖普光王寺。

第二節　九大民間宗教支派

當今現存的民間宗教支派，大部分源於白蓮教支流。依偈曰：「東林寺裡遠公家，蓮社因由起自他，識得根源明祖意，千枝萬葉盡開花。」因為綻放群花，故發展快速、普及全國，盛況空前，可謂屢剿不衰，愈禁愈盛。

一 齋教（吃菜教）

佛教臨濟宗的一支，信徒不必出家、不穿僧衣、不剃髮，和一般俗人同營生業，但必須嚴守戒規，常年茹素。由於修行不在寺廟，被稱「在家佛教」或「居士佛教」，齋堂俗稱「菜堂」，信徒被稱「吃菜人」或「菜友」。

信念 齋教深受禪宗的「心性本悟」及淨土宗的「往生淨土」所影響。強調：心禪行淨，朝禪暮淨。

三大別派 龍華、金鐘、先天

二 羅教（羅祖教／無為教）

教義「眞空家鄉，無生老母」八字訣。

創始人 明・羅清（羅夢鴻），法號「悟空祖師」，又稱「無爲居士」。

教條 不供佛像，不作佛事，不住寺廟，主張「逢世救劫，因時變遷」。因流傳甚廣，蹤跡詭祕，被視爲「邪派」。

特色 以禪宗初祖達摩爲宗師，最高神祇爲「無生老母」。強調：三教共成一理。

信念「生可以托足，死可以埋骨」，是一個以互助互濟爲宗旨的信仰團體，成員以漕運水手的清洪兩幫子弟爲主幹。

支派

1 老官齋教

由姚文宇創立，自稱是羅祖轉世而生，著有《三世因由》一書，總教首稱爲「總敕」，由姚氏子弟世襲。

2 真空教（空道教）

由廖帝聘創立，強調真心跪拜、向空靜坐、接清化濁、其病自療的心理療法。

3 糍粑教

由潘千乘創立。因教眾吃齋念佛，昏夜跪地誦經，供奉羅祖像，點燭供糍粑，故稱爲「糍粑教」。

三 黃天教（皇天教）

創始人 李智堅（李賓），道號「普明」，自稱「當陽佛」。

信念 煉丹修身，追求長生不老為宗旨。

特徵 外佛內道，傳授三寶，倡男女平等，夫妻同修，共澈悟道，稱為「二道」。

支派 長生教

汪普善創立，道號「長生」，主要活動區在江、浙一帶。各教區設齋堂，主持人稱為「齋公」。

四 弘陽教（紅陽教）

創始人 韓太湖創立，又稱為「飄高祖」。

信念 以行醫治病、扶貧為主，受廣大貧民及婦孺群眾的歡迎。

教主 崇奉太上老君（又稱為混元真老祖或弘陽老祖）。

強調 「先有不動虛空，後有一祖出世」。

支派

1. 青陽教

   由趙文申創立，強調燒香拜佛，寄望未來，欲入教先繳三百文。

2. 白陽教

   由尹老須創立，自稱「南陽佛」，強調「紅陽劫盡，白陽當興」。

3. 混元教（混沌教）

   由樊明德創立，強調「彌勒轉世，當輔牛八」（牛八即朱）。因有反清復明的暗示，招致清廷的圍剿緝拿。

4. 收元教（收圓教）

   韓德榮創立，自稱「收元祖師」，乃星宿降世；其弟子方榮升自稱「蓬萊老祖」，強調「乾坤倒轉，彌勒治世」，自刻九蓮金印，犯了大不逆之罪，遭清廷鎮壓。

五 一柱香教（摩摩教）

創始人 董吉升，被稱「董神仙」。

強調勸人為善，宣揚忠孝節義，平日頌念「父母恩，理應讚念」。因較無宗教及政治色彩而被朝廷認同。

六 圓頓教（圓通教）

創始人 魏希林，又稱「老魏大爺」，自設神像，供人參拜，強調「一報天地蓋載恩，二謝日月照臨惠」。

支派 ① 大乘教：由張保太建立。② 燈郎教：由王冕創立。③ 悄悄會：由王伏林創建。

七 聞香教（清茶門教）

創始人 王森（王石佛），外號「石三郎」，又被稱為「石佛祖」。因得妖狐異香，自稱教主，創聞香教。

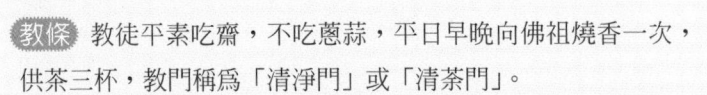

教條 教徒平素吃齋，不吃蔥蒜，平日早晚向佛祖燒香一次，供茶三杯，教門稱為「清淨門」或「清茶門」。

強調 行善積德，並要向教主繳納根基錢（香火錢）稱為「朝上」，每年正月十二日要奉獻福果財（捐款），被朝廷視為斂財謀利而大加查禁。

八 八卦教（清水教） **教義** 內安九宮，外立八卦（分八卦收子徒）。

創始人 劉佐臣

強調 「忙裡偷閒尋生路，到家先看無生母」，教徒以清水三盞上供，磕頭跪拜，又稱「清水教」。清末時期是最龐大的民間宗教支派。

九 先天教（先天道）

創始人 黃德輝（全真教金丹派道士）

(強調)「耳不聽非聲,目不觀非色,鼻不聞惡味,口不出惡言。」

(主張)請願向善,採清換濁。　(宣揚)天盤三世說

(道統)以禪宗初祖達摩祖師為宗師,自認為九祖,一貫至道,一脈相傳。

(九祖)黃德輝(創立先天道)　(十祖)吳紫祥(號靜林)

(十一祖)何若(道號:了苦)　(十二祖)袁志謙(道號:退安,別號:無欺)

(十三祖)徐楊(徐吉南,楊守一)　(十四祖)姚鶴天(於山西創西乾堂)

(十五祖)王覺一(於山東創東震堂)　(十六祖)劉清虛(一貫道創始人)

(十七祖)路中一(道號:金光祖師)　(十八祖)張天然(天然古佛,創天道)

第三節　台灣新興宗教

一　一貫道(天道)

民國76年2月11日正式成為合法宗教,在之前的數百年歲月裡被當權者歸為邪教(俗稱鴨蛋教)。

一貫道教徽

是由「母」字正轉九十度,象徵:明明上帝(無極老母)前為靈性之母,後為肉身之母。

(起源)源流於先天道第十五祖王覺一,於山東創設「東震堂」,接續「先天道統」。第十六祖劉清虛以「吾道一以貫之」,而開創了「一貫道」。第十八祖張天然接續道統後,被尊稱為「師尊」,孫慧明被尊稱為「師母」,兩人合力共創「天道」,普度收圓(明傳教、暗傳道),發展更為速遠。

(一貫道創始人)劉清虛

(天道創始人)師尊,張天然,本名:張奎生(濟公活佛化身,尊號:天然古佛);師母,孫慧明,本名:張素貞(月慧菩薩化身,尊號:中華聖母)。

(教主)明明上帝(無極老,係三界十方最高主宰)。

(教義)

① 三天論(理、氣、象)

象悟氣,自氣還理,象先毀,氣次滅,而理則永恆不變。

理	無極	表「主宰」，象徵靜（常而不變）。
氣	太極	表「運行」，象徵動（變而有常）。
象	皇極	表「顯化」，象徵靜動稟理而生。

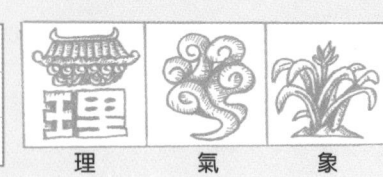

理　　　　氣　　　　象

② 三期末劫（青陽、紅陽、白陽）

即三乘教法（佛教稱為龍華三會）。紅陽劫盡，白陽當興，彌勒下凡，當作世主。

③ 三曹普渡

指擔任引保，求得天道，返回理天，永脫輪迴。上渡氣天諸仙，中渡人間眾生，下渡幽冥鬼魂，合稱「三曹普渡」。

④ 性理心法（三寶）

三寶即「三華聚頂，五氣朝元，天人合一，返本還原」。若遇明師，直指大道，地府抽名，天堂掛號。即「先得道，後修行」。

三寶

關：即「點玄關」（眉心受點，與靈相通），俗稱「一指禪」。

印：即「合同印」（雙掌合抱手勢，表與上天的契約又稱「真憑」）。

訣：即「五字真經」——「無太佛彌勒」（天機不可外洩，否則遭天打雷劈）。

⑤ 五教合一（儒、釋、道、耶、回）

即「五教同源，至理合一」。

儒教：講倫理（執中貫一）　　釋教：講慈悲（萬法歸一）
道教：講道理（抱元守一）　　耶教：講恩典（默視親一）
回教：講歸真（清真返一）

⑥ 行功論（內外兼修）

內功：修身養性，清心寡欲。
外功：行濟渡人，為善積德。
考：歷練考驗。

信念 「天道」係俗家教團，道親不圓顱、不出家，可娶妻；在市井營生，與世俗無異，聖凡兼修，以綱常倫理作為處事準則。道親終生茹素，祭典時著長袍褂傳統服。力行三多：「度人多、清口多、開堂多。」

禮儀 主壇不設佛像。佛桌兩側設日、月燈，表太極陰陽二儀；主燈（母燈）象徵「無極老」；五色供桌，代表「天地五行」。

禁忌 法會儀式被列為天機，除非點亮佛燈，有仙佛護壇，否則不可明言（祭拜稱為叩首）。

主要派別 天道至民國76年解禁開放後，即蓬勃發展，並大舉向海外擴展，迄今道親遍佈全球，佛堂林立，道場眾多。目前台灣大部分為「師母」派系，最主要的派別如下：寶光組、金光組、紫光組、發一組、基礎組、文化組、法聖組、乾一組、天祥組、天真組、慧光組、浩然組、中庸組、安東組、明光組、常卅組、興毅組、闡德組、正義會。

組織

道長：精神領袖。

老前人：德劭元老，資深前輩。

點傳師：即傳道師，又稱「經理」。

壇主：佛堂的負責人，又稱「堂主」。

講師：道場宣道員。

辦員：道場的道務員。

扶乩三才：天才——寫字員　地才——抄字員　人才——報字員

道親：同道之間的稱呼。

二 天德教

教義 以忠、恕、和、愛、仁、義、理等廿字為立教之骨，又稱「廿字心花」守則。

創始人 民國初期，由四川蕭昌明創立，提倡宗教大同。

教主 尊奉「無形古佛」為最高神祇。

三 天帝教
教義 以天人禮儀為準則，祈求世界和平為宗旨。

創始人 李玉階（蕭昌明的大弟子），曾接辦過《自立晚報》。

四 理教
教義 以忠孝、五倫、八德為基本信條。

創始人 楊澤（陽來如）

教主 聖宗古佛（即觀世音菩薩）

信念 三教合一
◎尊儒家之禮，以倫理忠孝為本
◎奉佛家之法，以慈悲救世為懷
◎修道家之行，以道德清淨為主

楊祖

五 軒轅教
教義 以實踐聖德、慎終追遠為信仰。

創始人 王寒生（當過立委）

教主 尊奉黃帝（軒轅氏）為最高神祇，故稱「軒轅教」。

六 道院
教義 以「感悟化劫、救世」為旨。

首任統掌人 清末，杜秉寅

教主 至聖先天祖

組織 設立「世界紅卍字會」（是一個慈善機構，從事社會救濟活動）

七 儒教
教義 以行善及道德教化為基礎，並宣揚儒家聖道為宗旨。

儒教，又稱「鸞堂」，以扶鸞為主要儀式。

教主 尊奉三大恩主公（鸞主），即文衡帝君 —— 關雲長（關公）、孚佑帝君 —— 呂洞賓（呂仙祖）、司命真君（灶神）。

★儒教以台北「行天宮」最具盛名。

八 慈惠堂

發源於花蓮的慈惠堂，目前全國將近九百所分堂，陣頭龐大。

教主 原為對「無生老母」的崇拜，因被禁止，轉趨道教瑤池金母的信仰。

特色 信徒穿著青衣，以獨特的練身為修行法門，最著名的儀式是「問亡魂」(俗稱「觀落陰」)。

勝安宮 主祀王母娘娘（即瑤池金母），特色：信徒穿著黃色衣服。

第四節 民間幫會

「幫會」是民間祕密組織，依附在民間宗教裡面。「幫」即幫派，「會」即會黨，常與統治者發生衝突。

一 太平道

創始人 東漢張角。因道眾頭綁黃巾，舉旗造反，史稱「黃巾之亂」。（蒼天已死，黃天當立，歲在甲子，天下大吉）

太平道

二 天理會

由林清、李文成創立，預示清廷將衰滅，號召「大劫來臨，天地昏暗，日月無光，起事應劫」，並宣稱林清應作「天皇」，李文成應作「人皇」，馮克善應作「地皇」，於嘉慶年間，以「天上換天皇，地上換閻王」，明號：「奉天開道」，暗號：「得勝」，開始對宮廷發動攻擊，並一度佔據紫禁城（清嘉慶君說：「從來未有事，竟出大清朝」），從此清廷由盛轉衰。

天理會

三 上帝會

洪秀全創立,強調「天下第一,共享太平」,尊崇上帝耶和華,於道光年間在廣西桂平金田村舉旗起事,建號「太平天國」。但因發生內訌,加上中外反動勢力的聯合鎮壓,於同治年間被徹底消滅。

旗號 「永定乾坤,八方萬歲,救世劫主,天王洪日,天兄基督,天主興篤,眞主貴福,永賜天祿。」

四 天地會

由福建萬提喜(洪二和尙)提倡,以「木立斗世」爲暗號,用「共同和合,結萬爲記」祕密結社,招來清廷圍剿。

- 在台灣發生「鴨母王」林爽文事件,使天地會更受清廷無情的誅禁,而祕密流傳於民間。最有名氣的總舵主爲陳近南,天地會的支會特別繁多,最突出的是上海小刀會,會員身繫腰牌。「天生朱洪立爲尊,地結槐園四海同,會齊洪家兵百萬,反離撻子伴眞皇。」

五 青洪幫

原爲天地會支派哥老會的旁支,奉羅祖爲宗主,流行於江南一帶。「青幫一條線,洪門一片天。」

青幫 以漕運水手及鹽梟商爲主幹。

特色 皮膚刺青,義結金蘭,患難同當,並取義姓:「萬」(萬眾一心)、「齊」(齊心協助)、「同」(共結同心)、「海」(四海一家)、「包」(包羅萬象)。

洪門 以運糧兵士及商販爲主幹。

特色 朱色塗面,嚴守會規,否則三刀六洞。「五湖四海三江水,萬年千載長壽香。」

六 義和團

源於白蓮教之義和門,本為健身武術團,後來成為鄉團武裝組織(止為拳會之名,本無鄉團之目),強調唸誦咒語能避砲彈,傳習拳棒為宗旨。

口號「扶清滅洋,刀槍不入。」(結果引來了八國聯軍,簽訂不平等條約)

七 收源會

清·王寧所創立。「無生老母立先天,收源結果憑查號。」

第二十六章
日本神道教

教義：尊皇安居

源起 「神道教」是日本傳統民族宗教，對自然界精靈的崇拜，屬泛靈多神信仰。十八世紀明治維新後，全國推行王政復古運動，立「神道教」為國教，排斥佛教，使神道教大興，頓時神社林立。二次大戰終結後，這股熱潮才漸消退（台灣殖民時期的神社主體，現均被拆除殆盡）。

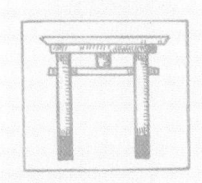

日本神社

圖徽 鳥居 神社前的牌坊，代表神靈與世俗的分界（全日本最大的鳥居位在明治神宮參道上，其牌坊檜木巨柱來自台灣）。日本神祇名字，最後均會被奉冠上「命」字（kama），代表神明之意。

神道教三大教派 神社神道、教派神道、民俗神道。

神道教神系表 從混沌到神立，至大和民族的誕生

五大別天神	天之御中主神	高天原（天庭）中央主神	三氣尊神
	高御產巢日神	神道教義中心主神	
	神產靈日神	創造天地萬物之主神	
	美葦芽彥知神		
	天之常立神（天津神）		

神世七代			
第一代	國之常立神（國津神）	第二代	豐雲野之神
第三代	泥土神／巢土神	第四代	角蝕神／生野神
第五代	大殿兒神／大殿部神	第六代	御面足神／敬畏神
第七代	伊邪那岐（伊奘諾尊）、伊邪那美（伊奘冉尊）		

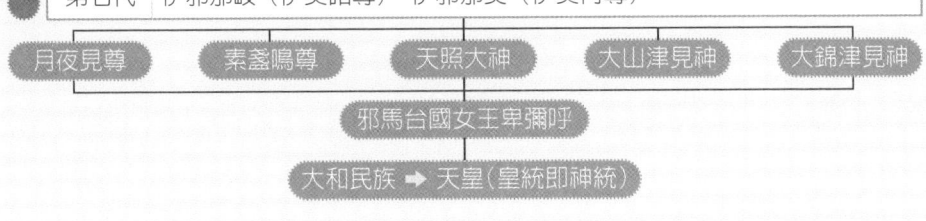

月夜見尊　素盞嗚尊　天照大神　大山津見神　大錦津見神

邪馬台國女王卑彌呼

大和民族 ➡ 天皇（皇統即神統）

一　創世五大神明

1 伊邪那岐命／伊奘諾尊

2 伊邪那美命／伊奘冉尊

日本神話中第七代最後出現的神，與夫君伊邪那岐命共同創造日本國土，並生下日、月、海、山、地等五位神明，其女天照大神（太陽神）成為日本神道教最高主神（高千穗國女王）。

夫　伊邪那岐命

妻　伊邪那美命

3 天照大神／太陽神

太陽女神，被奉為「大和民族之母」，也是皇室的祖神，神道教最高主神。日本人認為太陽從日本升起，然後照耀全世界，因此將日出之國直稱為「日本」。

天照大神

4 月夜見尊／月讀

被視為月亮之神。

5 素盞鳴尊／須佐之男

他是天照大神之胞弟，住滄海之原，被視為暴風雨男神。他脾氣兇躁，雖然曾制伏八岐巨蛇立功，但常違法亂紀，終被流放出國。

二　三大水神

玉依姬命

1 玉依姬命

日本第一天皇神武天皇之母，專司航海安全、交通、祈雨、止雨、良緣、成就等。

2 罔象女神／御津羽

掌管水的首位女神。

3 高雨龍神／闇雨龍神／貴船明神

掌管河川、溪流、水源的水神（龍有興雲佈雨之能力）。

三　日本三大古神

被視為平安末期最重要的三大神祇。

1 天照大神（勸人行善）
全日本的守護神及太陽神。

2 春日大神（心存仁慈）
奈良地區，藤原氏的守護神。

3 八幡神（不受金錢所惑）
宇治地區，源氏家族的守護神。

四　日本古代第一位女王　卑彌呼

西元三世紀邪馬台國的女王卑彌呼（日向），是日本古代第一位女性領導者，並誕生了大和朝廷（日本人自稱為大和民族），除了傳說外，並無可靠文獻記載。

五　日本第一代天皇　神武天皇（若御毛沼命）

天照大神的後裔，海神玉依姬命之子。神武東征統一大和民族，是日本開國之祖，也是第一代天皇。

八咫鳥　三隻腳的靈鳥，神武天皇東征迷途時，牠即時出現幫其解困脫險。奉祀神武的熊野本宮大社，以此聖鳥作為社徽。

六　戰神　八幡神

「八幡神」又稱弓箭之神，深受軍人及武士的敬崇。他能鎮守國家，祛除災厄等，因而被奉為「戰神」，同時也是源氏家族的守護神（源於應神天皇）。

七 農業之神 稻荷神（宇迦之御魂命）

稻荷為「農業之神」，在農業社會為基礎的日本國內裡，備受尊崇，其神社數量為日本之最，象徵護佑五穀豐收。最著名的神社，是京都伏見稻荷神社，遊客終日絡繹不絕。

神狐 「稻荷」意為狐狸（專吃稻田的天敵鼠輩），故一起將兩物合二為一體，接受人們的膜拜。自古日人相信狐狸受稻荷神的差遣，因此所有的妖狐、狐仙都歸稻荷管轄。

稻荷神

神狐

八 漁業之神 金毗羅大將

「金毗羅大將」原先是印度恆河的鱷魚，被神格化後，成為保護海上安全的神。最早以真言宗寺院守護神被奉祀，因日本四面環海，而受到漁民及從事海上工作人員的廣泛信仰。他的表情憤怒，目的是消災除厄，最著名的神社是在香山縣的金刀比羅宮，江戶時代香火鼎盛。

金毗羅大將

九 灶神 三寶荒神

民以食為天，灶神不但是廚房之神，而且也是清除不淨，守護三寶（佛、法、僧），懲罰惡人之神，近代已漸沒落。

三寶荒神

【小常識】 日本武士道精神

日本人認為「花要櫻花，人要武士」（即生似花開之盛，死如落花之美）。作為一個武士，首先要對主人絕對效忠，寧死不屈，江戶時代只有武士階級以上才夠資格佩帶刀械走在路上。

十 七福神

「七福神」類似中國的八仙，屬於吉祥之神，乘坐在寶船上雲遊四海。參拜七福神信仰，源於室町時代，流傳甚遠，歷久不衰。尤其在過年時，更是不可或缺的吉祥裝飾品，其中以大黑天和惠比壽最受歡迎。

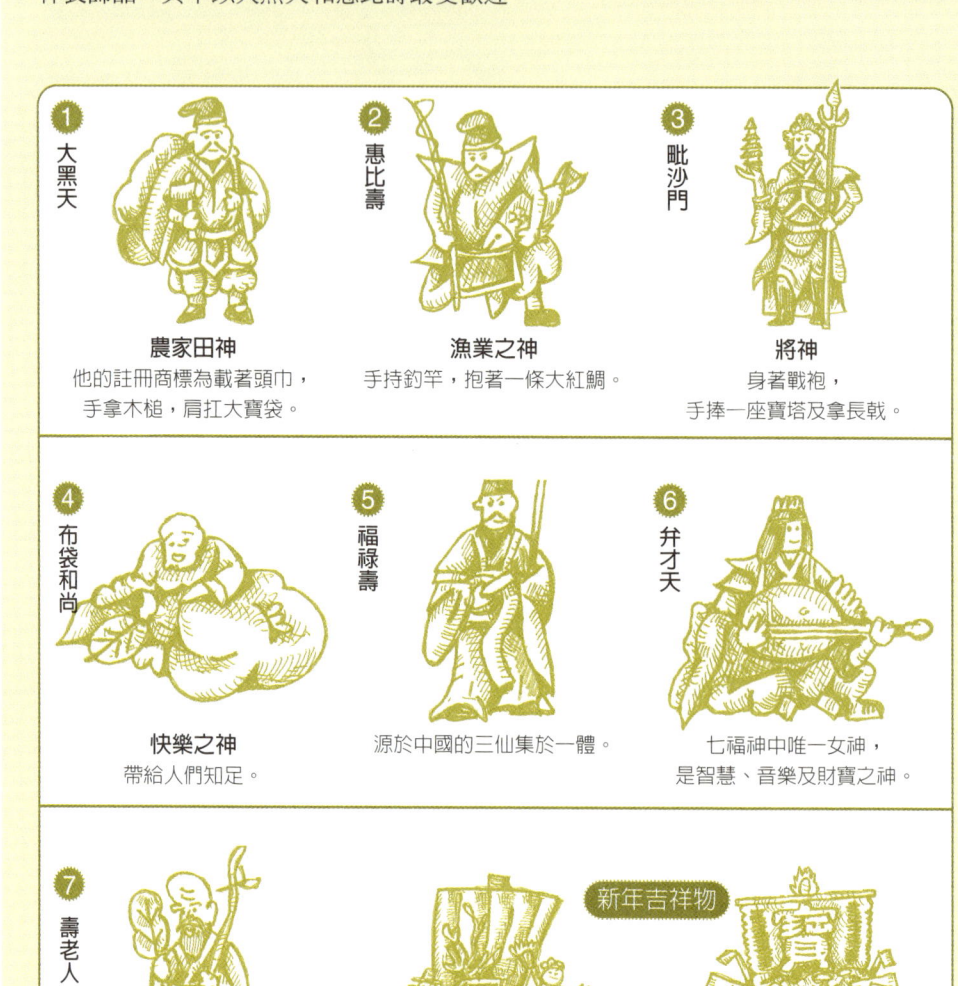

① 大黑天
農家田神
他的註冊商標為載著頭巾，手拿木槌，肩扛大寶袋。

② 惠比壽
漁業之神
手持釣竿，抱著一條大紅鯛。

③ 毗沙門
將神
身著戰袍，手捧一座寶塔及拿長戟。

④ 布袋和尚
快樂之神
帶給人們知足。

⑤ 福祿壽
源於中國的三仙集於一體。

⑥ 弁才天
七福神中唯一女神，是智慧、音樂及財寶之神。

⑦ 壽老人
長命百歲，無病健康之神。

新年吉祥物

七福神寶船

七福神寶帳

十 學問之神 菅原道真

平安時代初期的學者，54歲時被政敵藤原所害，貶官至九州，抑鬱而終。死後被奉為「學問之神」，奉祀他的神社，稱為「天滿宮」（應考生最鍾愛處）。

菅原道真

十二 本地垂跡神 權現

權現是佛或菩薩為了眾生，以神的面貌出現。日本深受佛教影響，加上神道教的植入，慢慢演變成將武士神格化成為權現；其中最著名者以山王權現和春日權現為主，德川家康也被奉為「權現」。

本地垂跡神─藏王權現

十三 其他重要諸神 所有神祇總稱「八百萬神」

1 宇宙守護神──四天王
多聞天　廣目天　持國天　增長天

2 降魔使者──明王
不動明王

3 天庭使者──韋馱天

4 地獄使者──閻魔

5 教法使者──阿修羅

6 村落守護神──地藏

7 安產之神──鬼子母

8 幼童保護神——子安

9 婚姻之神——道祖

10 雷神

11 風神

十四　日本妖怪

1 魔鬼

日人認為魔鬼住在東北方（丑寅方位），丑代表「牛」，寅代表「虎」，所以魔鬼頭長「牛角」，穿著「虎皮裙」，以人類為食物，恐怖萬分。

2 河童

住在河裡的水怪，髮型特殊，頭頂有一圓蓋，裡面能裝滿了水（怪力泉源）。河童生性頑皮，常會在河邊惡作劇、搗蛋。

3 天狗

住在山裡的妖精，貌似人類。其特徵為長鼻子及有一對翅膀，可在天空飛行。天狗常被用來比喻吹噓自己成就的人（臭屁）。在小說中曾和源氏英雄源義經，一起在深山練功。

十五　三神器

日本創世神話中，天照大神的三件寶物。天皇正統象徵物。

三神器	① 八咫鏡	表正直	表天照大神的體	在伊勢神宮內
	② 草薙劍	表勇氣	表大和征服出雲	在熱田神宮內
	③ 八阪瓊曲玉	表慈善	表傳位給天皇	在東京皇居內

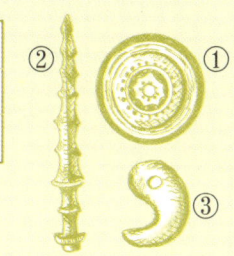

十六　日本吉祥物

★ 狛犬 —— 阿吽
日語五十音始自「阿」，而結束至「吽」。是神社鳥居前看門護道的神獸。

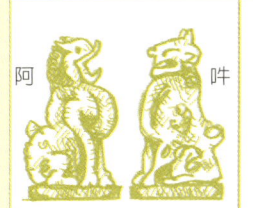

狛犬 阿吽	 開運注連繩	 和平紙鶴
 招財貓	 不倒翁 達摩	 順產小狗	 驅邪牛
 寶槌	 豐收草馬	 晴天娃娃	熊手（耙集好運）

重要徽紋

| 大和紋 |  巴紋 |  寺紋 |  天皇紋 |  帝王紋 |  神道教紋 |

349

國家圖書館出版品預行編目資料

圖解世界宗教【修訂新版】／黃國煜編著
──三版.──臺中市：好讀出版有限公司, 2025.2
面：　　公分，──（一本就懂；11）

ISBN 978-986-178-742-8（平裝）

1.宗教

209　　　　　　　　　　　　　　　113016588

好讀出版

一本就懂　11

圖解世界宗教【修訂新版】

作　　者／黃國煜
內頁繪圖／黃國煜
總 編 輯／鄧茵茵
文字編輯／林碧瑩、鄧語荸
美術編輯／林姿秀
發行所／好讀出版有限公司
　　　　台中市407西屯區工業30路1號
　　　　台中市407西屯區大有街13號（編輯部）
TEL:04-23157795 FAX:04-23144188　http://howdo.morningstar.com.tw
（如對本書編輯或內容有意見，請來電或上網告訴我們）
法律顧問　陳思成律師

讀者服務專線／ TEL：02-23672044 / 04-23595819#212
讀者傳真專線／ FAX：02-23635741 / 04-23595493
讀者專用信箱／ E-mail：service@morningstar.com.tw
網路書店／ http : //www.morningstar.com.tw
郵政劃撥／ 15060393（知己圖書股份有限公司）
印刷／上好印刷股份有限公司
如有破損或裝訂錯誤，請寄回知己圖書更換

三版／西元 2025 年 2 月 15 日
定價：370元

Published by How Do Publishing Co. ,LTD.
2025 Printed in Taiwan
All rights reserved.
ISBN 978-986-178-742-8

填寫讀者回函
好讀新書資訊